SANZHIRONGHE BEIJINGXIA
WOGUO XIANGCUN ZHILI XIANDAIHUA DE
TANSUO YU YANJIU

"三治融合"背景下

我国乡村治理现代化的探索与研究

汪 燕◎著

中国出版集团 | 全国百佳图书
中国民主法制出版社 | 出版单位

图书在版编目（CIP）数据

"三治融合"背景下我国乡村治理现代化的探索与研究 / 汪燕著 . 一 北京：
中国民主法制出版社，2024.10. — ISBN 978-7-5162-3770-0

Ⅰ . D638

中国国家版本馆 CIP 数据核字第 2024AV0140 号

图书出品人：刘海涛
出 版 统 筹：石　松
责 任 编 辑：刘险涛　吴若楠

书　　　名 / "三治融合"背景下我国乡村治理现代化的探索与研究
作　　　者 / 汪 燕 著

出版·发行 / 中国民主法制出版社
地址 / 北京市丰台区右安门外玉林里 7 号（100069）
电话 / （010）63055259（总编室）　63058068　63057714（营销中心）
传真 / （010）63055259
http: // www.npcpub.com
E-mail: mzfz@npcpub.com
经销 / 新华书店
开本 / 16 开　710 毫米 ×1000 毫米
印张 / 17.25　**字数** / 236 千字
版本 / 2025 年 1 月第 1 版　2025 年 1 月第 1 次印刷
印刷 / 三河市龙大印装有限公司

书号 / ISBN 978-7-5162-3770-0
定价 / 98.00 元

前　言

民族要复兴，乡村必振兴。乡村治理是国家治理的基础，乡村如果没有得到有效地治理，那么就没有乡村的全面振兴。近年来，我国在推进乡村治理现代化方面取得了显著的成效，以党组织为核心的农村基层组织建设获得进一步加强，乡村治理手段不断创新，乡村治理内容不断丰富，乡村治理体系不断完善，乡村基本公共服务不断提升，农村社会保持和谐稳定，乡村民众的幸福感不断增强。虽然我国的乡村治理正在不断完善和创新，但目前，乡村社会结构日益分化，乡村居民的思想观念日益多元化，传统的乡村治理模式难以适应新时期下乡村现代化发展的要求。另外，我国乡村治理体系和治理能力的现代化水平还不高，乡村基层的治理理念、方式和手段还存在很多不适应之处。因此，乡村治理所需要解决的难题还有很多。实现乡村振兴，提升乡村治理现代化建设，满足人民群众对美好生活的需求，必须着力解决乡村治理中存在的问题。

党的十九大报告中提出"实施乡村振兴战略"时强调，加强农村基层基础工作，健全自治、法治、德治相结合的乡村治理体系。《中共中央国务院关于坚持农业农村优先发展做好"三农"工作的若干意见》强调，增强乡村治理能力，建立健全党组织领导的自治、法治、德治相结合的领导体制和工作机制，发挥群众参与治理主体作用。党的二十大报告中强调，健全共建共治共享的社会治理制度，提升社会治理效能。"三治融合"作为提升乡村社会治理效能的有效途径，能够为中国之治贡献重要方案。

　　本书以《"三治融合"背景下我国乡村治理现代化的探索与研究》为题，旨在"三治融合"乡村治理体系下，为我国乡村振兴和乡村治理现代化进程总结经验，并探究"三治融合"背景下乡村治理现代化的优化路径和实施方法。本书共分为七个章节，第一章为我国乡村治理的发展历程与典型案例，主要回顾了我国乡村治理的发展历程、经验和启发，并对我国乡村治理的优秀案例进行分析；第二章为"三治融合"背景下我国乡村治理的理论基础，主要梳理了新时代乡村治理思想，探究了"三治融合"乡村治理模式的生成逻辑，阐释了乡村善治对推动实现乡村治理现代化的意义；第三章为我国乡村治理面临的主要问题探析，主要分析了我国乡村治理面临的现实挑战和内部问题；第四章为新时代我国乡村治理现代化的基本思路，对推进乡村治理现代化的主要原则、着力完善乡村治理体系和全方位提高乡村治理的现代化水平进行了分析；第五章为乡村治理新思路："三治融合"推进乡村善治，全方位分析了自治、法治、德治的内涵与具体实施方法，并总结了"三治融合"乡村治理模式的优化路径；第六章为新时代"三治融合"背景下乡村治理案例分析——以云南省大理州为例，分析了大理州优秀的自治、法治、德治案例，探索大理州乡村善治之路；第七章为未来展望——进入乡村治理新时代，以期为乡村治理未来发展方向进行展望。

　　笔者在撰写本书的过程中得到了许多专家学者的帮助和指导，在此表示诚挚的谢意。由于笔者水平有限，加之时间仓促，书中所涉及的内容难免有疏漏之处，希望各位读者多提宝贵意见，以便笔者进一步修改，使之更加完善。

目录

第一章　我国乡村治理的发展历程与典型案例

乡村治理既是国家治理的基石，也是乡村振兴的基础。近年来，我国对乡村的发展建设愈加重视，不断出台的新政策和新举措，为乡村建设发展提供了新方向和新动力。党的十九大作出了实施乡村振兴战略的重大决策部署，提出了"实施乡村振兴战略，坚持农业农村优先发展，按照产业兴旺、生态宜居、乡风文明、治理有效、生活富裕的总要求，建立健全城乡融合发展体制机制和政策体系，加快推进农业农村现代化"的指导思想。

随着脱贫攻坚战的全面胜利和乡村振兴战略的持续开展，农民的收入持续增加、精神文化生活日益丰富、农业科技水平不断提高、乡村环境显著改善，我国农村以往的面貌得到了较大的改观。在"两个一百年"交汇之际，我国开启了全面建设社会主义现代化国家的新征程。推进国家治理体系和治理能力现代化，成为我国现代化建设的重大战略。

目前，我国正处于迈向全面建设社会主义现代化国家的历史进程中，乡村治理现代化既是国家治理现代化的基础，也是乡村振兴的关键所在和乡村建设的重要议题。乡村治理想要取得良好成效，现代化是必经之路。只有在国家治理现代化视域下，确立乡村治理的时代背景和历史演进、内涵及其构成要素、主要面临的问题，才能有效探究乡村治理的路径，在国家现代化建设发展战略中深化推进乡村治理。

第一节　我国乡村治理的发展历程

　　纵观我国社会的发展历程，城市和乡村的结构在古代封建社会中就已然存在，表现形式为专制统治的城市与其下辖被统治的乡村。中华人民共和国成立后，工业化和城镇化发展使城市和乡村之间的距离进一步加大。在改革开放后，我国政府一直尽力缩小城市和乡村之间的差距，但城乡发展不平衡的问题依然是我国社会发展的主要问题之一。在脱贫攻坚战取得全面胜利的今天，我国已经全面建成了小康社会，解决了绝对贫困问题，但是"三农"问题依然是我国社会发展中的难点所在。从我国社会发展的角度看，乡村的发展建设相对滞后，所以聚焦乡村振兴是实现我国全面发展的重要部分，乡村治理与乡村建设在新时代变得越来越迫切。

　　在中国共产党的领导下，我国的乡村治理经历了不同阶段，在不同治理阶段分别取得了不同的成绩，同时积累了大量宝贵的治理经验。2016 年 7 月，习近平总书记在庆祝中国共产党成立 95 周年大会上指出："我们回顾历史，不是为了从成功中寻求慰藉，更不是为了躺在功劳簿上、为回避今天面临的困难和问题寻找借口，而是为了总结历史经验、把握历史规律，增强开拓前进的勇气和力量。"

　　站在中国历史发展的长河中，对我国乡村治理的历史做一次简单的梳理与回顾，有助于更加客观地认识我国乡村治理所走过的发展历程，进而明确当前我国乡村治理的历史背景和定位。

一、新民主主义革命时期的乡村治理

在中国共产党的团结带领下，全国人民取得了新民主主义革命的胜利。中华人民共和国成立后到改革开放前，我国政府为快速恢复农村农业与经济发展进行了艰辛曲折的探索。在此阶段中，我国在广大乡村地区开展了包括土地改革在内的一系列新政策，规范了乡村基层组织建设，对农村地区进行了社会主义改造建设，从此我国乡村治理逐步实现制度化。

中国是个历史悠久的农业大国，长期以来农业产值占比远高于工业产值占比，农村人口也远多于城市人口，农民是我国国家建设和治理的主体，农民的情况如何，决定着中国的命运。如何让农民过上好日子，如何处理好土地问题，如何最大限度地发挥好治理主体的作用，这一系列问题是当时乡村治理方面的核心问题。

中华人民共和国成立后，影响力最大的乡村治理政策便是土地改革运动，但土地改革运动并不是在中华人民共和国成立后才开始的。早在新民主主义革命时期，中国共产党就在老解放区开展过一系列土地改革运动。经过早期在土地改革方面的不断探索，占全国面积将近三分之一的东北、华北等老解放区，土地改革已经基本完成，这为中华人民共和国成立后的全国土改和乡村治理工作打下了坚实的基础。

1925 年 10 月，中共中央通过《中国现时的政局与共产党的职任议决案》，指出了"如果农民不得着他们最主要的要求——耕地农有，他们还是不能成为革命的拥护者"，这是中国共产党内部首次提出要解决农民的土地问题。如何发动农民群众，如何巩固和扩大根据地的问题，是中国共产党深入农村后需要面对的实际问题。1936 年，毛泽东同志指出："谁赢得了农民，谁就会赢得了中国，谁解决土地问题，谁就会赢得农民。"中国共产党在不断实践中，逐渐探索出一条正确的土地革命路线。

1946年4月，中共中央集中探讨了解放区农民土地问题，经过再三研究和综合各地领导农民运动干部的意见，于当年5月4日正式发布《关于土地问题的指示》（即"五四指示"）。"五四指示"要求各级党委以最大的决心和努力，放手发动群众，消灭封建剥削，解决农民土地问题，将抗日战争以来实行的减租减息政策，调整为实行"耕者有其田"的政策，并在指示中规定了解决土地问题的各项原则。

"五四指示"确立了富农、中农和贫农享有土地所有权的权利。针对一般地主的土地，采取了多种方式，如清算、减租、减息等，继续让农民从地主手中获得土地，实现"耕者有其田"。对于解决土地问题的政策，明确规定了地主成分中的抗日军人、干部家属和开明绅士等应予以谨慎处理，并做出适当照顾。中小地主与大地主、恶霸有所区别，对其生活予以相应关怀。对富农土地一般不采取变动措施，对中农土地不侵犯。对待工商业资产阶级与封建地主阶级要有原则性区别等。"五四指示"的制定和发布，是我国推行土地改革的阶段性成果。这一政策的实施表明，中国共产党在坚决支持农民土地要求的基础上，斗争策略符合客观历史条件，科学有效且符合广大人民群众的实际利益。

经过深入开展土地改革政策，许多解放区农民的土地问题已经基本解决。虽然土地改革取得了良好的成绩，但仍有将近三分之一的解放区，尚未进行土地改革。1947年7月至9月，在河北省石家庄市平山县西柏坡村，中共中央工作委员会召开了全国土地会议。会议上总结发布了"五四指示"以来土地改革工作的经验，制定和通过了《中国土地法大纲（草案）》。同年10月，《中国土地法大纲》经中共中央批准正式公布，这是中国共产党在抗日战争胜利后颁布的第一个关于土地制度改革的纲领性文件。

《中国土地法大纲》明确规定，废除封建性及半封建性剥削的土地制度，废除一切地主的土地所有权，实行"耕者有其田"的土地制度。规定了彻底平分土地的基本原则，即乡村中地主的土地和公地，由乡村农会接收，连同乡村中其他一切土地，按乡村全部人口，不分男女老幼，统一平均分配。不过将一切土地平均分配的方法侵犯了中农的利益，在之后的新解放区和全国范围的土地改革时进行了相应的调整。

在明确了土地改革的方向和方法后，各大解放区根据自身的具体情况，分别制定实施了《中国土地法大纲》的补充条例，根据本区的具体情况规定了土地改革的具体政策、改革的具体步骤和方法。在东北、陕甘宁解放区，采用了"重新丈量""打破旧圈子""多少拉平"等方法，以自然村为单位，将土地按村人口平均分配；在陕南、鄂豫皖等解放区，开展了分土地、开仓济贫等运动。

这场土地改革运动，彻底改变了中国几千年来的封建土地制度，改变了乡村原本的生产关系，让亿万农民在政治和经济上获得了解放，激发了农民群众的革命热情，为夺取全国胜利提供了源源不断的支持。在解放战争时期，全国有 1.45 亿农村人口的地区进行了土地改革，实现了"耕者有其田"。

二、社会主义革命和建设时期的乡村治理

1949 年 10 月 1 日，中华人民共和国成立，揭开了中国历史新的篇章。但由于长期战争，土地遭到破坏，主要农作物产量远低于中华人民共和国成立前的历史最高水平。同时，乡村土地的占有情况不合理，人数极少的地主和富农占有着绝大部分土地。虽然在中华人民共和国成立前，中国共产党就一直在实行土地改革政策，但伴随着全国解放，变革封建的土地所有制、解放和发展生产力、提高农民生产的积极性和提高粮食产量等一系列需求仍成为迫切需要解决的全国性问题，也是我国乡村治理迫切需要解决的问题。

（一）中华人民共和国成立后的土地改革

1950 年 6 月 30 日，《中华人民共和国土地改革法》（下文简称《土地改革法》）颁布，"耕者有其田"终于以法律的形式被正式确定下来，自此新解放区的土地改革运动有了法律依据，成为土地改革运动顺利完成的保障，对中国乡村经济的发展、耕种的恢复与发展有着积极的作用，中国农民自此实现了千百年来拥有自己土地的梦想。

从 1950 年冬季开始，新解放区乡村有计划、有步骤地实施了一场大规模的土地改革运动。该运动遵循中共中央制定的总路线和总政策："依靠贫农、雇农，团结中农，中立富农，有步骤有分别地消灭封建剥削制度，发展农业生产。"《土地改革法》针对中华人民共和国成立后的新情况，修改了原先征收富农多余土地和财产的政策，转而采取中立政策，保留富农经济，对于无地和少地的贫农，采取了扶持政策，将从地主那里没收来的土地和财产分配给贫农，并建立了分配土地后的审查制度，以重新评估土地分配情况，并由人民政府颁发土地证。此外，对小土地出租者也采取了保护政策，对于出租土地不超过当地每人平均土地数 200% 的，不会征收他们出租的土地。

为了更好地推动土地改革，各地政府派遣了土地改革工作团深入乡村，组织广大农民成立农会，动员群众进行土地改革斗争，形成了我国乡村地区最广泛的反封建统一战线。在土地改革中，对于地主阶级，除了镇压个别罪大恶极、引起极大民愤的地主外，都让其他地主分到了土地，给予了地主阶级在劳动中改造成新人的机会。

从 1950 年冬季至 1952 年底，土地改革基本结束。这三年，全国约有 3 亿无地、少地的农民无偿获得了约 7 亿亩土地。加上中华人民共和国成立前完成土地改革的老解放区，完成土地改革地区所覆盖的农业人口已经占据了全国总农业人口的九成以上。

湖南党史陈列馆中保存着一份土地房产所有证书，它向参观者展示了那段充满动荡的土地改革历史。这份土地房产所有证书是于 1953 年 2 月 16 日颁发的，详细记载了李万国及其家人分得的 15 块土地的种类、数量、面积、位置，以及相应的房屋数量、大小、结构和位置等信息。该土地房产所有证书明确了土地改革后对土地房产所有权的合法认可和保护，农民们持有土地证书后放心吃下了一颗"定心丸"。

从历史的角度来看，土地改革运动是一场成功的社会改革运动，为中华人民共和国成立后的乡村社会发展带来了积极正面的影响，也为以后中国的乡村治理留下了值得借鉴的宝贵经验。

第一，土地改革运动实现了"耕者有其田"这一中国农民的历史诉求，满足了农民的利益，为政权的巩固奠定了良好的基础。在传统的封建土地所有制下，人数极少的地主阶级掌握着大量土地，而大多数农民没有自己的土地，只能忍受地主阶级的剥削，付出高强度的劳动后，却不能获得应有的报酬。土地改革运动完成后，农民分到了土地，可以通过自己的辛勤劳作，在自己的土地中获得相应的产出，这极大的激发了农民的生产积极性。因此，农业生产力得到了快速提高，农业经济获得了快速发展，为中国新政权的稳定奠定了基础。

第二，土地改革取得成功的重要经验，是坚持群众路线，放手发动群众。土地改革运动的推行必然会涉及地主阶级的利益，本应该在土地改革的过程中会受到一部分地主的阻碍，但这一情况却没有发生，不仅改革过程进展顺利，也没有反对土地改革的恶性暴动事件发生。这得益于中国共产党坚持群众路线，坚持以人民为中心，倾听群众的声音，关注群众需求。在民心所向的情形下，地主阶级被逐步消灭，农业生产实现顺利发展。

（二）中华人民共和国成立初期的乡村治理

1949—1950 年，我国乡村社会的组织结构，仍然沿用着国民政府后期所实行的"甲、保、乡"三级管理体制。对于中华人民共和国面临的新形势来说，旧社会的乡村行政体制显然是不适用的，所以建立新的乡村行政区划是必要且迫切的。

中国的乡村基层政权建设与土地改革运动是同时进行的，1950年底，我国颁布了《乡（行政村）人民政府组织通则》，其中第一条规定："乡人民行使政权的机关为乡人民代表大会和乡人民政府。在乡人民代表大会闭会期间，乡人民政府即为乡的行使政权的机关。[①]"乡政府由正乡长、副乡长和若干名委员组成，乡政府会定期召开政府委员会来领导乡村工作；乡人民代表大会由直接选举方式产生的乡村人民代表组成。

1954年9月，《中华人民共和国宪法》和《中华人民共和国地方各级人民代表大会和地方各级人民委员会组织法》的颁布，更加明确了我国乡村基层行政区划，我国基层行政体制被划分为乡和镇，乡镇正式成为国家设立在乡村的基层政权，这为之后我国乡村政权制度体系的建设奠定了坚实基础。

通过与土地改革并行的乡镇政权改革，我国打破了传统的乡村社会权力结构，乡村基层党组织也顺利进入全国各个村镇，强化了我国政府对乡村基层的治理。普遍建立的乡镇政权，对乡村进行了直接管理，结束了我国自古以来"王权止于县政"的历史。

（三）农业合作化时期的乡村治理

在土地改革基本完成后，我国农民有了极高的生产热情，农业产量获得提高，农业经济得到了发展，这对于百废待兴的中国有着重要意义。然而，土地改革运动只是社会主义改革中的一环，土地改革运动实现了生产资料的私有制，农民以家庭为生产单位进行劳动，这是典型的小农经济，但小农经济难以满足农业经济发展和国家工业化的需求。在土地改革的过程中，还出现过买卖土地的现象。土地改革让全国农民分得了自己的土地，但由于自然

---

① 中央政务院.乡（行政村）人民政府组织通则［J］.山东政报，1951（1）：53.

灾害等突发情况的出现，一小部分农民的生活难以维系，出现了买卖土地的情况，将土地进行出售的农民又重新陷入贫困，导致了社会贫富两极分化的情况出现，违背了土地改革运动的初衷。能否发展农业生产，改造农民个体所有制，将中国农民引领到社会主义道路上，全面建设社会主义农业经济，是决定我国社会主义事业成败的关键。

1951年9月，中共中央在北京召开了第一次农业互助合作会议，会议通过了《中共中央关于农业生产互助合作的决议（草案）》（后文简称《决议（草案）》），这份文件成为我国农业互助合作的指导方针。《决议（草案）》总结了我国革命以来的互助合作经验，并提出了三种主要形式的农业合作化，即有着临时性、季节性的初级互助组作为第一种形式，常年互助组作为第二种形式，以土地入股为特点的农业生产合作社作为第三种形式。

《决议（草案）》得到了农民群众的积极响应，我国乡村正式进入了互助组和初级社阶段。互助组和初级社受到农民群众欢迎的原因在于：互助组和初级社能让分散的农民建立联系，解决农民在生产中遇到的问题和困难，能够促进农业的健康生产发展，其特点在于不改变农民土地私有权。

我国农业互助合作组织到1952年时，已经获得了很大的发展。全国共有互助组803万个，参加的农民超4500万户，占全国总农户的40%；全国初级社超3600个，入社农户约6万人，高级社有10个。[①] 需要特别说明的是，互助组和初级社虽然可以看作是高级社和人民公社的雏形，但互助组、初级社和高级社、人民公社之间是有着本质区别的，互助组和初级社没有改变农民对土地的私有权性质。

1953年12月，中共中央通过了《关于发展农业生产合作社的决议》，指出："这种由具有社会主义萌芽、到具有更多社会主义因素、到完全的社会主义的合作化的发展道路，就是我们党指出的对农业逐步实现社会主义改造的

---

① 罗平汉. 党史知识大讲堂第六讲：中国社会主义制度建立［EB/OL］.（2011-06-10）［2023-12-01］. http://www.chinadaily.com.cn/dfpd/jiandang90nian/2011/06/10/content_12672600_3.htm.

道路。^①"同时还指出初级社将成为领导互助合作运动继续前进的重要环节，这标志着我国互助合作进入大规模发展阶段。

从 1954 年开始，互助合作由发展互助组，转为重点发展合作社。在此阶段中，农民可以根据自己的意愿，将土地、牲畜、生产工具等主要生产资料，交由社里进行统一使用和管理经营，社里会对入社的土地进行分红，对入社的牲畜和生产工具等生产资料给予报酬。初级社会根据社员的情况进行分工，然后由社里组织劳动，社里会根据按劳分配的原则对社员发放报酬，劳动所产出的农作物等产品在扣除农业税、生产费、公积金和管理费等费用后，按照社员的劳动量、劳动质量和入社的土地等生产资料的多少进行分配。

1956 年 4 月 30 日发表的《人民日报》宣布：中国农村基本上实现了初级农业合作化。全国农业生产合作社共有 100.8 万个，入社农户共有 10668 万户，占全国农户总数的 90%。到 1956 年 3 月底，农业合作社总数比 1955 年底减少了 81.6 万个，但入社的农户增加了 3122 万户，全国平均每个社的户数从 40 户增长到了 98 户。^②

1956 年 6 月 30 日，第一届全国人民代表大会第三次会议通过了《高级农业生产合作示范章程》，其中第一章第二条规定："农业生产合作社按照社会主义的原则，把社员私有的主要生产资料转为合作社集体所有，组织集体劳动，实行'各尽所能，按劳取酬'，不分男女老少，同工同酬。"自此，初级社逐步演变为高级社。与初级社不同的是，高级社在规模上更大，土地、牲畜、生产工具等归集体所有，同时取消了土地分红，实行按劳分配原则。所以高级社相对于初级社，其性质也发生了变化。《高级农业生产合作示范章程》的发布，也成为后来实行农村人民公社化治理的重要转折点。

---

① 罗平汉 . 党史知识大讲堂第六讲：中国社会主义制度建立［EB/OL］.（2011-06-10）［2023-12-01］. http://www.chinadaily.com.cn/dfpd/jiandang90nian/2011-06/10/content_12672600_3.htm.
② 罗平汉 . 党史知识大讲堂第六讲：中国社会主义制度建立［EB/OL］.（2011-06-10）［2023-12-01］. http://www.chinadaily.com.cn/dfpd/jiandang90nian/2011-06/10/content_12672600_3.htm.

从以生产劳动互助为主的互助组，到以私有土地入股分红的初级社，再到生产资料集体所有、统一经营的高级社，从乡村治理方面来看，可以说农业合作化运动取得了诸多成绩。第一，农业合作化运动基本上实现了我国农村地区从生产资料私有制向集体所有制的转变，避免了生产资料私有制带来的农民贫富差距问题，为我国农村的经济发展开辟了社会主义公有制的道路。第二，农业合作化运动体现出了农民、生产资料集中生产的优势，如在提高农产品产量和推动农村经济发展的同时，我国农村的基础设施得到了建设，例如，建成的红旗渠、十三陵水库等一大批防洪灌溉设施，让水旱灾害频发的情况得到了有效治理，很多设施直到今天还在继续使用。客观来说，虽然农业合作化运动取得了诸多成绩，但也有负面影响。第一，农业合作化运动后期出现了急躁冒进的问题，初级社向高级社的转变骤然加速，改变得过快，工作太粗，且形式过于单一，这为我国后来的农业长期发展遗留了一些问题。第二，农业合作化运动存在一定的强制性，农民加入合作社等组织应当按照自愿的原则，但在实际过程中，农业合作化运动成为一项政治任务，农民生产的积极性也受到了影响，农村经济发展乏力。总体来说，农业合作化运动是土地改革运动后的重大社会改革，是我国政府在建设社会主义道路方面的积极探索，其对我国乡村治理、建设、发展等有着重大意义。

（四）人民公社制度下的乡村治理

1958 年 3 月，中共中央政治局成都会议通过的《关于把小型的农业合作社适当地合并为大社的意见》指出："为了适应农业生产的需要，在有条件的地方，把小型的农业合作社有计划地适当地合并为大型的合作社是必要的。"随后，全国各地的农村开始了小社并大社的工作。同年 7 月，刊载于《红旗》杂志第 3 期的《全新的社会，全新的人》一文中，提出了"把一个合作社变成一个既有农业合作又有工业合作基层组织单位，实际上是农业和工业相结合的人民公社"。这是"人民公社"的名字第一次出现在报刊中。同年 8 月，中共中央通过了《关于在农村建立人民公社问题的决议》，随后，全国掀起了人民公社化运动的热潮。到 10 月底，全国各地 74 万多个农业合作社改组为 2.6 万多个人民公社，入社农户有 1.2 亿户，占全国农户总数的 99% 以上[①]，人民公社从此成为乡村治理的核心主体。

1962 年，中共中央通过《农村人民公社工作条例（修正草案）》，第一章第一条明确规定，"农村人民公社是政社合一的组织，是我国社会主义社会在农村中的基层单位，又是我国社会主义政权在农村中的基层单位"，这明确了人民公社在我国乡村治理中的作用和地位。人民公社的管理层级一般分为三级，即公社、生产大队和生产队。公社在经济上，是各生产大队的联合组织；生产大队是基本核算单位；生产队则是直接组织生产和组织集体福利事业的单位。人民公社的主要特点可以概括为"一大二公"，"大"就是规模大；"公"则是生产资料公有化程度高。人民公社的政社合一体制，既是经济组织，也是基层政权组织，有着高度集权性。人民公社实行供给制和工资制相结合的分配制度，粮食供给制和伙食供给制是社员们收入中的主要部分。人民公社制度彻底取代了中华人民共和国成立之初所建立的乡镇政权模式。人民公社除了作为乡村的基层政权组织之外，还要负责全社的农、林、牧、渔、副等产业的生产，同时也要管理全社工、农、商、学、兵等各方面的工作，以此协调农业和工业的发展。

人民公社的发展使我国乡村治理发生了巨大的变革。农民的生产生活被集体方式取代，计划性地分配生产生活，这加速了我国农业的社会主义化改造。但随着人民公社化的开展，其弊端也逐渐显现出来。人民公社是把农民集中组织起来，旨在实现农业发展、经济建设的一种组织模式，在设想中，这种模式可以提高乡村的生产效率和单位土地面积的产量，保障农民权利，

---

① 马格宁思 . 中国农业绝不能再彷徨徘徊了：土地改革、合作社、人民公社、小岗村、周家庄、北大荒［EB/OL］.（2023-01-08）［2023-12-01］.https://www.kunlunce.com/klzt/xl1111/2023-01-08/166651.html.

降低农业生产成本和农民生活成本，支撑我国工业、军事的建设和发展，为国家建设积累资金等。但在人民公社制度下，由于实行的供给制和生产资料公有化，农民逐渐丧失了生产积极性，乡村的民主政治体系也遭到了破坏，连农业合作化的出发点——提高乡村生产效率和粮食产量都没有实现。另外，国家实行的统购统销政策，大量补贴工业和城市，导致城乡二元结构进一步加剧，乡村地区和农民均处于贫困状态。人民公社所带来的结构性矛盾，与农业合作化的目的和我国社会主义建设的目标是相悖的。

人民公社制度既是我国政府对乡村治理方面的一次重要探索，也是我国在建设社会主义道路上的一次严重失误。在人民公社化运动中，广大干部和农民群众通过辛勤劳动获得了一定的成绩，但是经济和农业的发展是不以意志为转移的，生产关系的变革需要遵循客观规律，生产力的发展需要有一定的积累过程。那时中国的特点为幅员辽阔、人口众多、经济文化落后且地区发展不平衡，对这样一个大国进行社会主义化改造是一项极其艰巨的任务。但是，那时我国缺乏领导大规模经济建设的经验，对经济发展规律的科学认知也是不足的，对土地改革和农业合作化运动中出现的问题也未能足够重视，对农业进行全面社会主义化改造所面临的困难估计不足，最终人民公社制度下"大锅饭"的经营体制从根本上抑制了广大农民群众的生产积极性。

人民公社制度所积累的矛盾，最终导致了其解体和家庭联产承包责任制的诞生，在后来改革开放的大环境下，"乡政村治"的乡村治理模式得以形成和发展。

三、改革开放和社会主义现代化建设新时期的乡村治理

中国共产党第十一届中央委员会第三次全体会议于 1978 年 12 月 18 日在北京召开。该会议确定了以促进社会主义现代化建设作为全党在未来的工作重点，并提出了实施改革开放的重大决策。这一决策标志着我国步入了改革

开放和社会主义现代化建设的新阶段。

改革开放后，我国为了解决计划经济体制下人民公社的高度集权问题，从而逐步制定了改革政策，"家庭联产承包责任制""乡政村治"等改革政策的实施在一定程度上解决或缓解了乡村治理中存在的问题。我国的改革从"三农"领域取得了突破进展，由此也形成了全面改革的浪潮。在解决了温饱问题后，农业人口开始向非农业产业转移，我国获得了空前的产业结构升级红利和人口红利。此时，我国城乡关系发生了历史性转折，农业生产力水平得到提升，农村经济得以快速发展。但在这一时期，农业税收依然存在，个别地方税负较重，农民的压力较大，乡村的保障体系较弱，农民抵御风险的能力不足，农业和农村的发展动力不足等依然是还未解决的"三农"问题。

（一）人民公社解体和家庭联产承包责任制

1978 年，中华人民共和国在邓小平同志的领导下，开启了"第二次革命"——改革开放，开创了中国特色社会主义道路。改革开放使我国初步建立了社会主义市场经济体制，全国人民的创造、生产热情被全面激发，生产力得到全面解放，人民群众的思想意识得到全面提高，观点逐渐多元化。在这样的大环境下，人民公社高度集权的"政社合一"制度无法满足社会的发展需求，且在长期积累矛盾后，人民公社制度已经难以为继，因此，我国对广大乡村地区的治理也开启了改革。直接推动人民公社解体的历史事件，是 1978 年在安徽省凤阳县小岗村的农民们所做的创造性改革实践。

1978 年 11 月 24 日，凤阳县小岗村的 18 位农民签署了一份简短的包干保证书，宣布实行包产到户的农业生产责任制。这一举措为家庭联产承包责任制的开创奠定了基础。面对大旱的困境，这 18 户农民努力工作了一年，最终使小岗村实现了丰收。1979 年 10 月，小岗村的粮食总产量达到 66 吨，相当于 1966 年到 1970 年五年粮食产量的总和。[①]

家庭联产承包责任制是一种农业生产责任制，农民以家庭为单位，承包土地和农业生产任务，合作组织主要是村和组织。这是我国农村的一项基本经济制度。在土地改革中，家庭联产承包责任制将土地产权划分为所有权和经营权，土地所有权仍然归集体所有，经营权则由集体经济组织按户均分配给农户自主经营。农户承包经营的收入除了按合同规定上缴集体和缴纳国家税金外，其余全部归农户所有。集体组织除了进行必要的协调管理外，主要为农户提供生产服务。

小岗村包产到户的举措获得了良好的成绩，也得到了邓小平同志的大力支持，并成为农业改革的新政策被大力推广实施，自此，我国开始了对土地承包和经营方式的改革，释放了土地利用的潜力。

1982 年 1 月 1 日，中共中央批转《全国农村工作会议纪要》，指出包产到户、到组，包干到户、到组都是社会主义集体经济的生产责任制。[②] 这时家庭联产承包责任制通过文件的形式被中共中央确定下来。这既体现了我国改革开放充分解放思想的历史责任感，也是我国乡村治理实践的一大重要转折点。此后，我国开始不断发展和完善家庭联产承包责任制，农民们获得了自由劳动的权利，广大乡村地区的生产力得到快速提升，农民的生活水平也得到逐步提高。截至 1983 年春，全国实行家庭联产承包责任制的生产队已占总数的97.8%，家庭联产承包经营实际上已经成为中国农业的一种基本经营形式。[③]

家庭联产承包责任制的实施使我国乡村恢复了勃勃生机，也使"三级所有，队为基础"的人民公社体制受到了巨大的冲击，人民公社作为集体经济组织的体制趋于解散。1983 年 10 月 12 日，中共中央、国务院印发《关于实

① 丁长艳.百年共产党人精神谱系——大包干为什么能"干"出一片新天地？［EB/OL］.（2011-07-16）［2023-12-01］.https://www.thepaper.cn/newsDetail_forward_13609809.

② 详见中共中央批转《全国农村工作会议纪要》。

③ 武力，郑有贵.解决"三农"问题之路——中国共产党"三农"思想政策史［M］.中国经济出版社，2004：611.

行政社分开，建立乡政府的通知》，标志着全国政社分开、建立乡政府的改革正式开启，宣告了人民公社体制的终结，我国乡村治理从此开启了新的篇章。

（二）"乡政村治"的发展与完善

20 世纪 80 年代初，我国开启了乡村政治体制改革。由于家庭联产承包责任制的推行使公社、生产大队和生产队的体制受到巨大冲击，而新的农民基层组织还未建立，导致农村社会的公共事务和群众的生产生活等处于无人管理的状态，乡村社会中出现了一些不良现象。在此背景下，广西首先探索了以民主选举、民主决策、民主管理、民主监督为核心内容，农民进行自我管理、自我教育、自我服务的村民自治模式，并在全国推广开来，成为全国乡村的借鉴对象。

1980 年 1 月，面对乡村基层管理涣散的情况，广西宜山县三岔公社合寨大队下辖的果地、果作等自然屯，在当地基层党组织的领导下，以民主选举的方式建立了社会治安联防队，开始在当地实行群防群治，在乡村基层管理涣散的情况下使当地农民的生产生活等得到了保障。到 1980 年底，合寨大队下辖的 12 个自然屯全部通过选举产生村民自治组织，将组织命名为"村民委员会"，并订立《村规民约》，"村民委员会"开始依照订立的规约进行村级事务管理。广西合寨人民在党组织的带领下，率先踏上了村民自治的新征程。

1982 年 8 月，中共中央批转《全国政法工作会议纪要》，要求各地有计划地开展建立村民（乡民）委员会的试点工作，并发动群众制定《乡规民约》。1982 年 12 月，通过并颁布了第四部《中华人民共和国宪法》，其中第 111 条明确规定："农村按居民居住地区设立的村民委员会是基层群众性自治组织，村民委员会的主任、副主任和委员由居民选举。村民委员会同基层政权的相互关系由法律规定。"这明确了村民委员会"基层群众性自治组织"的性质和地位。1983 年 1 月，中共中央发布《当前农村经济政策的若干问题》，明确了在全国范围内取消人民公社体制，实行生产责任制，特别是联产承包制；实行政社分设。同年 10 月，中共中央、国务院发布《关于实行政社分开，建立乡政府的通知》，要求在农村建立由村民选举产生的村民委员会，并对村民委员会的设立、职能、生产方式进行了规定。

1983 年，全国各地开始了撤销人民公社、建立村民委员会的乡村政治体制变革，实现了党对乡村治理的重大突破，这次改革改变了原来对乡村管理的失控状态，形成了"乡政村治"的乡村治理模式。"乡政"是指乡镇政权，乡政改革的主要任务是实行政社分设，打破原来人民公社高度集权的政治体制，将政府管理与乡村社会自主治理分离，让乡村社会不再被集中管理。同时，建立乡镇一级的人民政府，并赋予其行政职权，取代解体的人民公社，依法对乡镇进行治理。"村治"则是乡镇以下的村级单位实行村民自治，在国家法律框架范围内，由村民选举村委会，充分发挥民主，实行民主决策、民主管理和民主监督，让农民自己对自己村进行管理，并协助乡镇政府完成各项工作。在"乡政村治"的新模式下，乡镇政府和村委会的关系也发生了转变，不再是领导与被领导的关系，而是指导与被指导的关系。

但在撤销人民公社、建立乡镇政府和村民委员会时，当时的相关政策对乡村建制规定得不够具体、细致，地方上获得了较大的自由权，所以导致在全国各地的具体实践中新建的乡村数量大、规模小。过于庞大的乡村数量不仅增加了国家的财政支出，还不利于对乡村的有序管理，同时增加了农民的经济负担，对我国乡村的长期稳定发展造成了影响。针对此问题，1986 年我国开始了"撤并乡镇"的工作，在经过一段时间的工作后，"撤并乡镇"取得了明显的成效，乡村的数量明显减少。乡村数量减少后，全国村委会的人员机构也得到了精简，村里也节省了行政开支，农民也减轻了负担。

从发展历程来看，"乡政村治"体制的推动和发展经历了一个较为漫长的过程，从形式上被确立到制度化运作经过了多年的完善与改革。1985 年 2 月，全国人民公社政社分设、建立乡镇政府的工作全部结束，我国基层政府体制全部恢复为乡（镇）制。1987 年 11 月 24 日，第六届全国人民代表大会常务委员会第二十三次会议通过的《中华人民共和国村民委员会组织法（试行）》，村民委员会的自治组织地位有了法律做支撑，这样一来村民委员会就可以名正言顺地在乡村自治、协调群众、社会治安和乡村公共事务管理等方面开展工作，而不受到限制。随着我国乡村治理改革的不断深入，1998年11月4日，第九届全国人民代表大会常务委员会第五次会议修订通过的《中华人民共和国村民委员会组织法》，结束了1987年所发布的试行法案，"乡政村治"的乡村治理体制正式被确立，这也为后来的乡村治理现代化奠定了坚实基础。

"乡政村治"是乡村治理改革的基础环节，伴随着时代的进步和乡村的发展，不断出现的新问题、新矛盾给我国乡村治理带来了新挑战，所以乡村治理模式不能原地踏步，需要不断发展和进步，以适应时代和环境的不断变化。在"乡政村治"体制被正式确立后，我国不断深化改革乡村治理的政策，许多新制度也相继被构建。

（三）乡村税费改革和社会主义新农村建设

进入21世纪，我国经济整体在改革开放的大环境中得到高速发展，经济保持快速增长、国民经济蓬勃发展、经济总量连上新台阶，综合国力大幅上升。据统计，国内生产总值由1978年的3645亿元迅速跃升至2012年的518942亿元。其中，从1978年上升到1986年的1万亿元用了8年时间，上升到1991年的2万亿元用了5年时间，此后10年平均每年上升近1万亿元，2001年超过10万亿元大关，2002—2006年平均每年上升2万亿元，2006年超过20万亿元，之后每两年上升10万亿元，2012年已达到52万亿元。[①]

虽然改革开放促进了我国各个产业的快速发展，但各产业之间的发展速度并不均衡，特别是在我国广大乡村地区。我国乡村地域广、农民人口多，各地区之间差异较大，情况也较为复杂；另外，部分农民的思想观念转变较

① 国家统计局. 改革开放铸辉煌 经济发展谱新篇——1978年以来我国经济社会发展的巨大变化［EB/OL］.（2013-11-06）［2023-12-01］.http://politics.people.com.cn/n/2013/1106/c1001-23444065.html.

慢，导致乡村地区在改革开放的发展浪潮中掉了队。自我国加入世贸组织后，来自国际方面的竞争不断给农业、农村和农民施加着压力，"三农"问题越发凸显。

20 世纪末至 21 世纪初，我国农民负担较重、压力较大，干群关系紧张，导致我国乡村地区出现这种情况的原因是当时农民有着过重的税费负担。在此期间，农业税税负的变化并不大，但农民却还需要缴纳包括"三提五统"在内的其他集资收费，这些费用加在一起要远高于农民需要缴纳的农业税。所谓"三提五统"中的"三提"包括公积金、公益金和行管费，是农民上缴给村级行政单位的三种提留费用；而"五统"包括教育费附加、计划生育费、民兵训练费、乡村道路建设费和优抚费，是农民上交给乡镇一级政府的五项统筹费用。

1991 年，由国务院发布施行的《农民承担费用和劳务管理条例》对村提留和乡统筹的事业性收费、集资和摊派进行了规范，是"三提五统"收取的主要依据。虽然，已有条例对"三提五统"的费用收取做出了规范，但全国大部分的乡村两级政府在实际征收"三提五统"的费用时却没有统一标准。"三提五统"的费用是乡村两级政府自收自用，所以需要下辖农户均摊，这就导致集体收入高的乡村往往少收或不收费用，而集体收入低的乡村往往会超收费用。20 世纪 90 年代中后期，不断增加摊派的"三提五统"收费加重了我国农民的负担，也导致贫困地区农民的负担过重。据统计，2002 年全国征收的农业税为 422 亿元，但包括"三提五统"在内的各种附加的杂费则约有 2000 亿元，附加的杂费达农业税的 5 倍。这引起了众多学者的重视，他们纷纷提出关于减轻农民负担的意见、建议和方案，希望通过建言献策的方式来改变当时的农业税收制度。

党和国家为了保护农民利益、减轻农民负担和促进乡村发展，开始对农业税进行大刀阔斧的改革。2000 年，中共中央、国务院发出《关于进行农村税费改革试点工作的通知》，其中提出农村税费改革试点的主要内容是"取消乡统筹费、农村教育集资等专门面向农民征收的行政事业性收费和政府性基金、集资；取消屠宰税；取消统一规定的劳动积累工和义务工；调整农业税政策；调整农业特产税政策；改革村提留征收使用办法"。

2005 年，中国共产党十六届五中全会提出建设社会主义新农村是我国现代化进程中的重大历史任务，建设社会主义新农村的整体要求是"生产发展、生活宽裕、乡风文明、村容整洁、管理民主"（见图 1-1），同时提出了推进现代农业、增加农民收入和统筹城乡发展的目标。

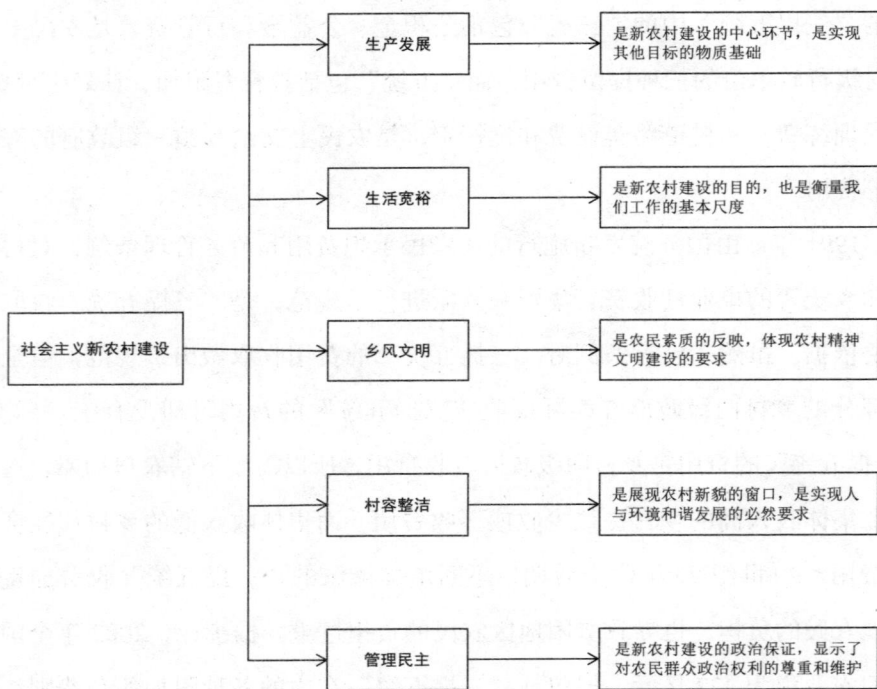

```
社会主义新农村建设 ──┬── 生产发展 ──── 是新农村建设的中心环节，是实现
                   │                其他目标的物质基础
                   │
                   ├── 生活宽裕 ──── 是新农村建设的目的，也是衡量我
                   │                们工作的基本尺度
                   │
                   ├── 乡风文明 ──── 是农民素质的反映，体现农村精神
                   │                文明建设的要求
                   │
                   ├── 村容整洁 ──── 是展现农村新貌的窗口，是实现人
                   │                与环境和谐发展的必然要求
                   │
                   └── 管理民主 ──── 是新农村建设的政治保证，显示了
                                    对农民群众政治权利的尊重和维护
```

图1-1　社会主义新农村建设整体要求

2006 年 1 月 1 日，《中华人民共和国农业税条例》废止，我国开始免征农业税。免征农业税，在我国几千年的历史中有着划时代的意义，为我国农民开创了一个新时代。农业税的取消，切实减轻了农民负担，规范了基层政权的涉农行为，进而缓和了基层干群关系，促进了乡村地区的社会稳定发展，

调动了农民的生产积极性，保证了国家的粮食安全。在取消农业税后，为了进一步解决"三农"问题，我国大力开展建设社会主义新农村工作，实施了"粮食直接补贴""免除义务教育学杂费"等多项惠农政策。这些新政策的实施，使乡村的面貌得到了改观，农民的生活条件得到了进一步改善，广大人民群众对党和国家的认同感得到了进一步提升。我国乡村地域广、农民人口多，可以说，只有农民富裕了，中国才能富强，乡村稳定了，中国社会才能和谐稳定。

作为我国乡村治理改革发展历程中的一次重要突破，乡村税费改革和社会主义新农村建设取得了显著的成就。第一，农业税和"三提五统"等费用的取消，使我国粮食稳定增产，农民的收入日益提高，乡村地区日渐富裕。第二，社会主义新农村建设使乡村地区的基础设施日益完善，如住房、道路、能源、水利和通信等基础设施的大力建设，方便了农民群众的生活，也使乡村面貌得到改善。第三，乡村社会的保障体系也日臻完善，如农村义务教育、农村合作医疗体系和社会保障体系的逐渐完善，使农民群众所担心的教育、医疗和养老问题得到逐步解决。

社会主义新农村建设的成功，主要得益于党和国家对新农村建设的指导规划。在新农村建设中，我国吸取了以往乡村治理方面的经验教训，将农民从"政社合一"的人民公社体制中解放出来。基于科学发展观的重要战略思想，乡村地区开始因地制宜地推进多样化发展，很多乡村利用地区优势和自身特色在发展中寻求突破，例如，环境优美的乡村地区开始大力发展旅游业，交通便利的沿海地区开始发展小商品加工、制造业，拥有矿产的地区开始利用资源发展地区经济等。有鉴于此，我国乡村地区的发展潜力得到了有效释放，乡村经济得到了快速发展。

四、中国特色社会主义新时代的乡村治理

2012 年，党的十八大以来，中央正式提出新型城镇化和国家治理现代化的目标，乡村社会的内外部环境将面临重大变化，乡村治理也需要新的发展方向。在习近平新时代中国特色社会主义思想指导下，我国乡村治理模式不断改革创新，基层党建在乡村全面加强，农业供给侧结构性改革不断加强，脱贫攻坚战取得全面胜利，乡村治理现代化水平显著提高，乡村治理实践取得了显著成效。

（一）全面加强乡村基层党建和从严治党

党的十八大以来，全面从严治党向纵深发展，"不忘初心、牢记使命"等主题教育实践活动常态化、制度化不断深入推进，我国以全方位加强乡村地区党的基层组织建设为抓手，创新和完善乡村基层党建工作。党的十九大同样高度重视乡村治理工作，为解决新时代农村发展的难题提出了乡村振兴战略。习近平总书记强调了基层党建的作用，指出"办好中国的事情，关键在党""党的根基在基层，一定要抓好基层党建，在农村始终坚持党的领导"。[①]

随着乡村治理改革的不断深入和新型城镇化的逐步推进，我国乡村面临着许多新形势和新问题。第一，基层党组织弱化。由于乡村地区的大量青壮年选择进入城市工作，导致乡村留守人口老龄化严重，进城工作的年轻人对入党的政治需求较低，导致村级党员的数量逐渐减少。乡村留守人口老龄化和基层党组织人员减少，致使基层党组织逐渐弱化。第二，基层党组织边缘化。基层党组织的弱化使乡村党群关系不紧密，农民对参加当地党建活动的积极性不高，甚至很多农民没有参加过党建活动。有些党员满足于做好手头

---

① 新华社.万众一心，开拓进取，把新时代中国特色社会主义推向前进［N］.人民日报，2017-10-20（1）.

上的工作，平时与群众不联系，也不了解群众的想法，无法对群众进行宣传、动员和引导。这些问题说明乡村基层党群关系较为疏离，基层党组织逐渐边缘化，对群众的凝聚力和组织力逐渐缺失。第三，基层党组织适应力不足。中国特色社会主义进入新时代，面对新形势、新变化和新要求，对基层党组织提出了更高的要求，这要求基层党组织要勇于面对新挑战，直面新情况，想出新办法，解决新问题。但乡村地区党员数量逐渐减少，甚至有些地方连找到适合担任村支书的人才都困难，要完成基本工作已属不易，就很难谈得上适应新时代，解决新问题了。另外，还有些党员不能及时适应新时代提出的新要求，试图用老办法解决新问题，工作缺乏针对性，农村基层党组织的适应能力亟待加强。

党的基层组织的坚强有力程度直接关系到党的整体力量是否坚强有力，而这又决定了党是否能够长期处于执政地位，带领人民不断追求进步，实现美好生活。全面加强乡村基层党建是新时代加强乡村治理的一个明显特点，党在其中发挥着重要的引领作用，这体现了我国乡村治理的制度优势。2019年1月，中共中央印发了《中国共产党农村基层组织工作条例》，其中强调"农村工作在党和国家事业全局中具有重要战略地位，是全党工作的重中之重"，还强调了乡村治理过程中要发挥党的领导作用，细化了乡镇党委和村支部的权限，特别是强调了要推行村党组织书记依法担任村委会主任，进一步强化乡村党的建设。

近年来，在乡村治理实践中，针对基层党组织弱化、边缘化和适应力不足的问题，党从有基层工作经验的干部中，挑选口碑好、能力强的干部深入全国乡村中担任驻村书记，根据新时代乡村发展的实际情况与时俱进地创新基层党建方式，让党组织在乡村社会发展中起引领带头作用，让乡村基层党组织的治理水平切实得到提高，乡村地区实现有效发展。

党的十九大报告中强调，坚定不移全面从严治党，不断提高党的执政能力和领导水平，同时夺取反腐败斗争压倒性胜利。反腐败斗争和党风廉政建设在乡村治理过程中被不断深入推进，在党的十八大至十九大的五年里，全国范围内共处分基层党员干部27.8万人[①]，其中很多人为党支部书记和村支委会主任。乡村治理过程中所推行的反腐败斗争，体现了中国共产党坚决整顿基层党组织的决心。

乡村基层干部的形象代表着党和国家的形象，他们的所作所为会直接影响乡村广大群众的切实利益。通过严查群众身边的腐败问题，推动全面从严治党不断向纵深发展，促使乡村政治生态更加清朗，广大人民群众对党风廉政建设和反腐败工作的满意度大幅度攀升，党的执政基础和群众基础得到巩固发展，为未来的乡村治理提供良好的社会环境。

（二）脱贫攻坚战全面胜利，带动乡村环境全面改善

党的十八大以来，以习近平同志为核心的党中央大力实施精准扶贫，着眼于全面建成小康社会，重点聚焦深度贫困地区和特殊贫困群体，加快贫困地区和贫困群众脱贫致富奔小康的速度。在实施精准扶贫的过程中，乡村基层干部的职责得到进一步明确，也对乡村干群关系提出了新要求。

精准扶贫严格实行一把手责任制，自上而下形成了省、市、县、乡、村的五级落实责任制。为了打赢脱贫攻坚战，乡村基层党组织与村民之间形成了频繁交流与互动的关系，乡村两级政府与村民配合良好，乡村治理的活力与潜力被激发。2013—2020年，中国农村贫困人口累计减少9899万人，年均减贫1237万人，贫困发生率年均下降至1.3%；832个贫困县、12.8万个贫困村全部脱贫。[②]我国脱贫攻坚战取得举世瞩目的成就，离不开党领导下的扶贫机制和乡村治理体系，也依赖于脱贫攻坚中乡村基层组织与群众形成的良好

---

① 尹健．奋力夺取反腐败斗争压倒性胜利——纪检监察干部学习领会十九大精神［EB/OL］．（2017-10-27）［2023-12-01］.http://cpc.people.com.cn/n1/2017/1027/c415067-29612394.html?ivk_sa=1024320u.

② 于乐荣．脱贫攻坚战全面胜利，中国开启乡村振兴新篇章［EB/OL］．（2022-10-22）［2023-12-01］.http://www.china.com.cn/opinion2020/2022-10/22/content_78479891.shtml.

互动关系。

　　脱贫攻坚促使乡村治理生态与基础设施得到了明显改善。脱贫攻坚是一项全面、系统的工程，其目标不只是让贫困人口摆脱贫困和增加收入，而且还要实现乡村生态环境和基础设施的全面改善，全方位提高人民生活水平，满足人民对美好生活的向往。习近平总书记指出"绿水青山就是金山银山"，乡村生态环境的改善促进了旅游业的发展，扶贫产业也得到了拓展，也吸引了大批乡村外出务工人员返乡创业和就业。

　　发展产业是我国实现稳定脱贫的根本之策，是持续增强贫困地区"造血"功能的长久之计。我国在脱贫攻坚中广泛调动了贫困群体进行产业扶贫，832 个贫困县全部编制产业扶贫规划，产业扶贫政策覆盖了 98% 的贫困户，累计建成加工、养殖等各类产业基地 30 多万个[①]。每个贫困县都形成了几个有特色且扶贫面积广的主导型产业。产业发展使乡村基础设施得到了明显改善，全国行政村全部实现通公路、通班车、通邮路、通动力电，自来水普及率也提高到了 83%。

　　乡村生态环境和基础设施的改善提升了乡村群众对脱贫致富奔小康的信心，广大乡村群众对基层政府和基层党组织的信任度也得到增强。在脱贫攻坚过程中，改善乡村环境和发展产业同步有序进行，进一步促进了乡村地区政治生态的改善，为全面实施乡村振兴战略打下了坚实的基础。脱贫攻坚战的全面胜利，标志着中国共产党在团结带领人民创造美好生活、实现共同富裕的道路上迈出了坚实的一大步。同时，脱贫摘帽也不是终点，而是新生活、新奋斗的起点。

---

① 　郁静娴 .832 个贫困县建成产业基地超 30 万个 产业扶贫政策覆盖 98% 贫困户［EB/OL］.（2020-12-17）［2023-12-01］.https://www.gov.cn/xinwen/2020/12/17/content_5570043.htm.

（三）乡村治理现代化水平进一步提升

新时代我国乡村治理的发展方向，是在总结"乡政村治"体制运行经验的基础上进行的创新，即在自治的基础上，加入德治和法治，并不断健全自治、法治和德治相结合的乡村治理体系。加强乡村治理制度建设，完善乡村治理体系，提高乡村治理的社会化、法治化、智能化和专业化水平。

在"乡政村治"体制中，乡村治理基本只依赖乡镇和村"两委"，其他社会组织在乡村治理过程中的作用不明显，存在感不足。2015 年，中共中央、国务院印发《关于加大改革创新力度加快农业现代化建设的若干意见》，明确提出了要激发农村社会组织活力，重点培育和优先发展农村专业协会类、公益慈善类、社区服务类等社会组织。社会组织作为独立于乡村政府之外的第三方组织，在乡村治理中发挥了建设性作用，且随着社会组织的发展，我国乡村治理社会化的水平日益提升，社会组织也成为乡村治理现代化中不可或缺的一部分。

乡村治理法治化是依法治国在乡村基层的体现。党的十八大以来，法治化成为乡村治理的新方向，法治化进程在不断加快。《中华人民共和国村民委员会组织法》《中国共产党农村基层组织工作条例》的修订，进一步表明我国乡村治理正在向法治化方向迈进。法治不仅是治国理政的方式，也是一种价值精神。推进乡村治理法治化，不仅可以培养乡村群众的法治意识，也能树立起法治在群众心中的信仰。法治观念深入人心，能有效地推动乡村地区的精神文明建设，凝聚乡村地区的法治共识。法治体系的不断完善，为乡村政府、广大乡村群众和乡村治理提供了法律保障。

随着科技的快速发展与迭代，乡村治理的手段也逐渐由传统向智能化转变。互联网的发展和大数据的兴起，给人们的生活带来了巨大的影响，通过互联网每个人都能轻松地看到更广阔的世界。同时，智能化也使乡村治理的效果得到了显著提升，比如，乡村群众开始通过互联网获取和交流信息，这扩大了他们政治参与和意见表达的渠道。互联网技术的发展，让智能化系统平台的建设成为可能，通过信息平台向群众发布实时信息，为群众提供更多服务，实现数据多跑路、群众少跑腿，使乡镇政府和村委的工作效率得到了提高。智能化也促使乡村群众打破信息壁垒，踏进了"直播带货""电子商务"等能带领乡村地区致富的新领域。

乡村的发展和治理还需要大量的专业人才。党的十八大以来，专业化的意识在全国乡村中不断增强，各地乡村开始出台引进专业人才的优惠政策，同时加强党政干部和农民专业知识方面的培训。各地纷纷创新人才使用机制，在坚持立足本土的基础上吸引外来人才，吸引在农业、经营、管理、商务、投资、乡村治理等方面有经验、有能力的专业人才，参与到乡村现代化的建设中来，利用专业化意识推动乡村治理现代化发展的进程。

要实现乡村治理现代化的目标，不能只依靠某一方的力量，需要中国共产党、政府、村民委员会、乡村民间组织、企业和乡村群众共同发力，在各自发挥自身作用的同时，也能够相互配合协作，并产生良好的化学反应，形成一个完整的共治体系。

第二节　我国乡村治理的经验与启发

乡村治理得好不好，直接体现了政府对乡村社会的管理能力，也直接影响着乡村的稳定和繁荣发展。我国在乡村治理实践中不仅积累了诸多珍贵的实践经验，也在乡村治理模式的探索中收获了诸多有效的方法，这些值得我们进行认真的梳理与总结。这些经验和方法对今后我国未来的乡村治理具有深远的启示意义，为我们提供了宝贵的借鉴和指导。

一、我国在乡村治理历史进程中取得的主要经验

中国共产党自成立至今，始终高度重视乡村和农民群众的问题。中华人民共和国成立后，为了建立适应我国国情的乡村治理模式，进行了长期的探索和创新，在不同的历史时期，对乡村治理实行了不同的模式，在这个过程中也出现过失误、走过弯路，所以在乡村治理的过程中，应当继承并发扬那些已经被证明是行之有效的方法和经验，要规避在以往治理过程中出现过的失误。吸取教训和总结经验才能在新时代的乡村治理过程中少走弯路，从而摒弃落后与错误的观念，发扬先进和科学的理念。

（一）治理理念决定乡村治理的成效

我国在不同时期和以不同方法实践的乡村治理所取得的不同成果充分证明了治理理念对乡村治理成效的决定性作用。从历史的不同阶段来看，我国乡村治理理念的变化对乡村的建设发展产生了显著影响。在新民主主义革命时期，为了激发广大农民群众的积极性并取得革命的胜利，中国共产党坚持了一切从实际出发的路线方针，并深入乡村进行实地调查研究，总结了革命中的经验。基于中国半殖民地半封建社会的国情，面对敌强我弱的局面，必须首先在农村建立起根据地，积蓄革命力量。为此，以毛泽东同志为代表的中国共产党人创造性地总结出了符合中国实际的革命道路，"农村包围城市，武装夺取政权"，将革命工作的重心放在广大乡村地区。通过土地革命等实际行动维护农民群众的切实利益，促进农村革命根据地的建设，中国共产党最终取得了抗日战争和解放战争的胜利。

中华人民共和国成立之初，此时的中国一穷二白，国家的工业基础相对薄弱，同时农业生产力水平也较为落后。为了促进经济发展，我国开始土地改革，并对农业、手工业、资本主义工商业进行社会主义改造，建立了社会

主义公有制，走上了社会主义道路。1958年，党的八大二次会议通过了"鼓足干劲、力争上游、多快好省地建设社会主义"的总路线，从而开始了"大跃进"运动和"人民公社"制度的探索和实践。消灭私有制、实现共同富裕，是中国共产党奋斗的目标。坚持社会主义公有制是中国共产党的宗旨，其决定了乡村治理的方向，也是保证乡村稳定与繁荣发展的基础。但当时对中国所处的历史阶段把握不够准确，以及对社会主义初级阶段中个体经济和个体所有制存在和发展的意义认识得不到位，所以出现了盲目冒进，急于追求公有化，导致了"大跃进"运动的出现，个体经济也被当作资本主义的尾巴而遭取缔。这打乱了当时的国民经济秩序，造成了国民经济比例失调，也影响了乡村治理的效果，使农民丧失了生产积极性，影响了乡村地区生产力的发展。

改革开放以后，中国共产党通过总结以往的经验，在思想上拨乱反正，确立了解放思想和实事求是的思想路线，确定中国仍处于社会主义初级阶段，提出了与当时国情相符的一系列正确方针。提出让一部分地区、一部分人通过诚实劳动先富起来，以先富带动后富，最终使全国人民走上共同富裕的道路。认识到将土地承包给个人并不会影响我国社会主义的性质，从而全面推行了家庭联产承包责任制。这一符合实际生产关系的改革重新激活了乡村地区的生产活力，农村经济得以快速增长，为全国经济的进一步发展创造了必要条件。

2013年，党的十八届三中全会明确提出要创新社会治理，提出了国家治理现代化的目标。乡村治理长期以来的管理思维逐渐被治理理念代替，这对乡村治理和推动乡村治理现代化有着重要作用。党的十九大提出实施乡村振兴战略，并将乡村振兴列为决胜全面建成小康社会进程中要推行的重点战略，对我国乡村治理有着划时代的意义。推行乡村振兴，必将绘就一幅产业兴旺、生态宜居、乡风文明、治理有效、生活富裕的中国特色社会主义乡村的美丽画卷。

治理理念决定了乡村治理的成效，我国一直在乡村治理的道路上不断探索，力求找到最佳路径。那么，如何有效地治理好乡村？如何提升广大乡村群众的生活水平？如何真正实现乡村振兴？只有总结以往的经验，脚踏实地、实事求是地探索出解决方法才是长久之计。乡村治理没有标准答案，也没有放之四海而皆准的方法，只有总结经验，持续创新，乡村治理的理念才能与时俱进，乡村治理的体制才能保持旺盛的生命力。

（二）尊重客观规律是乡村治理的前提

马克思主义是以科学的实践观为基础的，其目的是科学地认识世界，实际地改造世界。所以，无论是认识世界还是改造世界，都必须尊重客观规律。在马克思主义中，客观规律是事物发展自身所固有的本质的必然的普遍联系，这些联系是存在于人们的意识之外且不以人的意识为转移的[①]。一切从实际出发的原则就是在实践中认识、尊重和把握客观规律。

社会实践活动，同样必须尊重客观规律，乡村治理是社会实践活动的一种，所以需要尊重经济发展和农业发展规律。我国关于乡村治理的实践过程漫长而复杂，对乡村治理的认识也由浅显慢慢走向深入。在我国乡村治理的实践中，也出现过忽视客观规律的情况，虽然出发点是更好地建设社会主义乡村，但只是仅凭主观判断去推进乡村建设和发展，没有联系实际，忽略了客观规律，最终导致治理结果事与愿违。例如，1958 年发动的"大跃进"运动，虽然初衷是为实现美好的愿望和追求高远的目标，但违背了经济发展和农业发展的客观规律，使社会主义建设事业遭受了重大损失。

综上所述，乡村要按照客观规律进行治理，要在基层打好基础，才能有步骤地实现长远目标，切不可贪功冒进，进行"拔苗助长"式的治理。另外，先行试点工作是乡村治理实践的必要步骤，鼓励地方和基层先行先试，及时

---

① 中共中央宣传部理论局 . 马克思主义哲学十讲［M］. 北京：党建读物出版社，2013：28.

总结经验教训，及时反映试点情况，更新理论观念，调整实践方法，不断深化对客观规律的认识。

（三）土地产权制度改革是乡村治理的关键

作为传统农业大国，土地是我国乡村最重要的资源，也是农民的命脉，如何利用好土地资源提升农业生产力，是我国始终关注的问题。中华人民共和国成立后，我国对土地所有制进行了改革，开展了史无前例的土地改革运动，之后又对土地产权制度进行了社会主义改造，将农民土地所有制改革为土地集体所有制。在土地产权制度变化的基础上，我国乡村治理的结构也发生了改变，中华人民共和国成立之初所建立的乡镇政权模式发展为互助组、合作社，直到后来发展为人民公社体制。改革开放之初，我国农业生产力水平低下，为了顺应乡村实际情况我国开始实行了家庭联产承包责任制，促进了我国农业生产力的发展，为乡村生产力的提高和持续稳定发展做出了巨大贡献，也为乡村治理提供了稳定的政策保障。家庭联产承包责任制的实行，解决了我国的温饱问题，为我国之后的经济发展提供了基础支撑，是我国乡村治理改革中的重大成果。

随着我国城镇化和农村现代化进程的不断推进，乡村地区开始出现"空心化"。随着"空心化"问题逐渐加深，土地闲置的问题开始突出，土地制度再次出现了一些亟待解决的问题。在此背景下，2004年，国务院颁布《国务院关于深化改革严格土地管理的决定》，其中关于"农民集体所有建设用地使用权可以依法流转"的规定，确立了乡村土地流转制度，从此我国的农业经营格局发生了改变。

进入新时代以来，以习近平同志为核心的党中央在总结土地制度改革实践经验的基础上提出土地"三权分置"制度。"三权分置"即土地所有权归集体、土地承包权归农户、土地经营权可流转。"三权分置"制度的确立，表明我国乡村发展空间进一步扩大，乡村进一步市场化，是我国土地制度的一次重大创新和改革。以土地所有权、承包权和经营权"三权分置"措施的实施，盘活了乡村地区大量闲置的土地，提高了"空心村"闲置土地利用率，吸引了外来农业机构和企业对土地进行经营和建设，乡村迎来了多元化治理的新格局。"三权分置"思想带来的乡村治理实践的创新，使乡村治理朝着更加现代化的方向演进。

"三权分置"制度的确立有着重要的意义。第一，"三权分置"丰富了乡村经营体制的内涵。土地集体所有、农户承包经营的体制是改革开放后确立的基本制度，而土地集体所有、农户承包、多元经营的"三权分置"制度充分体现了我国乡村经营体制的持久活力。我国以往的土地制度面临着规模小和竞争力不足等问题，"三权分置"制度不仅维系了土地集体所有和农户承包关系的稳定，还使土地要素获得了市场化改革，给乡村基本经营制度带来了新的活力。第二，"三权分置"开辟了我国新型农业现代化的新路径。实行"三权分置"，给土地经营权带来了变化，有力地促进了土地经营权在更大范围内的优化配置，使乡村土地的劳动生产率、土地产出率和资源利用率都得到了提高。第三，"三权分置"为乡村治理现代化、农业现代化、实现城乡协调发展和全面建成小康社会提供了新的理论支撑。

二、我国在乡村治理实践经验中得到的启发

回顾我国乡村治理的历史、总结治理经验的初衷是更好地进行新时代的乡村治理，在吸取我国乡村治理实践的经验基础上，从中提炼出治理实践中的一些宝贵启发，以便各地更好地结合当地实际情况对乡村治理模式进行创新性探索。

（一）"打铁还需自身硬"，进一步加强乡村基层党组织建设

基层党组织建设是党的建设的重要内容，基层党组织也是党在乡村地区

的基层治理单位，是乡村治理的领头人。在中华人民共和国成立之前，自延安时期起，农村党支部便会定期召开小组会议，对党员们的工作、生活和学习进行管理。同时，基层党组织会利用各种方式宣传党的政策，领导乡村群众进行生产活动。基层党组织建设的经验为党的建设提供了有力支撑，使中国共产党能够在乡村地区得到发展壮大，并经受住了艰苦的考验，最终领导全国人民走向胜利。

当前，基层党组织扮演着重要角色，包括贯彻党的政策、与群众密切联系和推动乡村社会发展。然而，在我国快速发展的经济社会背景下，乡村社会也面临着迅速变革的挑战，基层党组织的组织性和领导能力出现了问题。因此，加强基层党组织建设，巩固党在乡村治理中的领导地位迫在眉睫。

基础不牢，地动山摇。只有把基层党组织建设强、把基层政权巩固好，中国特色社会主义的根基才能稳固[①]。全面从严治党，是党的十八大以来党中央作出的重大战略部署，也是全面建成小康社会、全面深化改革、全面依法治国顺利推进的根本保证。在此背景下，2019 年 1 月，中共中央印发了《中国共产党农村基层组织工作条例》，提出了将全面从严治党延伸至基层党组织，在加强党对乡村工作的全面领导和基层党员队伍建设等方面提出了新的要求，也为基层党组织建设提供了新思路。

乡村基层党组织是乡村基层政权的领导核心，要在基层治理中起到领导者、组织者、协调者的作用，同时基层党组织也是基层治理的重要参与者。所谓"打铁还需自身硬"，基层党组织建设得坚强有力，才能激发基层治理的活力，才能更好地推动乡村治理工作，让乡村经济、文化、政治和生态等各项事业跃上新台阶。

---

① 　本报记者.习近平在基层代表座谈会上强调：把加强顶层设计和坚持问计于民统一起来推动"十四五"规划编制符合人民所思所盼［N］.人民日报，2020-09-20（1）.

（二）乡村治理要注重多元主体作用的发挥

乡村治理得好不好，乡村群众最有发言权。乡村治理强调"党委领导、政府负责、社会协同、公众参与"。在乡村治理中让群众亲身参与治理的各个环节，充分体现出群众在乡村治理中的主体地位，让乡村群众在治理中充分发挥主体作用，才能形成良性的可持续发展的乡村治理模式。

随着我国乡村社会的不断发展，乡村社会结构发生了变革，同时大量的资源被不断投入到乡村建设中，乡村社会中涉及的利益群体逐渐多元化。如今的乡村已经很难依靠单一主体进行治理，多元主体共治在乡村已经逐渐成为一种趋势。现代的乡村治理应当包含基层党组织、乡村群众、市场和社会组织在内的多元主体，因此，在乡村治理中要协调好不同主体的利益诉求，同时激发各个主体的活力，形成多元共治的乡村治理新格局，由多元主体共享乡村治理成果。

在新的多元主体共治格局下，需要充分发挥乡村基层党组织在乡村治理中的领导作用，确保其在统领全局和协调各方面起到有效的作用，以确保乡村治理的整体方向。同时，要保证乡村群众在乡村治理中的主体地位的稳固，确保他们是乡村治理中最主要的参与者和最大的受益者。此外，还应积极引导和支持各类社会组织参与乡村治理，并合理地采纳社会组织提出的意见。利用好各类经济组织，发展乡村资源，盘活乡村经济，因地制宜开展乡村产业振兴。注重乡村人才培养，同时吸纳社会上有能力的人才，让有眼光、有知识的人才加入乡村治理中来，为乡村治理体系注入"新细胞"，为乡村治理带来新活力。

在各个地区的乡村治理探索中，要尊重多元主体所能发挥的能动性。提高乡村治理水平，要充分发挥多元主体的作用，通过深化多元主体的自治能力，让各个主体参与治理的各个具体事项，如参与到决策、实施、监督等过程中。只有让多元主体切实感受到治理的效果，享受到治理的成果，乡村治理才能获得各个主体的拥护与支持。另外，在乡村治理中要充分发挥群策群力，多收集意见，充分了解各个主体的想法，在进行决策时才能更加全面地看待问题，确保维护好各主体的利益。所谓"众人拾柴火焰高"，在新时代的乡村治理中，让多元主体都参与到乡村治理中，激发多元主体的治理活力，乡村治理就会越来越好，乡村的发展就会更加多元化。

（三）乡村治理现代化是建设宜居宜业和美乡村的应有之义

我国乡村面积大，农民人口众多，乡村治理是国家治理的基础，也是我国一直以来治理的重点领域。截至目前，可以说全面建设社会主义现代化国家的目标进程中，最艰巨、最繁重、最复杂的工作仍在乡村地区。我国乡村治理的历史实践证明，乡村治理在不同历史阶段中有着不同的定位。在我国全面推进乡村振兴的背景下，推进乡村治理现代化是国家治理现代化的重心所在，也是乡村治理在新时代中的定位。

党的二十大报告中强调了加快建设农业强国的战略目标。习近平总书记在中央农村工作会议上重申了一体推进农业现代化和农村现代化的要求，强调农村现代化是建设农业强国的内在要求和必要条件，建设宜居宜业和美乡村是农业强国的应有之义。

乡村建设与治理要以"乡村地区具备现代生活条件"为目标，让乡村民众能就地过上现代化的生活，让乡村治理达到现代化水平。但也要注意基层在展开具体工作时可能出现的一些问题。例如，在党的十九大提出乡村振兴战略时，一些地方基层政府与基层党组织对乡村现代化的认识不够，乡村基层建设出现了"大水漫灌"式的情况。

为了避免乡村现代化建设出现无序或重复建设的情况，近年来，党中央明确了乡村建设的关键领域，并布置了重点任务，明确了现阶段乡村建设的核心目标是乡村生活设施便利化与生活方式现代化。

习近平总书记强调："要完善党组织领导的自治、法治、德治相结合的乡村治理体系，让农村既充满活力又稳定有序。[①]"目前来说，中国作为世界上最大的发展中国家，乡村社会的结构正在从传统农村社会向现代乡村社会转型，乡村治理中还存在人情因素，大部分乡村还是熟人与半熟人的社会结构，法治下乡一直是乡村治理工作的一大难点和重点。所以，要实现乡村治理现代化，关键在于树立法治的权威地位，只有在法律框架下，自治和德治才能真正发挥应有的作用。为此，要引导农民知法、学法，遇事找法、依法办事，处理问题与解决矛盾时要依靠法律手段。

近年来，党中央多次强调要"建立符合市场经济要求的集体经济运行机制""把强化集体所有制根基、保障和实现农民集体成员权利同激活资源要素统一起来，搞好农村集体资源资产的权利分置和权能完善，让广大农民在改革中分享更多成果。[②]"目前，我国大部分乡村的集体经济组织、模式并没有走出传统集体经济模式的范围，有些集体经济组织的治理结构比较复杂，不适合接入现代市场经济体系。想要让乡村集体经济与市场经济有机衔接，需要改造现有的乡村集体经济组织，以适应现代市场经济的运转规则。例如，在传统的平原农区乡村，可以用合作经济组织代替现有的集体经济组织，让农民可以自由进退。对于城中村、城郊村和经济发达的乡村，则可以开放股权交易，让成员权可以交易。所有的资产都由股份经济合作社自主经营，自负盈亏。如果需要，可以提取一定的准备金存入专户进行管理。为了进一步推进这项乡村经济改革，可以鼓励开展乡村集体经济组织公司化和股权证券化改革试点。当然，具体实施的机制需要根据地方的实际经济情况和资源条件，采用灵活的方式，例如，农工综合体、不动产投资信托基金和社会企业等模式。

党的十九大提出了城乡融合的发展理念，党的二十大继续强调坚持城乡融合发展的要求。如何实现城乡融合发展，让城乡融合理念切实落地，在

---

① 习近平.加快建设农业强国 推进农业农村现代化［J］.奋斗，2023（6）：6-19.
② 习近平.加快建设农业强国 推进农业农村现代化［J］.奋斗，2023（6）：6-19.

乡村治理的过程中已经经历了一段时间的探索。我国常住人口城镇化率在 2022 年突破了 65%，但以北上广深为代表的一线城市在城市化发展过程中面临着增速放缓、社会矛盾突出等深层次挑战。为了克服城市纵深发展所面临的困难，城市化进程采用了两种主要的实现途径。一是通过"逆城市化"趋势，将城市区域向乡村推进，推动大城市中的人口和工商业迁至离城市较远的城郊地区，例如，天津滨海新区、上海浦东新区和广州中新知识城等。二是通过城市间的经济融合，打破行政区划所带来的经济障碍，进入城乡融合阶段，如京津冀协同发展、长三角一体化发展和粤港澳大湾区建设等。这些发展途径不仅能够扩大城市规模和集聚整合生产要素，还可通过城乡融合发展重新审视城市功能和乡村价值，进而提升城市竞争的经济活力、发展潜力和成长魅力。

县域城乡融合应作为乡村治理现代化的一项重要措施。为确保其有效实施，应深化土地制度改革，消除制度壁垒，使城乡要素能够平等交换和双向流动。在新时代背景下，农村土地制度改革取得了一系列进展，基础性改革已经奏效，但推进土地要素市场化改革的步骤不平衡，不充分。现有的改革初步实现了明晰土地产权，完善土地权能的目标，但与建立城乡统一的建设用地市场还有一定的距离。因此，扩大土地要素市场化改革的成果非常必要，政府可以逐步减少行政垄断，并允许土地供需双方通过各地农村产权交易所（中心）自由交易。

为建设宜居宜业和美乡村，需要统筹乡村基础设施和公共服务布局。但目前存在一些问题：第一，一些地区的村庄分布较为分散，导致公共服务的可达性受到限制；第二，一些典型的农业区和生态功能区中的村庄出现"空心化"现象，除公共服务缺失外，还存在土地低效利用问题；第三，专业农户的设施用地得不到有效保障，导致许多专业农户的生产条件较差。如果基础的空间规划布局不完善，乡村产业和生态的高质量发展将受到严重影响，甚至会导致过度投入和资源浪费。推进乡村治理现代化，需要认真实施城乡空间布局的优化调整。为此，需要对县域内人口分布、聚落形态、交通流线、产业格局、经济联系等多个方面进行科学调查，并根据这些调查开展基础设施和公共服务的规划布局。只有实现乡村现代化治理，确保乡村产业和生态的高质量发展，才能实现建设宜居宜业和美乡村的目标。

第三节　我国乡村治理典型案例分析

中国作为传统农业国家，乡村治理的历史源远流长。自中华人民共和国成立以来，在党和政府的领导下，乡村治理与振兴已经取得了持续性、有效性和多样性的进展。广大农民通过发挥自身的聪明才智和首创精神，成功打造了一个个乡村治理的典范，成为新时代乡村治理与乡村振兴的重要借鉴。

一、华西村：乡村振兴与全面城市化治理的典范

华西村是中国著名的乡村振兴典型。该村庄有着悠久的历史和文化传统，拥有丰富的历史遗产。尽管过去曾经陷入贫穷和落后的困境，但华西村通过多年的艰苦努力和积极探索，成功实现了从传统农业村庄向现代化乡村的转型。现在，华西村以旅游业为主，已成为一个全国知名的村庄，被誉为中国乡村振兴的典范。

（一）乡村地区全面城市化治理的形成途径

在我国，尤其是东南沿海的发达地区，中心城市的密集发展以及快速增长，有效地带动了周边乡村的进步，同时也改变了乡村的治理方式，使其逐渐向城市治理方式转变。乡村的城市化治理方式为乡村带来了诸多益处，例

如，提高了乡村的生产力水平和经济发展水平，有些乡村甚至呈现出了全面城市化治理的特征。

随着中心城市需求的不断扩大，周边乡村的相关产业也迅速发展，逐渐成为城市的一部分。这进一步推动了乡村的城市化进程，并且取代了原有的乡村治理模式，有些地方甚至村委会被街委会取代。这种乡村城市化治理的方式已经变得十分普遍。由于中心城市持续扩张，周边乡村的治理系统被整合和吸纳，从而导致了特大型城市的增加。

自 21 世纪以来，农村社会的治理模式正朝着社区化的方向迈进。社区化治理是指在特定社区范围内，公民、公民组织以及公民与组织之间，在共同事务上自由参与、平等决策、共享权利、共同承担责任的一种基层社会治理模式，是现代自由与民主治理的具体体现。乡村社区建设的核心目标是将小型村庄整合为大型社区，进行统一管理。乡村联合管理不仅可以在一定程度上整合资源、降低管理成本和政策宣传成本，还有利于乡镇企业的发展。随着社区建设范围的不断扩大，乡村治理也呈现出全面城市化的发展趋势。

（二）华西村：乡村治理的成功典范

华西村位于江苏省江阴市华士镇西部，周边紧邻苏州、上海、无锡等大城市，交通便利，地理位置优越。自改革开放以来，华西村的经济持续高速发展，一批支柱产业如纺织、钢铁、旅游等迅速崛起，并快速扩张及占领了市场。因此，该村成为全国农村中率先实现"学有优教、劳有高得、病有良医、老有保养、住有宜居"的村庄之一。华西村在实现社区治理的同时，实现了向全面城市化治理的转型。

1. 华西村的治理模式

（1）社区党组织

1957 年，华西村社区党组织成立，经过多年的不断发展，在 1989 年创造性地成立了江苏省的首个村级党委。此后，华西村社区党组织成为由村委会、

5个党支部和10个党小组共同管理的华西公司，形成了一个完整的"三位一体"的社区组织体系，以便更好地管理社区和居民。在公共事务中，社区党组织处于领导地位，充分发挥先锋作用，协调领导自治组织、集团企业和志愿团体等单位，共同维护社区和居民的利益。

（2）社区自治组织

社区自治组织通常指村委会，但华西村独特的"三位一体"社区组织体系将党、政、企三个角色融合为一，形成了一个统一的领导班子。在这种情况下，村委会主要承担华西社区的财政和后勤服务职能，治理功能则不够凸显。此外，华西村的村委会还负责处理一定范围的行政事务，如外来务工人员要申请加入华西户籍，需经村委会筛选。

（3）社区集体经济组织

华西集团，成立于1994年，是华西村社区的集体经济组织，也是我国著名的大型乡镇企业。作为华西村的集体资金管理机构，它在华西村的规划和村民生活保障等方面发挥着至关重要的作用。由于其独特性，华西集团正在逐渐取代村委会在社区治理中的地位。华西村的治理模式，将城市治理与乡村治理结合起来，将更多城市元素引入农村，开启了乡村农业化向工业化转变的全新篇章，使村民享受到了同城市居民类似的待遇，成为乡村社区治理向全面城市化转型的典型代表。

2. 乡村治理创新的华西经验

（1）破解先富村治理难题

"先富村"是华西村最显著的特征。依托坚实的产业基础，华西村村民的生活十分富裕，几乎家家住别墅、户户有汽车，经济上还有股份分红。随着华西村村民的经济条件不断改善，他们对美好生活的渴求变得更加强烈，同时也对民主、法治、公正、环境等方面提出了更高的要求。为了应对这些问题，华西村需要对乡村治理进行创新。例如，如何让基层党组织更好地满足群众需求，充分发挥战斗堡垒作用；如何更公平公正地分享改革发展的成果；

如何让村民的民主参与过程更加有序有效等。在长时间的实践探索中，华西村不仅实现了经济社会的健康发展，还积累了丰富的治理经验和智慧，逐渐创造出了一种新的现代治理机制和模式，以满足村民美好生活的需求。

（2）引领新型乡村治理形态

在富裕起来后，华西村村民不忘初心，不断致力于推进共同富裕的宏伟愿景，在更广泛的范围和更大规模上实现了协同治理和统筹发展的目标。目前，华西村已经与周边20个村庄进行共同发展，建成了"大华西"，总面积达到了35平方公里，人口数量超过了3.5万。①华西村党委采用了"五统一分"理念，即分离企业和村庄管理，实行经济统一管理，人员统一安排，干部统一使用，福利统一发放，村庄建设统一规划，让更多老百姓过上了"基本生活包、老残有依靠、生活环境好、小康步步高"的生活。为了给"新华西人"提供更好的管理服务，村党委实施了"三项改革"等措施。这些措施有效地调动了不同群体参与乡村治理的积极性和主动性，增加了所有人的认同感、获得感和幸福感。此外，大华西并不仅是村的"合并"，而且更是心灵的"合并"。整个村庄实现了"路变、河变、桥变、房变、人变"，这不仅让干部增强了信心，也让村民看到了未来。

（3）乡村文明实践的先行者

在华西村，主旋律高扬、向善向上的精神氛围构成一道独特的风景线。这一切得益于坚持"富口袋"和"富脑袋"并重的远见卓识，以及健康向上的乡村文化的浸润滋养。从大众性精神文明建设到核心价值观教育，华西村不断进行以坚定社会主义信念和陶冶品德为核心的系列教育，他们不仅融合了传统文化、革命文化、红色文化和本地实际的华西精神，而且将社会主义、集体经济和共同富裕作为核心，既延续了红色血脉和红色基因以凝聚心灵，又弘扬了传统精髓和现代文化以激发活力。这些因素汇聚成了与时俱进、充

① 群众杂志社调研组.新时代乡村治理的华西样板［EB/OL］.（2020-11-24）［2023-12-01］.http://www.qunzh.com/zddd/202011/t20201127_93764.html.

满活力的精神气质，塑造了良好的党风村风民风，引领全体村民热爱国家、热爱党、创新创业、积极向上。华西村的精神文明创新实践促进了乡村文化的繁荣发展，提高了乡村社会的文明程度，展现了乡村文明的全新风貌。

（4）坚持党建引领，凝聚发展合力

华西村的发展体现了"群众跟着党委走，干部带着群众干"的精神。华西村党委分设了43个党支部，总计有2271名党员。每月定期召开支部会议，每季度组织党员会议，旨在传达和学习党的思想理论、方针政策。华西村在2018年进行了全员民主测评，包括所有村民和企业员工。在这次测评中，华西村的村委班子、企业党支部书记以及公司管理层的平均分数均超过了96分。这一成绩的取得要归功于华西村长期以来对党员干部管理的重视，实行了"三管齐下"的策略。为了进一步规范党员干部的行为，华西村党委制定了一系列明确规定，包括行为标准、限制措施和违规处理方式。该规定将村民的监督权、知情权和参与权有机地融入党员干部的廉政管理中。此外，党员联户制度是华西村党组织与村民之间联系和沟通的桥梁。华西村的党员联户制度采用"1+10"的模式，要求每位优秀党员联系约10户村民，全村的95名优秀党员共负责970户村民，并在每户家庭中公布他们的联系方式和姓名。联户小组长通过多种方式进行走访和组织学习等活动，以轻松的谈话形式引导村民参与其中，解答他们的疑问，并向村民反馈其意见和建议。

（5）坚持"三治融合"，推进乡村治理现代化

通过自治、法治和德治相融合的乡村治理体系，坚持"三治融合"，华西村形成了自身鲜明的治理特色。

华西村将社会主义核心价值观视为德治之魂。通过指导村民学习乡土史、家族史以及撰写个人成长历程，将国家前途、集体命运和个人幸福密切联系在一起。在社会主义核心价值观和理想信念教育方面，华西村不仅不存在空闲期或旺季，而且已经贯彻了数十年。无论是"社会主义富华西"展览馆，还是吴仁宝老书记的家庭相册墙，乃至村道、楼宇间的宣传标语以及党员干

部的一致宣讲，每位到访者仿佛置身于一个真实而沉浸式的社会主义实景教育课堂。

华西村结合实际情况制定规章制度，将依法治村作为总体治理原则。华西村以《村民委员会组织法》为基础，制定细则以确保村容村貌规范。这些细则不仅限于表述每户门前菜园的面积大小等细节内容，更关键的是，确保规章制度在华西得到全面贯彻落实，而不是仅仅"挂在墙上，写在纸上"。

华西村积极践行村民自治，确保村民意志得到充分体现。村规民约中的各项规定都经由村民充分讨论、过堂商议后制定，并由每一户村民签字确认并承诺遵守。为推进村民自治，华西村定期举行八个会议，包括经济分析例会、村民大会、党员联户学习会、联户组长和村民代表会、支部会议、青年智慧论坛、文学沙龙和读书会。会议期间，鼓励村民积极提出建议和意见，合理建议会得到及时执行，对于复杂的建议也会尽力寻求解决方案，对于目前无法实现的建议，会耐心等待时机。村民提出建议后，华西村会向村民进行解释，使其能够理解其中的道理。这种治理方式使得村民真正参与到村庄自治中，极大地激发了集体力量，共同为村庄的未来发展描绘出了美好蓝图。

二、"枫桥经验"：新时代乡村治理再借鉴

20世纪60年代，浙江省诸暨县（现诸暨市）枫桥镇干部群众创造的"发动和依靠群众，坚持矛盾不上交，就地解决，实现捕人少、治安好"的"枫桥经验"在全国推广。进入新时代后，习近平总书记多次提及"枫桥经验"——要坚持和发展新时代"枫桥经验"，完善正确处理新形势下人民内部矛盾机制，及时把矛盾纠纷化解在基层、化解在萌芽状态。基层治理是国家治理的基石，关乎党长期执政、国家长治久安和广大人民群众的切身利益。我们必须常抓不懈、久久为功，坚持和发展好新时代"枫桥经验"，以

"基层之治"夯实"中国之治",推动全面建设社会主义现代化国家开好局、起好步。①

(一)内化矛盾,体现乡村治理智慧

"枫桥经验"的实质是通过动员和依赖于民众在基层解决人民内部矛盾。"枫桥经验"主要由党建统领、人民主体、自治法治德治"三治"结合、共建共治共享、平安和谐这五个要素组成。其中,党的领导是根本保障,人民主体是核心,"三治"方针是实践手段,共建、共治和共享是基本模式,平安和谐是最终的成果。

1.党的领导是根本保证

"枫桥经验"之所以历久弥新,得益于党的领导在基层得到了有效的落实。党的十九大报告中强调要加强基层党组织的建设,重点在于提高组织力。为此,要从以下五方面入手。

第一,增强党支部建设。加强党支部的思想政治教育,定期举行学习党的先进思想的活动,通过党支部间的交流互动,党的思想更加深入人心。同时,建立严格的考察检查制度,自我检查,定期互相抽查,规范党组织活动。

第二,强化从严治党。上级党组织应加强政治领导,依照党章办事,明确规定各基层党组织的职责与任务,做好宣传、决策落实,使党的要求及时传达到基层,成为党员干部和群众行动的指南。

第三,提升基层党组织带头人的能力。建设高素质、高能力、高度责任心的基层党组织领导班子,是充分发挥主体力量的关键。基层党组织是党的基础组织,承担着教育、管理、监督基层党员的任务以及组织、团结、服务群众的职责。因此,在选择党支部书记时,要注重能力和素质,使其发挥好带头人的作用,更好地带领基层党支部向前发展。

① 尹相鹏.坚持和发展好新时代"枫桥经验"[EB/OL].(2023-04-27)[2023-12-01].http://www.sxdygbjy.gov.cn/sjzx/art/2023/art_5117fd224f944b4885030b8eb774311f.html.

第四，拉近党员与群众的距离。随着我国社会主要矛盾的转变，必须尽力满足人民群众日益增长的美好生活需要，以实际行动赢得人民群众的信任与支持。基层党组织工作做得越好，就越能得到百姓的认可，更有利于带动人民群众过上美好生活。

第五，创新工作方式。为提高基层党组织的组织能力，必须不断推动活动主体、工作方式、运行机制创新，扩大党员参与范围，增强时效性，使党的活动更好地融入日常工作中，满足党员需求，并得到人民群众的关注。新时代需要与时俱进，将基层党组织的优势与互联网技术相结合，积极推动"互联网＋党建"，打造党员能够随时随地与群众交流的平台，拉近党员与群众的距离，更好地解决人民群众面临的问题。

2. 坚持以人民为中心的根本立场

"枫桥经验"是由人民所创造的，因此在乡村治理创新发展的过程中，围绕人民、依靠人民是至关重要的基本点。目前，我国社会的主要矛盾已经发生了转变，因此，需要创新性地落实党的群众路线，将基层社会治理融入人民的日常生活。必须将全心全意为人民服务视为日常工作的准则，以使广大人民群众在基层社会治理中受益。同时，需要将人民的满意程度作为各项工作的标准，尽最大能力满足人民对美好生活的追求。

3. 将"三治融合"作为根本措施

"三治融合"是当前乡村治理的主要趋势，与"枫桥经验"有密不可分的联系。在新时代，实现"枫桥经验"的有效途径是通过"三治融合"。具体而言，可以通过以下四个路径来实施。首先，加强协同化发展，以自治为基础，以法治为保障，以德治为引领。这三者相互结合，相互促进，在新时代构建起"枫桥经验"方法论创新的有机整体。其次，推动规范化发展，明确"三治"的范围和界限，甚至可以制定准则，进一步规范和推进"三治"的进展，逐步构建和完善自治、法治、德治"三治融合"的标准化体系。再次，推动示范化发展，致力于打造一批具有特色的"三治结合"示范村，并逐步发展成一批可供学习和借鉴的示范村。最后，推进理论化发展，深入挖掘"三治"经验的内涵和"三治"的时代价值，注意发现并总结各地的经验，探索实现"三治"融合的有效方式。

4. 共建、共治、共享的基本格局

党的十九届四中全会通过的《中共中央关于坚持和完善中国特色社会主义制度、推进国家治理体系和治理能力现代化若干重大问题的决定》指出："坚持和完善共建、共治、共享的社会治理制度，保持社会稳定、维护国家安全。"在新时代背景下，建立共建、共治、共享的治理新格局是我国的客观要求。

第一，共建、共治、共享是国家强盛的主要支柱。中华民族的发展与强盛，不仅需要物质生活的大幅改善，也需要社会治理跟上时代变迁，深化现代化治理方式。积极推进共建、共治、共享的发展，充分反映了中国共产党顺应时代潮流，创新社会治理的新思维。相关社会治理的发展目标也将提升至更高位置，它是中国民族复兴道路上必不可少的元素，是中华民族强盛的力量源泉。

第二，共建、共治、共享是中国特色社会主义的重要基石。共建、共治、共享三者结合，展现了社会治理中各方力量的融合，共同致力于同一目标，这进一步反映了中国共产党对公共治理思潮的认可和借鉴。该治理思想的发起，使公共治理思想更加生动有力，对中华民族的复兴具有里程碑意义。

第三，共建、共治、共享是中国方案和中国智慧的重要体现。要实现人民对美好生活的追求，就必须对经济发展提出更高要求，而共建、共治、共享的新兴格局正好符合经济发展的现状。我国改革开放四十余年来，最为宝贵的成果之一便是对市场经济的创新和发展。虽然如今的市场经济还存在需要完善之处，但是市场经济的地位和重要性是不容撼动的。不论在体制上还是机制上，都必须使经济发展变得更加公开、包容、公正以及使利益相关者积极参与。共建、共治、共享是新时代下适应市场经济基础的新理念，也是

对中国智慧和中国方案的进一步升华。

（二）借鉴"枫桥经验"，续写新时代乡村治理新篇章

"枫桥经验"是我国乡村治理的一面旗帜。从被提出至今，"枫桥经验"不断与时俱进。它见证了我国不断发展的历史进程，并在中国式现代化进程中发挥了至关重要的作用，做出了重大的贡献，充分展示了其强大的生命力。坚持和发展新时代"枫桥经验"写入党的二十大报告，新时代"枫桥经验"被赋予了全面建设社会主义现代化国家、实现中华民族伟大复兴新征程上的重大任务使命。

新时代的枫桥镇，在保持原有"枫桥经验"的基础上，不断迈出紧跟时代发展的步伐，逐步建成了美丽、富饶和充满发展活力的枫桥镇。

1. 多元主体参与共治

作为"枫桥经验"发源地之一，枫源村高度重视乡规民约，曾多次对其进行修订。针对修订需求，村干部们不遗余力地挨家挨户征求群众意见。而村里的一切重大事项，均由村干部们起草方案，并公示，征求村民们的意见。在整理村民意见后，方案进行修订，接着在民主恳谈会上进行讨论、完善。之后，党员对方案进行审议，并最终做出决定。最后，村民代表进行投票表决，方案正式实施。从流程上看，这个过程较为复杂，且费时费力，但枫源村认为，事关村民利益，征求群众的意见与建议是村民参与乡村基层治理的方式之一。

枫源村只是枫桥镇中的一个例子，为了充分发动并依靠多元主体参与共治，枫桥镇正在形成一种新的共治格局。近年来，枫桥镇开始建设"孝德村落"，旨在推动文明建设，倡导德孝文化和良好家风。陈家村也积极参与其中，成立了"枫桥大妈"志愿队，由村妇女主任领导，拥有数百名志愿者。对于村里的事情，无论是家庭矛盾还是违章管理，这些志愿者总是能够及时发现问题，并加以解决。正因为有她们这样勤劳、敬业的志愿者队伍，村里

的矛盾得到了有效地控制。与此同时，这些志愿者还积极宣传尊老爱幼、邻里和睦、互帮互助等优良传统，努力形成良好的家风和乡风，促进了村里的稳定与和谐。

为实现多元共治的新格局，除了依靠村民的主体力量外，机关干部也具有不可或缺的重要作用。在乡村治理中，村民常常会寻求干部的帮助解决问题。浙江省诸暨市通过实施"返乡走亲"制度，鼓励机关干部深入基层，参与村务管理，为当地居民提供帮助。该制度的实施推动了4000多名机关干部积极行动，收集了大量村民意见，拉近了村民和基层干部之间的距离。只有当基层干部深入了解群众需求，才能更好地解决问题。因此，充分发挥群众和干部的多元主体作用，才能更好地实现基层共治的目标。

2. 智能化——枫桥镇治理新路径

近年来，枫桥镇成立了综合指挥中心，负责搜集全镇的民生综合信息和基层综合治理信息，以迅速了解全镇居民的日常生活问题。同时，在镇内配置了指挥中心大屏幕，每天展示全镇群众的日常生活信息，将镇里的人民联系在一起。网格化管理与互联网建立了全方位的基层综合治理信息系统，包括189个独立村民网格，每个网格都派有网格长和网格员。此外，针对互联网构建了专门的综合信息指挥室。借助微信、手机App等网络平台，枫桥居民现在可以更快地传播枫桥模式、发动集体智慧解决问题。与此同时，需要将基层社会治理付诸实施，因此枫桥镇整合了各种办公场所，形成了四大平台：综治工作、综合执法、市场监管和便民服务。此举实现了全力控制和管理，执法人员全部进行集中式办公，全天候进行巡逻执法。

枫桥镇目前已建立了以镇综合信息指挥室为中心的基层综合治理系统。该系统可以有效处理从街道路灯破损、井盖缺失和违法违纪违章等各种大小民生事务。事情从发生到上报、调查反馈的整个流程都实现了信息的及时收集、处理、反馈，这使得枫桥镇百姓的各种问题都能得到及时和彻底地解决。此外，"枫桥经验"的矛盾调解机制也发挥了重要作用。基层综合治理系统在实行后半年左右的时间里，全镇共调解矛盾近千余起，调解处置率高达100%。这一综合治理系统全面收集信息的能力，为枫桥镇在成功调解矛盾方面提供了坚实基础。

如今，枫桥镇的村民们在遇到需要调解的问题时，会立刻将问题通过网络平台上传到综合信息指挥室，让问题在第一时间得到解决，从而有效地避免了事态升级，以实际行动将新时代"枫桥经验"运用到日常生活中，推动当地社会的和谐与稳定。

3. 绿色生态助力经济可持续化发展

枫桥镇的杜黄新村有着良好的田园风光，现有油菜花田约有350亩，每当油菜花盛开之时，远来的游客与周边的居民都会来此欣赏。但是多年前，杜黄新村却是另一番景象，村落周边污水和垃圾遍地，环境问题还引发了村民之间的矛盾。近年来，杜黄新村展开全面的环境整治行动，清理了受到污染的沼泽地，并挖掘了灌溉渠，大力投资建设现代化无污染农业，从而促进了农业经济的发展。这些举措不仅使村民的生活环境得到改善，同时也推动了当地经济的发展。

面对经济发展过程中出现的种种矛盾，枫桥人意识到，只有将经济彻底发展起来，才能从根源处化解矛盾。另外，经济发展过程中也要重视绿色生态发展，良好的环境才能使经济可持续发展。

近年来，为了推动全镇人民致富，枫桥镇秉持将"枫桥经验"不断发扬光大的理念，始终保持经济发展和传统产业转型的紧密关系。同时，为了实现这一目标，枫桥镇积极引进外资，着重投资于有关产业升级和乡村振兴的产业，展开了培育新型产业、传承优良传统产业等一系列措施。社会稳定与经济发展息息相关，经济的蓬勃增长为社会和谐发展奠定了坚实基础。近年来，枫桥镇工业产值和人均收入持续增长；同时，经济的发展也促进了社会和谐，枫桥镇的刑事案件与财产侵犯案件大幅下降，社会治安稳定取得了很大进步。由此可见，民生安定是致富之路，富裕民生则为社会和谐稳定注入了强大动力。因此，"枫桥经验"在新时代的成功，也源于这一深刻道理。

三、永联村：创业铸就中国第一钢村

永联村位于江苏省苏州市张家港市南丰镇，1970 年围垦，1971 年建村，建村之初只有 254 户人家，700 多口人，土地约有 800 亩。由于永联村地势低洼，十涝九灾，虽然连续更换了几任工作组和党支部班子，但都未能摆脱粮食紧缺和自然灾害的双重困扰，直到 1978 年，永联村村民人均收入只有 68 元，村集体负债 6 万多元，是全县最小、最穷的一个村。如今的永联村，已经成为新时代农村建设和乡村治理的典范，走出了一条以工业化牵引，带动城镇化建设，进而实现农业农村现代化的道路，成为全国乡村振兴的排头兵，更是获得了"中国第一钢村"的美誉。这一变化可谓翻天覆地，永联村取得如今的成就，还要从永联村的创业说起。

（一）勇攀高峰百炼成钢

从建村之初，永联村的百姓就一直想要摆脱贫苦与饥饿的窘境。为摆脱困境，村里先后创办了柳条编织厂、针织厂、服装厂和织布厂，但均未能助其脱贫。相反，债务不断增加，人均收入持续低迷。

1978 年 8 月，复员军人吴栋材被派往永联村，担任第七任工作组长、第五任支部书记。目睹村里的贫困现状后，吴栋材深感痛心，誓要带领村民走出贫困。他因地制宜，在高地种粮食，低洼地挖塘养鱼。为激发村民的积极性，他与村民同甘共苦，共同劳作。在他的带领下，1979 年底，永联村粮食丰收，卖鱼收入达 5000 多元，村民们首次感受到丰收的喜悦。

虽然种植与养鱼已使永联村摆脱了贫困，但吴栋材并未满足。为实现村民共同富裕的目标，他决定发展工业。在参观学习周边乡镇企业后，他与村干部商议，决定创办砖厂、水泥厂等小型工厂。这些工厂的收益远超传统农业，令村民欢欣鼓舞。自此，永联村改变了单纯依赖农业发展的传统观念，走上"以工富农"的发展道路。

随着部分村民逐渐富裕，盖房热潮兴起，对钢材需求大增。吴栋材从中看到了商机。1984年，中央政府支持乡镇企业发展的政策出台。吴栋材迅速组织党支部大会，决定创办一家钢厂。然而，资金、技术和注册登记等环节困难重重。他曾向银行贷款遭拒，申请营业执照也受阻。但他坚持不懈，最终成功获得资金支持并解决了营业执照问题。为解决技术人员短缺问题，他派人前往南丰钢厂学习技术，白天学习技术、晚上研究技术。经过艰苦努力，永联村钢厂终于投产。村民们纷纷加入钢厂工作，钢厂产值逐年攀升。

到1985年，永联村钢厂产值突破千万元大关，永联村实现了从贫困村到富裕村的华丽转身。面对赞誉与质疑并存的情况，吴栋材和村委会干部们保持冷静，进行市场调研。他们得出结论：钢材市场将保持稳步增长50—100年。为此，永联村于1988年增建两条生产线，丰富产品种类、扩大生产规模，创造了新的收益高峰。

永联村的发展步伐并未停歇。随着市场经济之风的兴起，永联人于1993年12月28日以永联轧钢厂为核心对钢铁行业进行重组，成立了江苏永钢集团公司。这一举措不仅解决了资金问题，更为永联村钢铁产业的未来发展奠定了坚实基础。通过新建和改造生产线，永钢集团成功生产出螺纹钢产品，占据了全国市场的1/8。到1999年，江苏永钢集团公司销售额高达20亿元。

1998年，东南亚遭遇金融危机，导致国外货币贬值，原材料进口成本大幅上升，永钢集团的收入下滑。面对困境，永钢集团勇敢地实行股份改革，成立江苏联峰实业股份有限公司。这一改革明确了企业产权，推动了股权结构的优化，实现了投资的多元化，激发了员工的积极性，促进了企业的规范化，实现了利润最大化。永联村在危机中寻得了生机，成功化解了危机。

进入 21 世纪，民营经济大行其道。永钢集团抓住机遇，于 2002 年进行了第二次股份改革，降低了集体股份占比，提高了个人股份占比。此次改革把生产者的收益与企业经营状况紧密结合起来，促使企业迈向更高水平的发展之路。在不断建设配套工厂的同时，永钢集团转型并升级为联合型钢铁企业，截至 2005 年，全村工业收入达到了 127 亿元。2006 年，永钢集团又投资了 30 亿元进行技术改造，以节能减排、发展循环经济为目的，其产能达到年产 500 万吨钢材，在当时全国钢铁企业中排名第 29 位，在全国 500 强企业中列第 192 位。2020 年，永钢集团实现营业收入 1010 亿元[①]。

（二）富裕不止步，"三创新"推进乡村振兴

永联村以工业为起点实现经济的繁荣与富裕后，并没有止步不前，而是积极探索现代化农业和第三产业的发展，并在制度和民生方面进行了创新，用"三创新"来全面推进乡村振兴。

1. 积极实行产业创新

新时代农村建设的重要经济基础是集体经济。在积极推动集体经济发展的同时，永联村还积极促进相关产业的壮大，为推动新农村建设提供了坚实的支持。

钢铁产业是永联村经济的"主动脉"，创新驱动和可持续发展是永钢集团持续增长的关键。永钢集团十分注重科技推动，每年约投入销售额的 4% 用于研发，专注于研发具备自主知识产权的工艺、技术装备和相关产品。采用"引进、消化、吸收、再创新"的科技发展战略，建立研发中心，并与各高校开展合作研究。为了保持创新力，永钢集团还注重长期发展。公司始终坚持可持续发展战略，致力于最大化提高资源利用率和最小化降低资源消耗。在生产过程中，废水必须经过内部处理，达到国家排放标准后方可排放。废渣

---

① 今日钢铁.永钢集团营收首破"千亿"！［EB/OL］.（2021-02-28）［2023-12-01］.https://weibo.com/6649510823/K42gLwG5e.

和废气也必须通过内部处理，去除对环境造成的污染物，然后再进行排放。这一系列措施既减少了对环境的污染，又实现了废资源的再利用，提高了资源的重复利用率。

永联人深知，即使工业再怎样发达，也不能放弃农业发展。在不断推进工业发展的同时，永联村积极探索多种途径，努力促进现代化农业的发展。既引进了先进的农业技术设备，又制定了一系列政策来支持和补贴农业。第一，对农业基础设施进行持续地投资和研究一直是永联村的重点。自 1978 年以来，永联村已经进行了多次大规模的农业水利建设，并建立了完善的农田沟渠系统。2007 年以后，永联村还对数千亩土地进行了统一规划，并开挖了符合统一标准的水渠，为现代农业的发展打下了坚实的基础。第二，永联村建立了一套工有所哺的机制。在认真贯彻执行国家农业补贴政策的同时，永联村每年还出台自己的农业奖励补贴办法。例如，鼓励建立合作经济组织、进行土地流转和新建农业产品示范基地等，都能获得相应的奖励。第三，永联村还积极探索适合自身的现代农业经营方式。过去，永联村尝试了许多新型农业生产项目，但往往以失败告终。为了应对工厂废气和粉尘排放问题，永联村成立了苗木公司，在发展生态苗木产业的同时，将永联村打造成了一个园林式的绿色乡村。近年来，为了持续发展现代农业，将村民的土地进行了统一流转并大力发展苗木经济。

除了工业和农业的发展外，永联村在第三产业的发展上也同样取得了显著成就。随着永联村在江苏乃至整个国家的名声越来越大，越来越多的人纷纷前来参观学习，这给永联村的第三产业带来了商机。观光农业不仅能推动现代农业的发展，还能通过农业促进第三产业的增长，进而带动餐饮、旅游、娱乐、房屋租赁等一系列服务业的相应发展。为了发展观光农业，吴栋材带领村民对村庄环境进行了景点化建设，沿途种植了珍稀树种，并且建立了亭台和假山，还在水面上种植了睡莲，同时引进了观赏价值高的稀有物种，既改善了村庄的生态环境，也吸引了众多游客的光临。

2. 积极探索制度创新

在 1993 年之前，永联村里的企业都是由村直接管理。村委会按照利益最大化原则在农业和工业之间合理分配村里的公共资源，并统一分配年底的利润。可以看出，当时永联村村委会掌控着全村的农业和工业。然而，1993 年永钢集团成立后，试图将企业从村里剥离出来，但未成功。随后的两次尝试基本实现了村企分离，企业和村行政管理体系相分离，形成了企业管理层和村委会两套独立互不干扰的管理机构。然而，这两个管理机构并非平等地位，村委会被视为企业的一个部门，处于企业领导之下。这样做的目的是减少村委会对企业管理的过度干预，确保企业经营的效率。但是永钢集团并没有完全独立出永联村，仍然采取村企合一的方式。尽管管理机构分离，但党组织仍然是一个整体，并由村党委统一领导。在村党委的统筹下，村委会与企业达成了三个统一：村里和企业的重大建设和项目必须由村委会和企业统一规划和决策；村里和企业的资本和资源必须共享；村里和企业的干部必须统一调配和考核后统一发放工资。

永钢集团之所以做出这样的选择，主要是出于以下两个原因。首先，在永钢集团成立初期，与永联村之间存在着牢固的非正式社会合约。在永联村工业化初期，土地和劳动力的投入都是以无偿的形式进行的，同时资金也是由村集体共同出资。可以说，永钢集团的发展离不开永联村的支持，因此，永钢集团需要将永联村的发展作为己任，不能抛弃永联村独自发展。其次，永钢集团选择村企合一的模式也具有内在的经济合理性。作为一个劳动密集型企业，如果村集体股份退出，或者集团买断村集体股份，将对永钢集团产生严重的负面影响，几乎可以说是自断经脉。如果村企完全分离，永联村的建设将面临资金的匮乏风险。这种做法阻碍了永联村的发展，也限制了永钢集团的成长。因此，选择村企合一模式能够保证两者共同发展，实现互利共赢的局面。

另外，村企合一的实施具有优势。首先，将村庄纳入企业管理范围，实现组织一体化。这样做的优势在于，它促进了村企之间交易的内部化，从而大大降低了交易成本。其次，对于集体资产，选择保留而不进行分配。对企业而言，集体资产是最基本、最重要的资本积累，可为未来扩大再生产提供资金。对村庄而言，这样的做法既能有效利用公共资源，又能为村民创造经济收益。在村企合一模式下，企业承担起乡村发展的角色，同时掌控集体资产，杜绝搭便车现象。集中控制集体资产也确保了其增值。相比分离模式，将集体资产保留在企业中可以实现增值，而分配给村民可能导致部分资产闲置。总之，在村企合一模式下，公司的效益与村庄的发展密切相关。对于永钢集团而言，集体资产至关重要。对永联村而言，永钢集团是一个收益极高的投资途径，在短期内几乎没有其他投资途径可以超越。因此，将集体资产放在永钢集团中增值是最佳选择。永联村和永钢集团之间的村企合一模式具有长期的稳定性。

3. 积极践行民生创新

随着永钢集团的发展，永联村村党委意识到了传统的农村居住方式的局限性。不仅居住条件差，而且浪费了宝贵的土地资源。这种方式不符合现代化农业和工业发展的需求，也不利于农村基础设施和公共服务的建设。因此，村党委决定对永联村进行整体规划。整个村庄将形成现代农业园区、现代工业园区、生态林区以及文明社区的"四区一体"。在居民区方面，将村庄划分为永联、永南、钢村嘉园三个社区，并投资十多亿元建设现代化农村集中住宅区。经过多年建设，永联村成功引入了江南水乡的建筑文化元素，将粉墙黛瓦、小桥流水等特色艺术地融入现代建筑中。整个村域面积达 10.5 平方千米，绿化覆盖率高达 42%。新社区住宅楼以高层和多层高档住宅楼为主。此外，还配套建设了幼儿园、小学、农贸市场、休闲公园、医院和商业步行街等各类日常生活所需场所。同时，社区还配备了报警和监控设施，确保居民的安全。这是一个集教育、娱乐、购物和健身于一体的全新社区模式。为了帮助村民解决住房问题，并节约土地资源，每个村民在购买该社区房屋时，每平方米还能获得额外的住房补贴，购买这些新房只需要每平方米500元。这一举措不仅解决了村民的住房问题，还有效地节约了超过500多亩的住宅用地。

建设良好的环境是提高资源利用效率的关键因素。永联村始终坚持将环境与经济发展放在同等重要位置，致力于创造投资最少、环境最优、吸引力最强的发展环境。针对环境卫生问题，永联村成立了一支环保队伍。在河道保洁方面，永联村为每条河道都配备了管理员，定期对河道水质进行监测，并建立了督查考核制度，严禁乱排乱放行为。在环境治理方面，永联村与上级环保部门合作，严禁在街道上设置露天烧烤摊位，并对占用行人道路的摊贩进行整治。永联村也随机抽查餐馆的油烟排放情况，凡是达不到标准的餐馆都会被停业整改。同时，永联村对非机动车和机动车乱停乱放现象进行严格执法，以确保街道整洁有序。

文化建设是现代化农村建设的核心。永联村在实现经济发展的同时，注重推动文化进步，特别设立了文化处，致力于打造与生态村特色和现代化氛围相契合的新型文化。首先，进行了文化基础设施建设。2005年，投入数百万元兴建了社区服务中心，配备了现代化设备，包括图书馆、健身房、电影院、棋牌室等，为村民的休闲文化生活提供了优质场所。2007年，又投资5000万元建成了联峰广场和文化娱乐中心，进一步丰富了基础设施。在基础设施建设完成后，村里积极开展各种形式的文化活动，邀请了多支一流艺术团队，上演了一系列精彩绝伦的文艺演出，给村民留下了深刻印象。同时，村里还成立了业余艺术团，鼓励村民自发组织丰富多样的文化活动。除了文化活动，永联村同样重视体育活动，村里成立了足球队、篮球队、腰鼓队、舞狮队等，不间断地进行体育活动，充实了村民的日常生活，增强了村民的身体素质。

提升全体村民素质是推进现代化新农村建设的重要方针。在这一进程中，永联村把教育发展置于首要位置，增加投入来建设现代化学校，以为下一代的教育提供现代设施。同时，永联村还采取激励措施，激发全体村民学习的积极性和主动性，倡导学习风气，不断提升农民素质。除了文化教育以外，思想道德教育也备受重视。永联村积极开展社会主义核心价值观教育，教育村民遵守交通法和婚姻法等法律纪律，以及崇尚敬业、诚信、友善的爱岗敬业教育等。同时，永联村也非常注重生产技能教育，多次聘请高校和研究院的专家，分批次组织职工接受技能指导和安全教育。永联村还组织村民分批次参观学习先进地区和单位的经验。

（三）学习永联经验，走好乡村治理之路

永联村发展至今，归功于永联人民的辛勤努力和不懈探索。它是以工富农的新农村代表，其发展和治理经验是值得学习、借鉴和大力推广的。

政策的连贯性和稳定性对于乡村集体的发展至关重要。只有根据本村的实际情况量身定制发展规划，并认真地实施，才能够深入思考本村的优势和潜在风险，并制定更长远的发展规划，使得乡村的发展稳步推进。切忌盲目照搬，必须从本村的实际情况出发，着眼于本村的具体情况，避免盲目行动。

领导班子的担当、决策力、团结奉献精神和服务人民的能力是带领全体村民致富的关键因素。在日常工作中，领导干部的个人能力和品德也是决定农村改革发展能否成功的关键因素。只有赢得村民的信任，才能在信任的基础上自由地展开工作，劝说村民不要只顾眼前的利益，应放长远眼光进行长期规划。这对村干部提出了更高的要求。要达到这些目标，村干部需要具备灵活的思维、远见的眼光、坚定的意志和勇气，最重要的是具备能够统筹全局的能力。唯有如此，村"两委"领导班子才能引领村民共同追求幸福的新生活。

乡村的发展与农民的实际收益是密不可分的，为了确保乡村福利的提升，应该更好地借鉴他人的先进经验，根据当地实际情况有针对性地采取措

施。广大乡村干部应该拓宽自己的视野，积极学习借鉴其他地区的成功经验，进行对比分析，找出共同之处，而不是简单地照搬。我们应该深入领悟这些经验的精髓，并结合当地的实际情况加以应用，从而开拓新思路，激发创新能力。

第二章 "三治融合"背景下我国乡村治理的理论基础

第一节 新时代乡村治理思想

自党的十八大以来,以习近平同志为核心的党中央高度重视乡村治理。党中央对乡村治理作出了一系列重要战略部署。习近平新时代中国特色社会主义思想继承和发展了马克思列宁主义、毛泽东思想、邓小平理论、"三个代表"重要思想、科学发展观,是对中国共产党治国理政思想和理论的重大开拓、对实践经验的高度凝练。基于当前国家实际情况和农村发展实践的独特特点,我们深刻认识到了农村社会变迁的趋势,并从如何推进乡村治理体系和治理能力的角度展开了探讨,形成了适应新时代的乡村治理理念。

一、乡村治理中坚持和加强党的统一领导

2012年11月17日,习近平总书记在主持十八届中央政治局第一次集体学习时,就对坚持党的领导提出明确要求,强调"党政军民学,东西南北中,党是领导一切的",提出"坚持和完善党的领导,是党和国家的根本所在、命

脉所在，是全国各族人民的利益所在、幸福所在"。①

乡村工作在国家和社会中具有最基础、最基层的地位，对于乡村治理而言，坚持和加强党的集中统一领导具有极其重要的意义。只有有效提升党在新时代全面领导农村工作的能力和水平，才能确保党的基本路线在乡村治理实践中得以顺利推进，确保党的各项政策的有效贯彻，避免偏离和失真。

第一，坚持和加强党对农村工作的全面领导是党的农村工作要遵循的首要原则。2019年，中共中央印发《中国共产党农村工作条例》，在党的农村工作必须遵循的原则中第一条就是"把坚持党对农村工作的全面领导作为首要原则，确保党在农村工作中总揽全局、协调各方，保证农村改革发展沿着正确的方向前进。②"如果没有中国共产党对农村工作的全面领导，各项乡村治理政策将难以在广大乡村的发展实践中得到有效落实。所以，要坚持和加强党对农村工作的全面领导。

第二，加强基层党组织在乡村治理中的领导核心作用是健全乡村治理领导体制机制的现实需要。在国家治理体系这座巨大的建筑中，乡村治理是至关重要的基础。作为这个基础的核心支撑，党组织必须发挥其领导作用，并进一步增强其领导核心地位。中共中央办公厅、国务院办公厅在2019年印发《关于加强和改进乡村治理的指导意见》，在主要任务中提出："完善村党组织领导乡村治理的体制机制。建立以基层党组织为领导、村民自治组织和村务监督组织为基础、集体经济组织和农民合作组织为纽带、其他经济社会组织为补充的村级组织体系。村党组织全面领导村民委员会及村务监督委员会、

---

① 新华社."党政军民学，东西南北中，党是领导一切的"——"十个明确"彰显马克思主义中国化新飞跃述评之一[EB/OL].（2022-02-14）[2023-12-01].https://www.beijing.gov.cn/ywdt/yaowen/202202/t20220214_2608974.html.

② 新华社.中共中央印发《中国共产党农村工作条例》[EB/OL].（2019-09-01）[2023-12-01.]http://www.mwr.gov.cn/zw/zgzygwywj/201909/t20190901_1362028.html.

村集体经济组织、农民合作组织和其他经济社会组织。[①]"乡村治理实践证明，只有充分发挥农村基层党组织在培养人才、塑造乡风、保护生态等方面的主导作用，才能确保乡村振兴战略的稳定推进，并保证乡村治理现代化水平的不断提高，从而使乡村社会呈现出活力充沛、和谐有序、健康发展的局面。

第三，加强组织体系建设。党的力量源自组织，实现党的全面领导和各项工作需要依赖强大的党组织体系。通过采取先易后难、立行立改的方式，示范引领和增强重点扩大范围的措施，不断增强基层党组织的政治领导力、思想引领力、群众组织力和社会影响力，推动基层党组织在政治、思想、作风、能力、制度和纪律等方面全面进步和全面过硬。首先，要注重提升党组织的政治引领能力。以农村为重点，同时兼顾其他领域，制定具体措施，推动基层组织建设的均衡发展，并将组织体系建设与经济建设、基层治理等核心工作紧密结合，不断增强基层党组织在工作中的影响力，使其成为宣传党的理论、贯彻党的决策、领导基层治理、团结动员群众、推动改革发展、严肃党内纪律的强大战斗堡垒。其次，要持续整顿软弱涣散的村党组织。结合党支部的"堡垒指数"考评，认真进行分类定级、整顿提升工作，并不断提高标准，展开严格排查，深入基层进行实地考察，坚持对每个村支部进行整顿转化，通过逐个支部提升，逐个阵地巩固，致力于实现党的基层组织的全面进步和全面过硬。

第四，着重提高主要业务的质量和效率。基础不牢，地动山摇。巩固基层，奠定坚实的基础，对于增强基层党组织的政治功能和组织能力至关重要。我们要不断深入实施减负增效措施。全面学习贯彻《中国共产党农村基层组织工作条例》，进一步调整县、乡、村三级之间的权责关系，精简乡村不必要承担的事务，确保乡、村一级可以有更多时间和精力投入真正的工作中。

第五，完善干部管理机制。基层党组织书记作为基层组织的核心，对党

---

① 中国政府网.中共中央办公厅 国务院办公厅印发《关于加强和改进乡村治理的指导意见》［EB/OL］.（2019-06-23）［2023-12-01］.https://www.gov.cn/zhengce/2019/06-23/content_5402625.htm.

组织的战斗力、凝聚力和号召力产生直接影响。为了提升农村党组织书记的政治领导能力，可以积极尝试让他们通过合法途径兼任村民委员会主任和村级集体经济组织、合作经济组织负责人，以加强对基层组织的政治领导作用。此外，我们还需重视提升基层党组织书记的履职能力。为此，我们应持续加强对村党组织书记队伍的培养，探索在村（社区）党支部书记中选拔乡镇和街道领导干部、招录公务员和引进事业单位人员的可行途径。同时，我们应通过政策激励，推动本地乡村人才回归，畅通进出渠道，以确保各类人才的顺利进入和离开，并引入培养措施和标准。

第六，规范小微权力运行。权力来自党和人民的授予，其是为党的责任、国家事务和人民利益而服务。强化对权力的监督和制约是必要的。我们需要进一步完善和执行民主集中制的具体制度，严格遵守"四议两公开"制度来处理村级重大事项，实施村级资产管理部门的年度审计制度，并不断加强村务监督委员会对村务决策、村务公开和资产管理的监督，确保权力在法规规定的框架内正确行使。同时，我们还要全面推行发展党员工作全程纪实，严格执行"双推双选"制度和农村发展党员近亲属报告制度，从一开始就严格审核党员的入党条件。此外，我们还要全面贯彻落实《中国共产党党务公开条例（试行）》，按照规定，将有关基层党组织在加强党的建设和其他相关事务方面的信息进行公开，并注重监测和反馈党务公开相关信息。我们可以充分利用新媒体工具，发挥"村民事务微信群"和乡、村（社区）微信公众平台等力量，在及时公示有关村级重要事务、财务支出和项目建设等信息方面实现更好表现，进一步提高公示公开的时效性和准确性，不断巩固权力透明化的民主基础。

二、自治、法治、德治结合的"三治融合"思想

自党的十八大以来，为了解决基层治理中出现的新问题，地方政府已经进行了多种形式的创新实践。例如，在广东省清远市，推动党组织建设、村民自治和农村公共服务的重心下移。而在浙江省宁波市宁海县，制定了"村级小微权力清单"来规范村民自治。尤为特别的是，从 2013 年开始，浙江省桐乡市在枫桥经验的基础上开展了一种自治、法治和德治相结合的治理实践模式。他们在乡村内部设立了百姓议事会、乡贤参事会、法律服务团、道德评判团和百事服务团等组织，并完善了村级乡规民约，形成了"一约二会三团"的治理模式。这种实践在化解乡村矛盾、解决安全生产、治理环境污染、杜绝婚丧酒宴攀比和提升村民道德素质等治理难题中发挥了积极的作用。经过持续的实践，桐乡市已经基本形成了"大事一起干、好坏大家判、事事有人管"的乡村善治格局。因此，它成为自治、德治和法治相结合的乡村治理体系的制度蓝本，为乡村振兴和法治社会建设提供了有益的启示和指引。

党的十九大报告中指出："加强农村基层基础工作，健全自治、法治、德治相结合的乡村治理体系。""三治融合"是指以乡村振兴战略为指导，聚焦于"三农"问题，努力实现"产业兴旺、生态宜居、乡风文明、治理有效、生活富裕"的现代化乡村治理体系。这种乡村治理体系的特点在于既反映了国家治理体系和治理能力现代化的价值导向，也提供了对"乡村治理是什么以及如何治理"问题的回答。同时，它不仅汲取了中国传统社会治理思想的精髓，并加以创新，而且还有选择地借鉴了全球治理多样化的理论模式。它还与经历了市场经济、经济全球化浪潮以及高科技发展的当代中国乡村社会的结构、发展状况、公共事务复杂多元以及村民素质养成等方面相契合。这种治理体系激发了乡村治理的主体协同力、机制融合力和有效创造力，同时加强了基层党组织在乡村治理中的组织领导能力以及村民的自主参与程度。

它为满足人民日益增长的美好生活需求开辟了乡村治理实践的新途径，同时也为乡村治理的建设和完善提供了借鉴经验。

对于实现乡村善治和推动乡村治理现代化而言，深入学习和理解"三治融合"的理念具有重要的现实意义。"三治融合"的乡村治理理念是一个相互关联的整体，要以系统的眼光去看待"三治融合"，自治、法治和德治的治理体系是当前乡村治理体系的核心。乡村治理中如果缺乏自治，法治和德治也将无从谈起。而自治需要法治来提供制度保障，健全的法治系统是乡村自治的坚实基础。只有法治在乡村地区能够有效执行，才能从根本上保障乡村社会的稳定，从而确保乡村治理的主体发挥出应有的作用。而德治是健全乡村治理体系所需的精神动力和智力支持。将德治融入乡村自治和法治当中，可以通过道德榜样和道德规范的影响力，加强乡村居民的道德意识，从而使乡村的自治体系运行得更加顺畅，同时也能让乡村的法治更有针对性。"三治融合"的乡村治理体系，能让乡村治理取得事半功倍的良好效果。

自治是"三治融合"乡村治理体系的核心。为了能够发挥乡村自治组织的作用，必须明确界定国家权力和村民自治之间的界限。村委会是乡村治理的核心机构，起着承接乡镇政府职能的重要作用，但时常会面临负担过重和权力范围不明确的问题。因此，基层政府组织行使权力时要严格遵循"法无授权不可为"的原则，避免出现权力越位的行为，防止侵蚀乡村自治的空间。为了扩大乡村自治空间，桐乡坚持推进基层群众自治组织去行政化的改革方向，并明确行政权力和基层自治权力的界限。在实践中，桐乡依据宪法、法律和地方性法规，逐条梳理基层自治组织的权责，确立了更明确的范围。为减轻村委会的负担，桐乡发展了新的自治机构。村级议事机构承担了大量的管理工作，从而使村委会的工作更加精简高效。该机构由村民会议和村民代表会议授权成立，其成员由具备声望、议事能力和综合素质的村民组成，行使村级重大自治事务的议事权，并由村民大会进行表决。通过自治的民主程序，这种自治组织确保了村民拥有充分的知情权、参与权和建议权。通过讨论和决策议事机构，这些决策更具合法性和权威性，更容易被村民接受和执行。村级自治组织有效地履行了政府公共服务职能，改善了政府、社会和市场之间的关系。桐乡通过减轻乡村负担和培养自治机构，为地方自治创造了广阔的空间。

经过几十年如一日的基层普法工作后，我国乡村地区民众的法律意识得到了显著加强。但对比城乡法治环境，乡村地区还存在着法律意识较为薄弱的问题，这也让法治成为乡村治理的薄弱环节。随着社会的不断发展进步，乡村社会中也出现了不少新问题和新矛盾，这使乡村地区对法律服务和法律知识的需求变得更加迫切。以往的基层法治手段已经越来越难以满足乡村地区的需要，为了解决这一问题，"三治融合"乡村治理模式积极创新，引入了专业的法律服务团队，为村民提供法律咨询和解决纠纷的服务。通过主动购买法律服务的方式，村民可以主动寻求专业法律人员的帮助，以维护弱势群体的权益，并开展法治宣传教育，提高村民运用法律知识的能力和水平。这种做法有效地将纠纷控制在初始阶段，化解了可能带来社会不稳定的风险。尽管农民希望获得法律信息，但他们对法治观念的认识仍有待更新。桐乡通过建立村级法律顾问制度，并成立了一百多个市、镇、村级法律服务团队，形成了普惠全体民众的基本公共法律服务体系，从而奠定了法治社会建设的组织基础。在具体的法律事务中，他们引导村民自觉将法律作为自身行为准则。这种三治融合模式削弱了乡村中宗法、人情和特权观念的影响，强化了农民的法治意识和法治观念。

中国传统文化主要在乡村社区中传承。在乡村地区，道德规范的约束力与法律权威不相上下。乡村社会特别注重个人的"面子"和人际关系，违背道德规范会使个人"声誉"受损，影响其在社区中的地位。基于这种精神利益，道德更容易发挥软约束的作用。为了将道德融入日常治理，农村开展了三治实践。涉及道德问题的评判和判断将交由道德评审团和评判团等组织来完成，在村庄民众舆论的监督下进行。道德评审团由备受尊敬的村里贤人和村民组长等固定成员组成，他们负责评判搜集到的道德事例和村委会交办的道德问题，参与重大事项的监督评议，以及参与解决纠纷。经道德评审团和评判团协商解决的事项被村"两委"认可后会具有约束力。通过动员和组织群众参与农村基层治理，运用道德引导和规范个人行为，推动社会风气的良好发展，有助于形成和谐稳定的社会秩序。此外，农村设立了道德表彰和惩戒机制，通过评选道德模范等活动来推广孝道文化、仁爱文化、家国文化以及社会主义核心价值观，激发德治的文化基因，重塑乡村独有的价值观体系，整合非正式制度，使其与社会主义核心价值观相协调。通过引导村民形成积极向上的道德规范，乡村的治理格局逐渐形成一个充满文明乡风的社会环境。

三、共建、共治、共享的乡村治理思想

党的十八大以来，在以习近平同志为核心的党中央坚强领导下，我国乡村治理体系不断完善，社会安全稳定形势持续向好，有效维护了人民的生命财产安全，广大乡村群众的获得感、幸福感、安全感不断增强。党的十九大报告明确提出打造共建、共治、共享的社会治理格局，为新的历史条件下加强和创新乡村治理指明了方向。党的二十大报告中强调，健全共建共治共享的社会治理制度，提升社会治理效能。然而，随着我国经济结构、利益格局、思想观念、社会结构的深刻变革，乡村治理面临着更为复杂的形势和环境，给乡村治理带来了一系列新的挑战和要求。面对新形势和新任务，我国迫切需要加强和创新乡村治理，努力构建共建、共治、共享的乡村治理新格局。提出构建共建、共治、共享的乡村治理格局是中国共产党对乡村治理理念的重要升华，体现了党对农村治理规律的深入认识和准确把握，具有明显的实际针对性和实践指导性。

坚持以人民为中心，是构建乡村治理新格局的核心价值取向。为了构建

新时代的共建、共治、共享的社会治理格局，必须坚持人民的主体地位，并将共建作为基础、共治作为关键、共享作为根本。在加强和创新乡村治理方面，我们应以共建、共治、共享为基本原则，着眼于保障和改善民生，通过系统规划制度设计和法律政策，实现更加有效的治理安排。此外，我们还需要将乡村治理的重心下移，向基层倾斜更多政策、资源和人才，以激发共建和共治的活力。

习近平总书记指出："小康不小康，关键看老乡。老乡看什么呢？重中之重就是扶贫工作做得怎么样。[①]"推进精准扶贫政策是乡村治理共建、共治、共享的有力支撑。中国共产党高度重视推进精准扶贫政策，体现了党对乡村治理成果共享的重视，党始终坚持以实践来检验社会治理的成效，将人民的意见和满意度作为一切工作的出发点和落脚点。

倡导共建、共治、共享的理念，强调乡村社会和城市社会均是由多个不同规模的共同体组成。因此，乡村治理应重视满足各个共同体的需求。乡村社会的组成要素的共同体应具备以下特点：首先，共同体成员必须联合参与共同体的建设和治理。无论是在乡镇还是村庄，都应秉持"大家的事情就是大家一起办理、一起负责"的原则。其次，每个乡村共同体的具体管理机构和人员应由全体成员通过民主协商方式产生，所有管理行为必须符合全体成员的共同意愿。最后，共同体所产生的所有利益应由全体成员共同分享。

四、协商民主：乡村治理的有效路径

推进乡村基层协商民主在健全"三治融合"的乡村治理体系中具有不可忽视的价值。通过发展基层协商民主，我们可以更好地建设自治型、法治型和德治型乡村，进而推动整个治理体系和治理能力的现代化。乡村基层治理

---

① 央广网.「每日一习话·金句 100」小康不小康 关键看老乡［EB/OL］.（2022-08-20）［2023-12-01］. https://news.cnr.cn/dj/sz/20220820/t20220820_525975833.shtml.

不应仅停留在单纯的管理层面，而是需要更积极地开发和利用各种治理资源，实现各资源间的理性合作，以构建和谐的社会共同体。

（一）协商民主在乡村治理中的必要性

协商民主对于中国来说，不仅是一种推动民主进步的手段，更是一种符合中国国情的民主政治形态。它强调的内在逻辑对于我国政治文明的发展以及乡村社会的治理都具有必然性。

协商民主的过程实际上是一个集体反思的过程。参与个体代表多数人的意愿，在平等参与和充分尊重的前提下，传递集体反思的结果。这一集体反思的动态过程增强了政府决策的科学性，并为乡村治理方式的转变指明了方向。

在中国基层民主建设发展的道路上，经过几代人的努力，形成了符合中国国情和发展现状的"协商民主"。在乡村治理过程中，乡村成员可以通过平等对话的方式，尊重公共意志，充分表达自我，以形成更具广泛民意基础、更具合法性的决策。同时，协商过程全程暴露在参与者的监督下，这有利于积极践行群众路线教育，加强决策者与基层民众的联系，也有利于政府倾听民意，把握民情，更好地为乡村治理保驾护航，创造出符合我国乡村基层社会治理的新格局。

在传统乡村社会中，人们依靠土地、畜力以及人力进行生产，消费围绕农产品展开，很难形成相对独立的利益群体，也没有阶层分化的状况，甚至成员、物品以及信息的流动范围都十分有限。然而，随着农民的收入来源、生活方式、价值观念等日益多元，乡村社会分化的加剧，乡村社会结构正在发生变化。新的社会阶层和利益群体逐渐产生，矛盾和纷争逐渐增多，乡村治理面临更加复杂的局面。为了避免新的矛盾可能带来的危机，需要一种新型的乡村治理模式。协商民主能够为解决这类新问题提供一个平等对话和自由协商的平台，通过协调和整合的方法能有效达成最大程度的共识。

（二）协商民主与乡村基层民主相契合

我国公民享有平等参与国家、社会事务的权利，这源于人民当家作主的民主本质。在中国共产党的领导下，亿万人民群众积极投身于民主实践中，其中乡村自治就是一种具有中国特色的基层直接民主制度。该制度以平等性和直接性为主要特征，让农民能够直接行使当家作主的权利，实现自我管理。乡村基层民主的实施改变了基层干部对乡村的管理方式，从过去的领导与被领导关系转变为合作、协商等更为民主的方式。这为乡村多元主体就乡村基层公共事务进行协商、合作提供了一条新的途径。

协商民主与乡村基层民主在核心诉求、参与权利和决策过程等方面存在契合性。两者都以实现公共利益最大化为最高目标，承认利益相关者平等参与的权利，并强调参与过程是一种讨论、妥协和形成共识的过程。虽然它们产生于不同的文化背景，但都属于直接民主形式，因此具有契合性。

（三）实现协商民主在乡村治理中的有效路径

党的十七大将"基层群众自治制度"纳入中国特色社会主义政治制度范畴，这表明其在社会主义民主政治发展中的地位得到了进一步提升。村民自治制度作为我国农民创造的乡村基层群众自治制度，不仅是乡村基层民主建设的核心，更是中国特色社会主义政治制度体系的重要组成部分。

协商民主在乡村治理中的运用，旨在发挥其优势，推动乡村群众自治制度的不断完善，进而促进乡村社会的和谐发展。然而，构建一个完善健全的协商民主机制并非易事，它是一个复杂的系统工程。

首先，要健全相关缺失的制度，确保协商程序的规范。当前，协商民主在乡村治理实践中面临的最大困境是相关制度的缺失。只有完善相关制度，协商民主才能走上法治化、规范化的轨道，从而确保其在乡村社会的有效运用。为此，需要建立以村民会议为核心的协商平台，并调整和改革村民代表的选拔机制及议事方式等政策。

其次，重塑行政文化，培育政府协商精神。政府在协商民主中占据主导地位，因此，良好的行政文化对政府官员和行政人员起到导向作用，这种文化有利于协商民主的顺利实施。然而，当前我国公共行政理念仍具有较浓的权威性和集权性色彩。在这种文化导向下，政府与公民的平等互动受到限制。为发展协商民主，必须重塑全新的行政文化，实现权威型和集权型行政文化向民主型参与式转变。政府官员应走群众路线，广开言路，让公民参与到政府决策中；行政人员则需培育民主协商意识，重视政府与公民之间的协商、讨论。

最后，加强公民教育，增强村民的主体参与意识也是关键。村民的素养对协商民主的发展起到关键性作用。培养村民的民主意识需从心理层面和行为层面两方面考虑：一是将民主思想内化为村民的心理习惯；二是将民主意识外化为村民的政治参与。为此，应大力发展乡村经济、社会文化教育事业，加强民主法制宣传，拓展村民政治参与的制度化渠道。同时，应重视民间组织的作用，如乡村专业协会、经济组织以及村民自治组织等，以培养村民的参政能力和利益博弈的组织能力。

总之，推进乡村基层协商民主对于健全"三治融合"的乡村治理体系具有重要价值。通过完善相关制度、重塑行政文化、加强公民教育等措施，可以促进乡村社会的和谐发展与基层民主的不断完善。

第二节 "三治融合"乡村治理模式的生成逻辑

自党的十八大以来，我国乡村治理领域涌现出了一批创新性的实践模式。其中，浙江省桐乡市于2013年首创的"三治融合"乡村治理模式效果显著，已成为乡村治理的"桐乡样板"。在系统总结全国各地"三治融合"乡村治理模式的基础上，党的十九大报告中正式提出，要加强农村基层基础工作，健全自治、法治、德治相结合的乡村治理体系。党的十九届四中全会通过的《中共中央关于坚持和完善中国特色社会主义制度推进国家治理体系和治理能力现代化若干重大问题的决定》首次提出"健全党组织领导的自治、法治、德治相结合的城乡基层治理体系"，并将其视为构建基层社会治理新格局的重要内容。[①] 构建"三治融合"乡村治理模式，既是对乡村社会治理长期乏力、民主基础薄弱、治理效能不高等问题的深刻思考和直接解决，同时也与乡村振兴和基层社会治理现代化的实际需求紧密契合。这种模式的建立不仅是对以往问题的反思和回应，还能有效地应对当前乡村治理的现实挑战。

在中国传统的乡村治理模式中，治理者的品德和行为模范起到至关重要的作用，道德教育和伦理教化是主要手段，德治是传统乡村治理模式的关键特征之一。自20世纪80年代起，村民自治逐渐成为乡村治理的基础体制，而"乡政村治"构成了我国乡村社会的核心治理架构。随着我国乡村治理法治化和现代化进程的加快，乡村社会结构也发生了变化，传统的乡村治理模式越来越难以满足广大农民群众的权益诉求和利益期望，也难以满足乡村振

---

① 唐皇凤，汪燕. 新时代自治、法治、德治相结合的乡村治理模式：生成逻辑与优化路径［J］. 河南社会科学，2020，28（6）：63-71.

兴战略对有效治理的要求。面对复杂和具有多重矛盾的乡村治理问题，创新的乡村治理模式成为解决治理困境的可行途径。引入自治、法治、德治相结合的乡村治理模式，充分发挥其系统治理、法律治理、综合治理和源头治理的优势，是解决乡村治理问题、实现优良治理的基本策略。

一、传统乡村治理模式难以适应乡村治理现代化的要求

开创充满活力、和谐有序的乡村治理新局面是新时代对乡村治理提出的总体要求。改革开放以来，我国已经从以农为本、以村而治的"乡土中国"转变为乡土变故土、乡村变故乡的"城乡中国"[①]。村民自治与乡村德治相结合的传统乡村治理模式，在应对乡村治理现代化需求上已经表现出明显的局限性，已经难以满足要求。

第一，村民自治面临着运行挑战。在乡村社会中，精英和青年劳动力是村民自治的主体，但据国家统计局报告，2022 年全国农民工总量超 2.95 亿人[②]，大量农民进城务工，导致乡村地区"三留守"（妇女、儿童、老年人）与"空心村"等问题的出现。同时，大量年轻人和乡村精英外出务工或进入城市生活，也限制了村委会换届选举时可供选择的村干部人选，从而削弱了村民自治的效能。

第二，传统农村德治与现代社会的流动性和开放性形成了明显的反差。我国传统农村社会不仅是自然形成的村落共同体，也是情感和道德的社会共同体和命运共同体的体现，同时也是乡村德治实践的核心地区，以礼俗规约为基础。然而，人口流动性的增加破坏了乡村内部规则的平衡，这对新时代

---

① 刘守英，王一鸽.从乡土中国到城乡中国：中国转型的乡村变迁视角［J］.管理世界，2018，34（10）：128-146.

② 央视网.国家统计局报告：2022 年全国农民工总量超 2.95 亿人 比上年增加 311 万人［EB/OL］.（2023-04-28）［2023-12-01］.https://news.cctv.com/2023/04/28/ARTIzTkCBljy3imZKUaU9otD230428.shtml.

乡村治理构成了严峻的挑战，成为当前亟待解决的一道难题。

第三，正式的乡村自治与非正式的乡村德治在联合治理方面存在困难。传统的乡村治理模式认为行政村是治理的单位，通过实施"四个民主"的方式来进行乡村治理。而乡村德治以"以德服人"的原则为依靠，在自然村这个层级上发挥作用。然而，由于缺乏整体的协调机制，这两种治理方式无法形成合作效果。传统治理模式的不足妨碍了乡村治理现代化的进程，因此，探寻新的治理模式成为应对新时代乡村治理内在需求的必然选择。

二、"三治融合"乡村治理模式具有显著的内在优势

自治、法治、德治的"三治融合"方法，在现存治理中扮演着重要角色。它们分别以自治为基础、法律的确立和实施为保障，以及道德的滋养和激励为引导，共同发挥治理功能和作用。然而，这种治理方法也存在一些局限性，即法治可能过于僵化、德治可能过于宽松，而自治可能过于随意。由于单一的治理模式无法完全满足乡村治理的需求，采用两两结合的方式可以互相补充，但面对乡村社会环境的复杂性和治理难题的挑战时，常常产生一些困难。相比于单一或两两结合的治理模式，采用"三治融合"的乡村治理模式既能够充分发挥各种方式的优势，又能够实现协同效应，往往更为有效。

第一，在维护农村基层民主权利、实现村庄和谐有序的目标下，自治成为一种有效途径，它在法律保护和道德规范的前提下发挥着重要作用。自治作为乡村社会最基本的治理方式，能够整合乡村资源、激发乡村主体活力，自主解决乡村治理困境。需要强调的是，为了避免失序和过度个人主义，依赖于法律保护和道德约束是必不可少的。

第二，在乡村治理中，法治与德治相结合的治理模式展现了一种刚柔并济的治理艺术。作为一种"硬约束"，法治为乡村治理提供了法律保护和有序的环境，为治理的主体和对象提供了指导和规范，是实现乡村稳定治理的基

础。然而，在乡村社会法治建设相对滞后的背景下，仅仅依靠法律的约束是不够的，因此德治作为乡村治理的重要补充也是不可或缺的。

第三，在乡村社会中，德治以自治组织为基础，通过法治的保障展示了其广泛的适用范围和长久的生命力。德治以一种"软约束"的方式存在，为乡村治理提供了有力的道德支持，是实现乡村善治的必要辅助工具。尽管乡村社会一直存在着多样而富饶的德治土壤，但只有依靠自治组织作为有效媒介和法治作为可靠保障，德治才能有所依托，否则可能演变为人治。总体而言，"三治融合"深刻体现了乡村治理创新实践从"零碎性、技术性走向集成化、成熟化"的内生逻辑[1]，同时也有助于实现"1+1+1＞3"的治理效能最大化。

三、"三治融合"乡村治理模式具有现实可行性

中央政策文件为乡村治理的"三治融合"创新实践提供了制度上的保障。"以人民为中心"的治理理念提高了乡村治理主体的参与程度和满意程度。农民是乡村治理的主要参与者，在乡村治理过程中，通过采用"三治融合"的方法，有效解决了乡村矛盾和重大风险问题，满足了不同阶层农民的多样化利益需求。同时，坚持以保障和改善民生、促进农村和谐稳定为根本目标，努力构建共建、共治、共享的乡村治理格局，持续增加了农民的满足感、幸福感和安全感。实践证明，基于"为了人民，依靠人民"的治理理念极大地激发了农民参与治理的积极性和主动性，为乡村治理提供了充足的人力资源。

"三治融合"乡村治理的运行成本被降低，这得益于物质资本投入的减少以及无形社会资本的积累。乡村治理的两大关键点是制度创新和实践活动。乡村民众通过农民民主评议和志愿者义务参与，推动了完善村规民约、创新

---

[1] 何显明 . 以自治、法治和德治的深度融合推进乡村治理体系创新［J］. 治理研究，2018（6）:5-16.

村民自治制度等治理措施的实施。这些创新举措以乡村居民的智慧为基础，仅需要少量的物质资本即可启动。此外，乡村自治的传统和丰富的德治资源为乡村治理提供了丰富的无形社会资本。

乡村治理是根据乡村社会经济发展、结构变化和阶层分化不断演变的过程。改革开放以来，我国乡村结构经历了重要变化，从封闭到开放、从单一到多元，面对此情况，乡村治理也趋向于向多种要素相结合的高级形式发展。借助实施"三治融合"乡村治理模式，实现了治理主体、治理内容和治理方式的多样化。该模式的整合有助于实现乡村治理的协同效应和叠加效应。在治理创新实践领域，可利用丰富的治理资源和低廉的运营成本推动"三治融合"乡村治理模式的实施，故该模式具备了应用的必要性和可行性。

第三节 乡村善治推动实现乡村治理现代化

乡村和城市相比，虽然最初是根据人类生存和居住的不同而区分的，但由于生产方式和生活方式的不同，导致产生了不同的生活风貌、态度和价值取向。乡村以土地为生，在与土地的互动中，形成了独特的生产和生活方式以及相应的家族和村庄文化，从而和城市区分开来。简言之，乡村的最本质特征是土地属性，不仅指人的身份与土地的关联，也包括人际关系的土地性质，这正是费孝通所谓的"乡土"。乡村社会的存在是基于其独特的观念体系和社会秩序，这种秩序构成了乡村生活的基本框架。表面上看，乡村社会的特点包括地域差异、方言口音、风俗习惯和祖先崇拜等。同时，乡村民众对土地的依赖、人口流动性较低和农耕劳作等方式也是其特征之一。在内部结构方面，乡村社会建立在熟人关系规则的基础上，遵循乡村独特的价值取向和秩序规则，并在此基础上确立了村庄的、宗族的或家庭的权威秩序。正是乡村社会所具有的这些与本土和土地相关的特征及其表现方式，维系着乡村社会的秩序，规范着村民的行为，引领着乡村的风俗习惯，最终实现了乡村社会的有效治理。

一、乡村振兴实现乡村治理现代化思想

习近平总书记在党的十九大报告中指出："要坚持农业农村优先发展，按照产业兴旺、生态宜居、乡风文明、治理有效、生活富裕的总要求，建立健全城乡融合发展体制机制和政策体系，加快推进农业农村现代化。[①]"这是习近平总书记对乡村振兴战略的内涵高度概括，也对乡村治理提出了新要求。实施乡村振兴战略的目标在于加快农业农村现代化进程，而在实施过程中，要坚持农业农村优先发展的指导思想。同时，为了顺利推进这一战略，需要确保产业兴旺、生态宜居、乡风文明、治理有效、生活富裕等方面的要求得到满足。

有效治理是乡村振兴的关键任务之一，通过推动乡村治理体系和治理能力的现代化，可以进一步稳固乡村振兴的基础，并使其发挥更大的作用。

（一）乡村治理实现产业兴旺

只有唤起乡村产业的活力，才能促进农业兴旺与繁荣发展。只有稳步推进农业供给侧结构性改革，提高农业生产能力，构建现代化、高效的农业产业体系和生产经营体系，才能走上质量兴农之路，实现丰收和繁荣。同时，还需建立健全农村产业融合发展体系，充分利用农村农业的多种价值和功能，大力发展新兴产业和业态，以确保乡村产业持续发展和经济繁荣。然而，无论采取何种发展方式，实现产业兴旺这一重要目标，最终都需要稳定的乡村

---

① 朱泽.以乡村振兴战略推进农业农村现代化［EB/OL］.（2018-07-06）［2023-12-01］.http//theory.people.com.cn/n1/2018/0706/c40531-30130052.html.

社会秩序的保障。

缺乏有效的乡村治理，乡村振兴就难以形成合力，乡村社会也可能变得松散无序，产业发展就会缺乏动力和后劲。只有当乡村社会治理得当时，才能够确立组织基础。在农村基层党组织的领导下，深入学习领会习近平新时代中国特色社会主义思想和党的十九大精神，并且在推动产业兴旺的道路上勇往直前。治理有效的乡村社会将吸引人才，优化农业从业者的结构，打造一批知识型、技术型和创新型的农业经营者队伍，对于推动产业兴旺至关重要。治理有效的乡村社会还将为政策制定和环境保障等提供基础条件，从而加快产业兴旺目标的实现。

乡村产业蓬勃发展的核心在于农业的兴旺。农业是维护国家安全的重要产业，我国对农产品的需求量巨大，因此迫切需要在国内解决农产品供应问题。无论何时何地，中国人民都必须自己掌握自己的饭碗。随着经济的发展和人民生活水平的提高，对农产品质量的要求一直在不断提升。农业一直是国家经济和社会发展的基石，如果农业现代化不达标，那么国家的现代化就很难实现。乡村产业蓬勃发展的目标是能够提供更加多元、高品质、安全、健康的农产品，以持续满足人民对优质生活的需求，并为我国经济的高质量发展提供保障。乡村产业的蓬勃发展对于国家经济和社会发展的整体局势至关重要，因此必须加强农业的综合生产能力，实现乡村产业，特别是农业的快速发展，以更好地满足人民对农产品品种、质量和数量的需求。

（二）乡村治理实现生态宜居

乡村治理是实现乡村生态宜居的重要手段。乡村环境的美丽与清洁对于打造生态宜居环境尤为关键。事实上，绿水青山的乡村风光已经成为亿万农民向往的美好愿景。在农业领域，乡村是生态涵养的主体区，也是生态产品的主要供给者之一。因此，建设美丽乡村成了实现美丽中国的重要保障。

然而，乡村经济的快速发展也带来了一定的生态问题。农村生态环境较少得到有效治理，导致生态宜居的美丽乡村建设进展缓慢。为此，重视环保意识，重构社会组织秩序并制定有效的方针政策是当务之急。乡村治理可以促进村民之间的合作关系，增强责任感和大局意识，注重垃圾、污水的治理以及村容村貌的提升，加强各项措施的落实，逐步解决生态环境问题。在尊重民意，立足现实情况，区分轻重缓急，保护乡村美景的基础上，乡村治理被视为推进生态宜居工程建设的保护伞。

实现生态宜居乡村的建设是一项艰巨且长期的任务。除了需要解决农村生态保护与经济发展之间的矛盾，还需要关注农村经济发展的质量和可持续性。因此，在乡村振兴模式下，想有效地推进生态宜居乡村建设，首先，需要上级政府广泛调研和开展全面规划，制定出有针对性和实用性的方案。这样一来，在具体实施生态宜居乡村建设任务时，可以更加有针对性地提高实施效果，以最低的成本投入和最少的资源消耗，取得最优的建设成果。此外，还需要考虑到乡村基础设施的不足和污染治理的困难，需要通过财政拨款来提供经济保障，为生态宜居乡村建设提供支持。对于那些经济落后的地区，为了减轻地方政府的财政压力，可以通过政府组织本地企业进行捐款，为生态宜居乡村建设贡献一份力量。

为了确保生态宜居乡村建设能够得到村民的广泛认同和参与，需要采取多种方式来宣传和动员各地村民积极参与。可以充分利用网络、手机、电视等媒介进行宣传，向村民展示乡村的美好，以加深他们的认同感，并让他们意识到绿色生活、绿色发展以及绿色出行的重要性。同时，还要强化村民的环保理念，让他们意识到保护环境和节约资源的重要性。此外，可以借助村落中的文化墙进行宣传，通过在每个村落重要位置设置文化墙，展示重要内容和党建文化等来加强宣传效果。地方政府部门也应出台一些优惠政策，吸引农村外出的劳动力和大学生等回到家乡参与生态宜居乡村建设工作，只有充足的人力支持，才能够早日完成生态宜居乡村的建设。

（三）乡村治理实现乡风文明

乡村治理在实现乡风文明方面发挥着重要作用，是增强精神文明建设的关键环节。然而，在市场经济快速发展、改革开放步入稳定发展阶段、城市化进程快速推进以及城市文明持续扩张的大背景下，一些地区的传统乡村文化被忽视、破坏或者取代的现象屡屡发生。同时，一些乡村社会关系日渐淡薄，乡村文化正逐渐消失，优秀乡村文化难以发挥其道德教化作用。因此，乡风文明建设迫切需要加强。

值得注意的是，乡风文明建设不是空洞的口号或者纸上谈兵，它需要一定的物质基础，需要特定的乡村氛围以及农民群众的共同思想认同。然而，由于受到某些思想的影响，越来越多的农民不再关注乡村公共事务，常常导致制度设计落空、预设目标未能实现。为了实现乡风文明建设目标，必须实现有序的乡村治理，最大限度地汇聚民心、凝聚民力。一方面，可以加强农村思想道德建设，传承发展农村优秀文化传统；另一方面，可以加强农村公共文化建设，开展移风易俗的行动。如果乡村治理失去了凝聚力，乡风文明建设就会流于形式，精神文明建设也将徒劳无益。

乡村治理的核心在于提升农民的思想道德素质和科学文化水平。为了达到这个目标，需要根据农民的不同思想道德状况定期或不定期地进行党的基本理论、基本路线和基本纲领的教育，引导农民树立正确的世界观、人生观和价值观，增强实现中国特色社会主义道路和中国梦的理想信念。同时，为了适应市场发展需求，需要有针对性地组织农民进行专项培训，逐步提高他们的科技文化水平。乡风文明的建设离不开乡村文化的繁荣和发展，这就需要搭建文化平台，组织农民参与丰富多彩的文化活动，以满足乡村治理的文化需求。要不断丰富各种文化娱乐活动的内容，特别要关注它们的导向和教化作用，使农民在娱乐中受到教育，引导他们崇尚科学、摒弃迷信、改变陈旧观念。此外，要紧紧抓住城乡共建这个机会，加强城市精神文明对乡村文明建设的带动作用，开展各种"文化下乡活动"。当前社会发展迅猛，乡村社会也正在经历大变革，乡村治理面临着更多新的挑战，因此需要适应时势，加强乡风文明建设，建立和完善可行的领导机制和工作机制。广大农村干部必须充分认识到自己在改变陈规陋习方面的重要性和作用，应以身作则，提倡新的乡村风尚，为乡风文明建设坚持提供有力组织保障。

（四）乡村治理实现生活富裕

乡村治理可以被看作是推动农民生活不断提高、实现共同富裕的"催化剂"。中国共产党人有着为人民谋幸福、为民族谋复兴的初心和使命，这也是促使他们不断前行、不懈奋斗的核心力量。为了实现全体人民共同富裕、让亿万农民过上更美好的生活，增强农民群众的获得感、幸福感和安全感是中国共产党人所坚定不移的追求和乡村振兴的重要出发点和落脚点。

所谓"仓廪实而知礼节，衣食足而知荣辱"。农民稳定增长的收入是实现乡村治理的基本前提，只有在物质生活得到改善的前提下，自治、法治和德治相结合的乡村社会治理体系才能得以建立。然而，这并不意味着乡村治理是在农民生活富裕之后才会自然而然地发生，相反，乡村治理是随着农民生活水平的提高而不断强化的。乡村治理在物质层面（如农民生活质量）的提高以及精神和文化层面（如人民思想境界）的拓展上起到了"催化剂"的作用。有序的乡村治理必须坚持"人人参与、人人尽责、人人共享"的原则，以抓重点、补短板、强项互补的要求为指导方针，鼓励村民勤劳致富，推动乡村富裕建设。只有乡村治理得以规范、有序地进行，才能更好地深化村民自治实践，促使农民通过法治、德治等手段解决纷争，实现物质生活和精神文化生活的"双富裕"，最终营造一个良好的治理环境和氛围，走向善治之路。

二、乡村善治厘清治理旧症结

党的十九大报告中指出："健全自治、法治、德治相结合的乡村治理体系，是实现乡村善治的有效途径。[①]"可以说，乡村治理是国家治理的基石，而农业农村现代化是国家现代化的基础与前提，若农业农村没有实现现代化，那国家现代化也将无从谈起。中国特色新型工业化、信息化、城镇化、农业现代化中，农业现代化是"四化同步"中的短板和弱项，农业农村仍是社会主义现代化建设的突出短板。所以，要进行乡村治理体系的创新，建立以农村基层党组织为核心的治理体系，实现自治、法治、德治的有机结合。要重点应对乡村社会发展中的各种困难和挑战，积极探索可行的乡村善治路径，推动乡村治理和农业农村现代化进程。

在推进农业农村现代化、保证乡村社会的和谐稳定方面，创新乡村治理体系和走乡村善治之路是长久的有效策略。同时，鉴于当前乡村治理存在的不足之处，这种改革也是必然的选择。乡村治理体系必须认真总结过去的失误，明确发展中的症结所在，否则治理体系将存在诸多漏洞。目前，城乡发展不平衡、乡村发展不充分的问题仍较为突出，乡村治理中同样也存在着较多需要解决的难题。

第一，在农村基层党组织建设过程中，面临着基层班子力量薄弱、组织涣散的情况。同时，某些基层党组织群众基础薄弱，服务意识较为淡薄，队伍建设失衡，人才支撑流失，以及组织活力不足、号召能力减弱等一系列挑战。

第二，农村集体经济薄弱。国家支农帮扶体系相对薄弱，同时城乡间的要素流动机制也有待进一步健全。正如谚语所说："巧妇难为无米之炊。"如果缺乏强有力的农村集体经济作为后盾，农村基础设施的完善也将难以进行，乡村

---

① 陈进华.健全自治法治德治相结合的乡村治理体系［EB/OL］.（2018-10-23）［2023-12-01］. http://theory.people.com.cn/n1/2018/1023/c40531-30356813.html.

自治过程中也将难以吸引并留住优秀青年人才，乡村法治建设也会因为资源短缺而受到严重制约，乡村群众参与乡村治理也往往是"心有余而力不足"。

第三，乡村法治方面存在不足。主要表现为：乡村居民的法律意识不够强，普法宣传力度不够。基层干部在依法办事方面还没有形成一种高度的常态化。此外，乡村调解和县市仲裁机制还需要进一步完善，乡村公共法律服务体系也有待改进和加强。而且，新一代农民的成长也面临不少问题。由于乡村问题繁多且复杂，农民需要以主体的态度积极参与到乡村发展和建设中去。然而，由于新一代农民还未能成长起来，这导致了乡村治理过程中人力资源的短缺。

第四，乡村社会秩序存在不能忽视的问题。在乡村长期发展进程中，一些乡村当地的家族势力开始影响到了村级事务。此外，农村非法宗教和境外渗透活动也对农村公共安全体系带来了挑战。农村警务、消防和安全生产方面也存在一些隐患。为了克服乡村治理过程中的种种挑战，确保和谐有序的乡村社会环境，乡村善治成为人们所期盼的新乡村治理体系。

三、乡村善治新方法解决旧难题

如果不解决乡村治理难题，村民想要美好的生活只能成为一种空想，而乡村振兴战略的实施也将落空。群众利益无小事，一枝一叶总关情。乡村治理的过程中需要不断探索新的方法，在善治方面寻求突破，以解决治理中存在的难题，从而以善治造福乡村群众。乡村善治不是"管制与统治"，它需要在加强基层党组织建设的同时，推行深度村民自治实践、加强乡村法治建设，不断提升乡村德治水平，使"三治"相互衔接和补充，最终实现农村治理体系和治理能力的现代化。

第一，需要加强农村基层党组织的建设。要加强党的基层建设，巩固组织力量，完善执政能力。乡村基层党组织是连接农民群众与党的纽带和沟通桥梁，同时也是贯彻党在乡村工作任务的重要阵地，承载着领导乡村治理的重要职责。

第二，是要形成自治、法治、德治相结合的乡村治理体系。以自治为基础，让自治的理念深入群众内心，创新基层管理体制和机制，提高乡村自治能力，加强乡村治理的财务支持，发挥乡规民约的作用。以法治理念为导向，培养新的乡村社会思维方式。加强基层党员和农民群众的法治意识，巩固乡村法治建设的经济和政治基础，建立完善的农村公共法律服务体系和司法救助体系。注重以德治理，重塑新的乡村社会礼俗观念。让每个人在日常生活中践行乡村传统美德和社会主义核心价值观，将德治理念贯穿于乡村治理的全过程和各个领域，形成良好风尚并通过文化的方式引导人们的行为举止。

乡村善治的历程充满曲折，难以一蹴而就。我们应该认识到乡村善治的长期性、复杂性和困难性，仍然要有坚定的热情、决心和能够集中的注意力，凭借"狭路相逢勇者胜"的英雄气概和"越是困难越敢上"的顽强斗志，大胆突破局限，不断推陈出新，坚持不懈地追求目标，从而取得乡村善治的显著成果。为了实现乡村善治，需要以民主文明和谐的社会主义乡村文明为基础，重建农村居民的精神文化家园。为了实现这一目标，我们可以通过发挥基层组织队伍的作用，实现自我管理，塑造民主风尚。同时，积极引导新乡贤参与乡村建设，充分发挥村集体的引领和服务作用，组织建立妇女联合会、青年联合会和志愿者队伍，以集体组织管理基层，实现自律和他律的有机结合。另外，在推进乡村社会移风易俗，打造文明乡风方面，我们可以依托法律法规和公序良俗，建立适应各村实际的"村规民约"，明确奖惩机制、积分机制、评价机制和监督机制，促进良好的乡风民俗在实践中得以落地生根。此外，在弘扬社会主旋律和打造和谐乡风方面，我们可以广泛开展适合农村社会的道德实践活动，充分发挥其惩恶扬善的作用，大力弘扬社会主义核心价值观和道德荣辱观，批判假恶丑，提倡真善美，通过潜移默化的方式，引导农民自觉提高他们的精神文明素质。

第三章　我国乡村治理面临的主要问题探析

自党的十八大以来，中国共产党采取强有力的改革措施推动乡村治理变革，不断取得新的伟大成就，但需要承认的是，就目前而言，乡村建设、乡村经济和乡村治理方面并不是我国的强项，因此乡村治理水平和现代化目标之间仍存在较大差距。除此之外，还存在一些需要解决的棘手问题，包括乡村治理面临的各种现实挑战以及治理本身的内部困境。认真分析和梳理乡村治理所面临的主要问题，不仅有助于统一认识、找准方向，更是推进乡村治理方法的迫切需要。

第一节　我国乡村治理面临的现实挑战

近年来，我国乡村治理呈现出了巨大的变化，包括社会转型、区域发展不平衡、土地产权制度改革和社会阶层变动等诸多因素。尽管这些因素并非直接影响乡村治理本身，但它们为乡村治理结构和农业农村现代化道路增添了更多复杂性和不确定性，从而对乡村治理体系和治理能力提出了全新的要求。因此，妥善应对这些现实挑战显得尤为重要。

一、乡村治理面临的社会转型挑战

（一）我国乡村由封闭社会向开放社会转型

我国乡村治理的演变历程表明，在相当长的一段时期内，我国乡村社会一直具备自身固有的特征，即相对封闭。我国乡村社会的这一特点与城市形成了较为明显的界限。传统乡村通常是稳定的社区，邻里间互相熟知，社会关系主要建立在"亲戚关系"和"人情社会"上。此外，乡村社会的运作依赖于固定的习俗和传统文化。在传统乡村中，经济方面的困难往往不是最主要的问题，更为关键的是社会关系。若是没有"亲戚关系"与"人情"，将会在传统乡村的小环境中寸步难行。

改革开放前，生产队对乡村的统一管理让村民们逐渐形成了一种依赖性，即依靠生产队解决一切问题，即使在今天，很多村民依然没有改变这种心态。随着市场经济的发展，乡村社会生活的组织方式、社会结构和村民的利益格局都开始发生变化。人口的流动、市场的扩散和科技的革新，打破了乡村封闭的自我循环模式，许多乡村居民选择离开乡村环境，投身于第二、第三产业，以前乡村自给自足的模式被市场经济取代。先进的科技手段也使农民更容易了解到乡村以外的社会。

在乡村转型的过程中，随着新型城镇化、工业化和信息化的飞速发展，给乡村带来了巨大的利益，提高了乡村的生产能力，同时也不断调整着乡村治理结构。当前，乡村正处于社会、文化、经济和政治等多个方面大规模转型的过渡阶段，在乡村振兴战略实施的新时代背景下，乡村正在朝着更加开放的方向发展。然而，这种由封闭到开放的转型也带来了一些新的挑战。传统的以乡政府和村"两委"为主的控制型治理模式逐渐失效，已经不能适应乡村社会发展的趋势。

乡村治理在转型过程中面临着三大主要挑战。第一，由于越来越多的年轻人离乡求学或工作，传统乡村"人情社会"逐渐被瓦解，同村人与人之间的熟悉度逐渐减弱。第二，大量的青壮年离开了乡村环境，进入到城市生活，每到逢年过节或有重大事情时才会短暂地回到故土逗留数日。虽然他们仍保留着农村户口，但难以享受或履行与户口绑定的权利和义务，致使乡村治理缺乏权利主体。第三，为了子女获得更好的教育，大量农村人口离开了乡村，选择在城市中购房生活，脱离了乡村社会。以上情况，导致乡村社会结构发生巨大重构。

如此转型对乡村的人员结构、产业结构、土地制度等方面都产生着潜移默化的影响，这一改变也对乡村治理提出了新的要求，尤其在乡村开放和变化的过程中，乡村治理体制机制如何做到与时俱进，如何应对现代化治理理念的挑战，已成为乡村治理所面临的当务之急。

（二）传统城乡二元结构向城乡一体化转型

目前，已经有部分发达国家的乡村实现了城乡一体化，我国乡村也正在向着城乡一体化进行转型，但乡村与城市之间还具有明显的二元结构。中国城乡二元结构自 20 世纪 50 年代以来始终保持较稳定状况，并在市场化、城镇化发展中不顾国家统筹发展政策干预，继续进行自我强化[①]。在这种结构下，乡村和城市的发展方向也呈现出截然不同的趋势。值得注意的是，由于我国实行户籍制度，这导致"人户分离"现象十分普遍。也导致了产权归属不明、分配制度不公和公共服务不均等的情况长期存在。

2014 年，国务院发布《关于进一步推进户籍制度改革的意见》提出：建立城乡统一的户口登记制度。取消农业户口与非农业户口性质区分和由此衍生的蓝印户口等户口类型，统一登记为居民户口。《关于进一步推进户籍制度

---

① 吴业苗.城乡二元结构的存续与转换——基于城乡一体化公共性向度［J］.浙江社会科学，2018（4）：86-92.

改革的意见》的发布，标志着我国长期以来以"农民"来区分户口性质的方法退出了历史舞台，从此，城乡一体化转型的速度加快。但是，随着这一转型的加快，乡村治理也面临着新问题和新挑战。

为了实现乡村治理现代化的目标，需要综合考虑城乡发展的各个方面，尤其要建立起与城市发展规律和乡村现实情况相适应的治理体系，并且构建与城乡发展趋势相吻合的党建格局。有学者认为，在统筹城乡综合配套改革的背景下，县、乡、村治理结构的改革模式应该是："强县—简乡—联村"[1]，即通过利用城市力量推动县域和乡村的发展，实现城乡相互促进、协同发展，从而实现县、乡、村的优势互补。为了适应城乡生产要素自由流动、重新组合的新趋势，并满足以城市为引导、城乡互相促进的新要求，针对构建新的城乡统筹的基层党建格局，需要加强资源整合，建立新的机制，以确保工作经费得到有效保障。因此，在新时代的乡村治理中，必须充分考虑城乡一体化对治理工作带来的复杂局面，并进一步统筹做好治理工作。

（三）乡村经济从"旧常态"向"新常态"转型[2]

我国在各领域取得的历史性成就离不开经济的快速发展。然而，经济"旧常态"往往只注重经济增长的速度，而对增长质量的关注较少，这种只注重速度的增长方式面临着较大的瓶颈。目前，在我国步入经济发展的"新常态"时期，经济社会迎来了新机遇和新挑战，乡村建设也进入了一个新时代。在这个"新常态"的背景下，互联网的发展与健全的农村政策带来了大数据信息技术的进步，促进了农村发展呈现出多样化、市场化、开放性、创新性

---

[1]　尹希果，陈彪 . 论统筹城乡综合配套改革试验区的基层县乡村治理结构改革 [J]. 经济体制改革，2010（4）：85-89.

[2]　习近平总书记在 2014 年首次提出"新常态"概念，并对其进行了论述："中国经济呈现出新常态，有几个主要特点。一是从高速增长转为中高速增长。二是经济结构不断优化升级，第三产业、消费需求逐步成为主体，城乡区域差距逐步缩小，居民收入占比上升，发展成果惠及更广大民众。三是从要素驱动、投资驱动转向创新驱动。新常态将给中国带来新的发展机遇。"

以及符合时代潮流的特点，加快了乡村经济社会转型升级的速度。

尽管在新常态下，我国乡村经济发展的转型速度明显提升，取得了许多新的进展，然而仍然存在许多困扰和限制，涉及制度、生态、技术等多个领域。

第一是制度转型问题，制度转型是乡村经济发展转型的重要组成部分，然而目前乡村的制度转型存在许多问题。财政政策的滞后成了一个突出的问题。尽管国家和地方政府在近年来大幅增加了对农民的资金支持，但这些资金在实际使用中并没有充分发挥支持和推动的作用。一方面，财政资金的投入结构并不合理，大部分资金被用于个体农户的土地承包和传统农产品生产上，缺乏协调运用的引导机制，导致各个部门与农民个人之间的资金分配和协调使用缺乏高效沟通，使得补贴资金的使用效率较低，并存在资金短缺和浪费的情况。另一方面，乡村地区的金融市场发展相对滞后，乡村地区金融机构的数量较少，而且经营范围较小，已经难以满足目前乡村群众的需求。另外，乡村金融市场的发展程度相对较低，金融机构的数量有限且经营规范程度较低。在乡村振兴战略中，普惠金融在乡村的发展中也被视为关键一环。然而，目前我国的乡村金融市场制度存在许多不规范的情况，缺乏对金融机构设计新型农业金融产品以及与乡村企业和农民等经济主体之间沟通协调的引导作用。此外，对金融市场上借贷行为的监管不足，对乡村金融生态的健康稳定产生了影响。

第二是技术转型问题，在经济新常态下，随着互联网、大数据和人工智能等新技术的不断发展进步，科技在促进经济发展方面的作用愈加明显。从乡村治理的角度来看，科学技术对乡村经济的转型也有着至关重要的作用。然而，目前乡村经济发展中，技术转型和科技创新存在着许多阻碍。一方面，资金约束问题突出。近年来，政府高度关注数字乡村和智慧乡村建设，并大量投入财政补助和资金拨付。但是，在实际的乡村产业经营中，技术投入和创新扶贫资金的申请还存在着手续多、申请周期长的问题，加之很多偏远地区获得的资金较为有限，地方政府在推广相关政策方面的力度也相对较弱。另一方面，农业生产技术的创新投资成本较高，且资金回收的周期长、风险也较大，这也给乡村地区技术转型带来了很大的阻碍。另外，需要注意的是，乡村经济主体对技术创新和技术转型等问题也不够重视，对新技术的了解与相关知识的掌握较为薄弱。这些因素加在一起，进一步阻碍了农业经济在技术层面的转型。

第三是绿色生产转型问题，新常态时期，对于可持续、绿色和循环生产的关注度不断增加。在乡村经济发展中，提高资源利用效率和保护生态环境的重要性变得越来越明显，这是实现乡村经济高质量转型的关键。然而，目前我国乡村经济绿色转型面临一些挑战。首先，我国乡村的绿色产业体系还不够完善，小规模农户在农业生产过程中过度使用农药和化肥等要素，导致资源浪费和环境破坏问题严重，这对于构建农业绿色产业体系提出了较大的难题。其次，我国乡村环境保护法律法规较为滞后。长期以来，对乡村地区的治理更加偏重于经济发展和乡村建设，在制定地区发展战略和相关政策时对生态环境保护的重视程度不够。所以导致与环境保护相关的法律法规体系不完善、不健全。对于一些已经存在的环境保护法，也在实施时缺少可行性，导致一些乡村地区的水污染和土壤污染等环境问题难以得到有效治理。这些情况限制了乡村经济的绿色转型。

经济新常态对乡村治理提出了新的要求，因此，要跳出旧有思维模式。在旧常态中，乡村经济发展的首要任务是扩大经济规模，满足基本的生活需求。而在新常态下，人们已经由对基本生活需求的关注转向了对政治、经济、社会、文化、生态等全方位美好生活的期求，乡村治理需要更高的治理水平。乡村治理体系的传统模式主要由乡政府和村"两委"共同进行有计划的管理，以实现特定阶段的任务。然而，在新的发展态势下，我们必须开拓思路，创新治理模式，以人民为核心，贯彻新的发展理念，使治理方式和目标与当前的经济形势相适应，从而使乡村治理体系变得更加完善。

二、东西部发展区域平衡性挑战

我国土地辽阔，但是区域发展存在不均衡的现象，这也是我国地域经济状况的显著特征。我国东西部的发展差别很大，东部沿海地区拥有独特的区域优势，可以更直接地受益于国家的开放政策，东部地区的城市化和市场化进程较早，成为我国经济相对发达的地区。此外，东部乡村也因为地理上的优势和开放机会的出现而取得了迅速发展，特别是位于江浙沿海的乡村已经发展成为"城乡一体化"的城市带，从而推动了乡村经济的快速发展。然而，在大多数中西部地区，乡村仍然以农业为主，尽管近年来取得了长足的发展，但与东部相比仍存在较大差距，整体上仍处于相对滞后的经济发展水平。因此，这种区域发展水平的不同导致了中国乡村明显呈现出"东部"和"中西部"的二元结构，即东部沿海发达地区的乡村和中西部大部分地区的农业型乡村。

乡村发展的区域差异导致了乡村治理的基础存在显著差异。在东部发达地区的乡村，乡村治理的社会化程度相对较高。除了村"两委"和村民以外，社会组织、民间组织，尤其是乡村中的企业家，在乡村治理中也发挥着重要的作用。企业家之间的竞争或联合在很大程度上决定了乡村治理的核心特征。例如，在东部沿海地区，许多乡村干部是由企业家担任的。他们不仅具备推动乡村发展和统筹协调的能力，而且可以协调企业与乡村之间的关系，实现互利共赢、共同发展的局面。相比之下，中西部的乡村大多属于农业型乡村，没有与城市形成紧密的联系，市场经济渗透较低，这些乡村的经济发展和就业机会相对较少。中西部乡村的农业现代化程度较低，缺乏规模化经营，社会治理模式比较单一，人口密度低，总体处于人口外流型乡村社会形态。东部和中西部乡村的巨大差异给我国乡村治理现代化的开展带来了巨大挑战。因此，有必要根据不同地区乡村各自的客观实际情况来制定不同阶段的现代化目标。

针对乡村治理现代化的阶段性目标，东部和中西部乡村应该采取不同的策略。当前，东部发达地区的乡村面临着一系列问题，包括：早期粗放发展导致资源利用低效、早期发展中缺乏科学规划限制了后期发展，以及面对大量外来人口时显示出公共服务能力不足等。因此，东部乡村治理现代化的目标在于加强党的领导并改进乡村的体制和机制来推进法治化、专业化、智能化，通过现代化治理方式，升级发展模式，科学规划乡村建设，提高公共服务能力，从而实现乡村的强盛、富裕、美丽。对比之下，中西部地区乡村治理基础相对较差，乡村人口受教育水平较低，村民思想较为封闭，人口"空心化"的情况突出。因此，其现代化治理首要解决的问题为完善基础设施和公共服务，促进乡村产业发展，以吸引人口回归。在此过程中，要注重思想和技能方面的教育，乡村治理现代化的根本还是要依靠治理主体，即高素质的村民。

三、土地产权制度改革的挑战

自党的十八大以来，为了建立具有明确所有权、完备权能、顺畅流转和严格保护的中国特色社会主义农村集体产权制度，我国一直在积极推动改革，取得了一系列显著的成就。党的十九大报告进一步明确提出，"巩固和完善农村基本经营制度，深化农村土地制度改革，完善承包地'三权'分置制度，保持土地承包关系稳定并长久不变，第二轮土地承包到期后再延长三十年"[①]。产权结构的变动是治理目标实现的原因，产权本身则是实现治理目标的有力工具。然而，我们必须意识到，改革土地产权制度涉及乡村社会各个阶层的不同利益，因此需要协调各方之间的关系，从而建立更加完善的乡村治理机

---

① 李飞，周鹏飞.巩固和完善农村基本经营制度——刘振伟谈农村土地承包法修改［EB/OL］.（2019-01-04）［2023-12-01］.http://www.npc.gov.cn/zgrdw/npc/xinwen/2019-01/09/content_2070404.htm.

制，以应对可能引发的社会矛盾和问题。

农村土地制度对亿万农民的利益至关重要。要坚定维护农村土地的集体所有性质。谨慎推进适应发展趋势和渐进方式的改革。土地承包制度的完善应与未来农业经营方式相适应。这种适应包括从家庭小规模分散经营到适度规模的家庭农场或专业合作社经营，再到专业化、现代化的综合经营。最终目标是形成农工商一体化、第一、二、三产业融合发展的现代农业基本经营方式。为实现这样的目标，必须相应调整土地制度。尽管我国正处于人口从乡村向城镇转移的社会结构调整阶段，但想要稳定下来仍需要相当长的时间。乡村集体产权制度改革正在不断向前推进，而土地制度是这一改革的核心之一，需要与之相协调。因此，我们必须认识到，符合我国国情的农村土地制度完善将是一个历史过程，不可能一蹴而就。

在进行土地产权制度改革的过程中，乡村治理面临着一系列难题，其中最重要的是要解决村"两委"、村民和企业之间的关系。首先，需要关注的是村民的主体地位和合法权益是否得到充分保障。在"三权分置"制度下，企业通过参与土地流转经营，成为乡村治理的一环。对于拥有闲置土地的村民来说，流转土地可以帮助他们获得更多的收益，而企业具有更专业的经营和管理能力。然而，在此进程中，必须充分考虑村民对土地流转的意愿，不能单方面追求整个村庄的经济利益而牺牲一部分村民的权益，否则可能引发纠纷和群体性事件。其次，乡村治理还需应对的难题是如何发挥村"两委"在土地产权制度改革中的应有角色。在许多乡村中，村支部书记兼任合作社社长，这种情况导致村委会除了履行乡村治理的领导和服务职能外，还可能通过行政手段干预经济合作社，并与企业进行交易，损害村民的合法利益。因此，需要完善村委会在村民和企业之间的协调机制，以防止管控过于严格的问题出现。

乡村治理需要解决土地产权制度改革所带来的"空心化"问题，因为土地是乡村居民的生命之本，是乡村资源的核心。在乡村一体化的情况下，土地的流转会促使农民将承包土地流转给企业或经济合作社，进而更倾向于在城市就业，特别是对于青年而言，随着子女教育问题的解决，越来越多的人更愿意在城市立足。当然，土地流转的实施不仅能够解决土地闲置的问题，同时也能释放土地的生产力。此外，土地流转还可以促进乡村经济结构的调整和乡村劳动力向城市的流动，从而导致空巢老人数量的增加。因此，进行现代化的乡村治理就需要采取措施来留住人才和劳动力，实现乡村主体的多元化和社会化，并提高治理水平。为了使乡村发展与产权改革目标保持一致，必须解决乡村"空心化"的问题，因为如果没有人才和劳动力，乡村治理就无法有所作为。因此，在产权制度改革的背景下，应该如何在顶层设计和地方实践中处理好关系，运用现代化的治理理念和管理方式来推动乡村产业的发展，并吸引人才返乡，这是当前乡村治理过程中的一个重要问题。

四、乡村社会阶层变化的挑战

随着我国经济社会的快速发展，乡村的生产方式和生活方式已经发生了明显的变化。这种变化导致了乡村基层的明显分化，并逐渐塑造了新的社会阶层。因此，不同社会阶层就乡村治理的利益诉求产生了多样化。这种多样化给乡村治理现代化带来了新的挑战。

乡村社会阶层的划分不是十分明确，但根据乡村社会发展的现实情况，大致可以分为农村企业主和商人阶层、新型职业农民阶层、农民工阶层、农村干部阶层、传统农民阶层等。[①]

具体来说，农村企业主和商人阶层的形成主要是在20世纪90年代，那时正处于乡镇企业蓬勃发展的时期，很多乡镇企业如雨后春笋般出现。随着我国市场经济体制的不断完善，这些乡镇企业也逐渐在政策引导下成长为现

---

① 范拥军.乡级治理现代化研究［M］.北京：中国社会科学出版社，2018：90.

代化企业。虽然，农村企业主和商人阶层的人数相对较少，但他们对推动乡村发展、治理改革等方面发挥了重要作用。但在此过程中，他们中的一部分人也凭借着身份优势，占据了乡村的土地和矿产资源，这一问题应加以重视。

近年来，国家和地方政府也对养殖大户、家庭农场等新型乡村经营主体实施了一系列支持和优惠政策，以对其进行鼓励，这给新型职业农民阶层带来了巨大的利益。根据 2018 年农业农村部发布的《全国新型职业农民发展报告》，全国新型职业农民的数量已经超过 1500 万。这表明，合作经济和家庭农场将成为农村未来发展的重要方向。

农民工阶层的出现主要是城乡发展不均所致，主要由青壮年组成，且农村人口大规模向城市流动，主要流向一二线城市或沿海地区。这一阶层的人口生活在城市，但家在乡村，打工获得的收入是其家庭收入的主要来源。

农村干部阶层主要由村支部和村委会干部组成，一般每个行政村都会有 5—8 名村干部。这一阶层是推动乡村事务执行和推动党和国家政策有效执行的关键人物，乡村治理成功与否与这一阶层密切相关。

传统农民阶层则沿袭了家庭联产承包责任制的经营方式和生活方式，主要通过种植和养殖等方式来维持生计。这一阶层中，由于缺乏能力或需要照顾老人和孩子而无法外出务工，成为乡村里经济条件比较差、社会关系简单、话语权不强的弱势群体，是需要在乡村治理中优先予以关注的对象。

农村社会阶层正在经历巨大的转型，各个阶层在资源获取、生活方式、工作方式、价值观和利益诉求等方面存在差异。因此，在乡村治理过程中，面临着如何建立现代化治理机制的问题。这一机制需要确保各个阶层都能享受到政策带来的福利，并协调各方之间的关系，实现均衡与全面的发展。此外，如何进一步完善民主法治，激发不同阶层多元主体的积极性和主动性，也是新时代乡村治理所面临的问题和挑战。

第二节　我国乡村治理的内部问题

多年来，我国在乡村治理方面进行了顶层设计和基层探索，这为我国的现代化事业奠定了坚实的基础。然而，随着国家实施乡村振兴战略和广大村民对农业农村现代化的期待和憧憬，必须进一步构建多元化、民主化、法治化、科学化的乡村治理体系和具备高效的治理能力。然而，乡村治理的制度建设和能力建设与现代化的治理要求之间存在显著差异，其主要体现在以下方面：基层党组织在乡村治理方面的领导能力减弱，乡村治理体制机制不够完善，以及乡村治理主体的现代化能力不足等。这些内部问题对乡村各项事业的发展产生制约，相对于现实挑战来说，问题更加错综复杂。

一、部分基层党组织的领导力有待加强

近年来，乡村经济社会的环境发生了巨大改变，部分乡村基层党组织的发展陷入了困境，出现领导力减弱的情况。面对此问题，需要尽快让乡村基层党组织摆脱发展困境，全面提升基层党组织的领导能力。

（一）基层党组织的战斗堡垒作用有待加强

在实现乡村振兴和乡村有效治理的过程中，乡村基层党组织是党领导乡村工作的核心力量，充当着领航者、推动者和实践者的角色，是党在农村全部工作和战斗力的基础。乡村基层党组织是乡村治理体系和治理能力现代化过程中至关重要的决定性因素。然而，在某些地方，城乡发展不平衡、乡村

发展缺乏活力，这给乡村治理带来了严重的挑战，同时也对乡村基层党组织提出了更高的要求。

乡村治理的主导力量为农村基层党组织。基层党组织始终扮演着联系人民和其他社会主体的纽带和桥梁的角色。在乡村地区，基层党组织战斗堡垒作用的充分发挥直接影响党的方针政策在实践中的贯彻和落实，进而影响到党在乡村治理中核心作用的发挥。然而，目前有些地区，乡村基层党组织的战斗堡垒作用未能得到充分发挥，主要因为以下几个方面：一是自身组织建设和执行力度不够。一些党组织未能切实遵循党支部的工作原则，召开党员会议和委员会议时缺乏规范、严肃和果断的态度，导致时间、场所、人员和效果等方面面临一系列的挑战。在基层党组织长期松散的情况下，党员的党性和组织观念可能会逐渐减弱。党内活动和思想汇报等也容易走向形式主义，从而严重削弱党组织的凝聚力和战斗力。二是乡村基层党组织对党的核心价值理念的宣传过于空洞和程式化，难以触动乡村党员的内心深处。当前，乡村地区党员队伍的年龄偏大、文化程度偏低、工作能力偏弱，50岁以上和初中文化程度以下的占大多数，他们不擅长主动学习新知识和新理念。为使乡村党员能理解党的核心理念和大政方针，需要将这些理念和方针生动具体地"活学活用"，这样有助于深入人心，被乡村党员接受和记忆。因此，党的政策和方针是否能真正地深入到乡村地区的千家万户，成为当前乡村治理需要解决的一大难题。三是部分乡村党员干部的服务意识不强，很难联系和服务群众。目前，在我国乡村地区，基层干部和农民的互信度仍有待提高，互动性也有待加强。有效解决信任危机的关键在于提升村干部的教育程度、增强专业知识和强化实践经验和素养等方面。通过加强培训和选拔优秀人才等措施，可以全面提高村干部的能力和素质，从而根本性地增强农民对村级管理和领导层的信任。同时，设立完善的村级权力限制机制，加强对村干部的监督和管理，切实防止腐败和滥用职权现象的发生，提升农民对村级管理和领导层的信任。

有些乡村基层党组织和村委会职能的定位不够明确，导致未能充分发挥作为战斗堡垒的重要作用。这种情况主要有以下两方面原因：一方面，由于对基层党组织在乡村领导方面的误解和受传统思维惯性的影响，一些乡村"两委"的关系变得错综复杂，导致村"两委"的领导权和自治权的划分不明确，甚至引发了严重的矛盾和冲突。为了解决这个问题，需要对乡村党组织的领导作用进行现代化定义和说明。此外，在发挥领导作用时，也需要推进党内改革，探索更积极的民主方式。另一方面，乡村基层党组织没有相应的法律依据来对集体经济进行管理。以前，乡村基层党组织集"党、政、经"三位一体，具有行使集体土地所有权和管理集体经济的权利。然而，在《中华人民共和国村民委员会组织法》出台后，行政管理权回归到了村委会，实行村民自治。这使得乡村基层党组织在新一轮"两权确权"过程中，失去了管理经济的权力，无法合法地领导经济工作。因此，乡村基层党组织的领导权缺乏明确的法律依据，也无法合法运作权力。

（二）乡级党委需加强乡村社会控制力

乡政府、村党支部和村委会是乡村治理的主要推动力量。乡政府作为国家政权组织体系的基层单位，在推进乡村政策、推动乡村改革和促进乡村发展方面发挥着不可替代的独特作用。尤其在乡村治理中，乡级党委扮演着至关重要的协调和统筹规划的角色。然而，我国正面临着快速推进新型工业化、信息化、城镇化和农业现代化的挑战，这导致乡村社会正在全面转型。这些变化使得一些地方乡级政府的治理资源减少，对乡村社会的控制力也在减弱。

取消农业税后，乡级政权的财政来源主要依靠国家的财政转移支付，这导致了乡政府正常收入和支出的锐减。在此情况下，乡村的义务教育和道路建设等公共服务仍需要乡级政府提供支持。然而，这种财权与事权的不对称，使得乡级政府面临着一定的挑战。在财权减弱的同时，乡级政权党委对乡村的控制力也受到一定程度的影响。此外，取消农业税前，乡政府的财政来源主要依靠"三提五统"等费用，这使得乡政府在基层农村对村民有着较大的影响力。而现在随着农业税的取消，这种影响力大大减弱，从而疏远了乡级政府和村民之间的关系，进一步影响了干部的稳定。

部分乡级政权党委定位明确不足，降低了他们在乡村社会的凝聚力。根据政权划分规定，自治组织村民委员会独立于行政组织，乡政府的职责是为村委会提供指导、支持和协助。然而，事实上，部分乡级党委常常无法明确自身职能，直接插手村民自治组织的运作和乡村事务的开展，导致乡级党委与村民自治组织之间产生矛盾，进而降低了村民对乡级党委的信任度。

二、乡村治理体制机制有待完善

乡村治理的"体制"通常指涉国家行政机构、村庄和企事业单位等内部以及各组织机构之间的组织架构、权力监督、运作方式和权责分配等方式。而"机制"侧重于通过某种协调模式，将各个部分有机地融合成一个整体，以使它们在体制上有效发挥作用。乡村治理体制机制存在不完善的问题主要表现在需要建立多元主体共治体制、乡政府职能存在越位缺位问题、"四个民主"发展滞后以及矛盾解决机制不健全等方面。

（一）乡村治理亟须建立多元主体共治机制

乡村治理主体是指参与乡村治理实践的政府、利益相关方以及他们的体制和结构形式。在当前的农村社会，乡村治理主体可以分为体制性和非体制性两种类型。体制性主体包括乡镇政府、村委会、村民代表大会和村民，而非体制性主体包括各种农民组织、宗族和体制外的精英力量。从主导组织模式的角度来看，乡村治理主体可以被划分为以村委会为代表的正式行政组织、以企业为代表的正式经济组织以及以个人或宗族力量为代表的非正式组织。

乡村治理现代化的一个显著特点是多元共治，这种治理模式与乡村社会多元化发展的内在需求密切相关，可以作为乡村自治的重要补充和推动力。目前，我国乡村正经历快速转型，市场经济快速发展，各类市场主体和社会组织也在迅速增长，多元共治呈现出良好的发展态势。然而，由于受历史和现实一些因素的影响，我国乡村仍然难以完全摆脱集权的治理模式，治理主体相对单一，缺乏包括村民、社会组织和企业在内的各种治理主体的体制机制保障，导致很多地方乡政府和村"两委"占据了主导地位，各治理主体之间缺乏合作，削弱了村民自治的力量。首先，乡村政府和村"两委"部分干部的意识中缺乏乡村多元共治的观念，常常只采取行政手段来管理，对于"问计于民、问需于民"的良好理念缺乏内心认同和付诸行动的意愿。其次，村民的政治参与积极性和自觉性较低，尤其是主动开展乡村自治活动的村民几乎没有。这一现象在全球范围内普遍存在，农民真正出于自主意识进行投票、选举等政治活动的比例一直很低。最后，各治理主体，尤其是社会组织和企业，缺乏完善的乡村治理参与体制和机制。多年来，宪法和法律以及一些村规民约对于村民参与治理的制度和方式进行了不断改进，但对于新型社会组织和企业如何参与乡村治理的明确规定较少。缺乏多元共治机制会使治理主体不稳定，无法充分释放其全部潜能，同时，也会限制乡村自治的发展。

（二）"村治"被"乡政"影响

在过去的四十多年里，乡政村治一直是我国乡村治理实践的核心，并在不断完善中逐步走向成熟。但是，一些地方由于权力界定不清，"村治"被"乡政"干预的现象仍然常见。

第一个问题是"乡政"在民主决策中的干预现象比较明显。乡镇政府凭借其指导权和组织权威等优势，对村委会的选举和决策产生了影响。在许多地方，乡镇政府通过类似的手段以间接的方式领导村委会，从根本上破坏了自治的独立性。此外，乡镇政府有时会以各种方式介入村委会的决策过程，特别是在需要紧急实施政策的时候，常常直接行使决策权。这种情况明显违背了乡村治理的制度初衷。

第二个问题出现在乡政过多干预村庄的财务事宜。随着农村集体经济逐年增长，村庄财政支出规模不断扩大。无论是乡镇政府还是村民，都高度关注村级财务事务。为了推进乡村治理，必须加强村庄财务管理的规划性和专业性。目前，财务管理制度和管理人员尚未完全适应农村发展的新要求。为解决这一问题，有些乡政府开始直接管理或监督村级财务，直接干预村民自治，这一行为违背了"乡政"指导"村治"的制度，不符合乡村自治长期发展的规律和要求。

（三）乡村自治中"四个民主"发展平衡问题

乡村自治是一种直接民主形式，其主要要素包括选举、决策、管理和监督，旨在激发乡村居民积极参与乡村社会事务的治理的热情。这种形式为广大村民提供了机会，使他们可以积极参与乡村社会事务的管理。但在我国村民自治的实践中，自治体制本身存在一些问题，这些问题影响了乡村治理现代化的发展。

"四个民主"指的是村民自治的四个具体环节，包括民主选举、民主决策、民主管理和民主监督。这种制度不仅是村民自治的核心要求，也是与历史上其他农村基层管理制度区别开来的核心特征。然而，在某些地区，发展"四个民主"存在不平衡的现象，重点往往放在民主选举上，而后续的三个环节相对滞后甚至形同虚设，难以有效贯彻。由此带来的问题是，选举成为村庄内各种政治和社会力量争夺的焦点，候选人的动机更倾向于个人和小团体的利益，从而增加了贿选和不正当竞争的可能性。

民主选举作为反映民意、维护村民利益和促进参与乡村治理的主要方式，现实中却面临着一些制度缺陷。例如，某些地区出现了过度角逐或选票分散等问题，给组织工作带来了极大的挑战。另外，一些地区的村民对选举活动缺乏热情，特别是在一些经济落后的地区尤为突出。

在乡村治理中，"四个民主"中的民主决策是最为核心的环节，直接牵涉政策的科学实施。然而，目前仍有一些地方的民主决策未能得到全面贯彻。一方面，村民的参与度不高，许多村务事项依旧由村"两委"和主要干部商量处理，村民大会等议事机构的作用不够明显；另一方面，民主集中制并未得到有效实施，决策制定过程中缺乏充分考虑村民的意愿，同时，决策执行结果也没有相应的追责机制。

在乡村自治中，民主管理是具体落实的重要环节。然而，有些地方在制度方面的设计存在问题，导致村民在制度建设中处于边缘化地位，缺乏足够的话语权，使得村民的民主管理权利得不到充分维护，进而影响了村民参与民主管理的积极性。此外，相关的村规民约也不健全，尚未形成一套被全村大多数人认可且愿意共同遵守的准则，使得村干部在实施村务管理过程中存在随意性，只能根据惯例或个人意愿进行管理。

民主监督贯穿整个"四个民主"流程，其目的是防止个别干部或村民以非法手段损害整体村民的利益，并且监督和推动乡村公共权力在透明的环境中运行。然而，在某些地方，民主监督方面的不足也很明显。虽然相关规定对村级组织和两委干部进行了监督，但实际上存在着不执行的情况。同时，村务公开的落实不够彻底，许多村务公开只是形式上的，缺乏有效的约束。

（四）乡村社会利益表达机制有待健全

在如今高度信息化和现代化的社会环境中，维护和实现公民基本权利至关重要，民众和社会团体的利益表达和矛盾解决机制则是有效保证这一目标的途径。这些机制不仅是构成科学决策和民主决策的基石，也是现代治理的核心要素。只有充分发挥这些机制的作用，我们才能推进社会的良性互动，并实现社会环境的和谐稳定。然而，近年来一些乡村地区出现了一系列社会问题，包括土地问题、产权问题、社会保障问题、干群关系问题等。

在许多地区，县乡人民代表大会和村民代表大会是主要的制度安排，用以表达村民的利益诉求。然而，由于执行过程中会出现程序走样等现实情况，人大代表成了一种名誉和象征，而不再是真正代表村民利益的主要渠道。另外，村民也可以通过信访制度来表达他们的诉求，但是该制度本身存在一些问题，信访部门缺乏权力和处置能力，通常只能转交案件；长此以往，甚至出现了一些专业的上访户，对信访机制构成了新的挑战，从而削弱了其原有的功能和作用。

三、需要进一步加强乡村治理主体现代化能力

为了实现乡村治理的现代化，不仅需要将改善乡村治理体系作为支撑，还需要治理主体具备现代化的能力。目前，有些地区的治理主体的现代化水平相对较低，主要体现在以下三方面：一是乡镇政府和村"两委"在乡村治理中智能化水平较低；二是村民参与乡村治理的专业化水平较低；三是社会组织参与乡村治理的能力相对较弱。为了提高乡村治理能力现代化水平，需要加强对治理主体的培养和训练，提升他们的能力水平。

（一）乡镇政府和村"两委"乡村治理的智能化水平较低

随着互联网和大数据技术的不断发展、移动智能终端的不断普及，人们的生产和生活方式也发生了巨大的变化。这种变革正迅速地影响和改变着乡村地区，从根本上推动着乡村治理机制的更新和变革。虽然，近年来国家和地方政府增加了乡村地区信息基础设施的投资建设，但与城市地区相比较，乡村地区的信息化基础设施建设仍然相对滞后，很多乡镇政府和基层组织也没有智能化的管理平台和政务服务系统，这对乡村基层治理的效率产生了严重的影响，并限制了乡村治理决策的科学性和准确性。

首先，由于乡村干部的知识水平和信息技能水平有限，他们对现代政务服务系统相对陌生，并缺乏积极主动地学习和运用的意愿。此外，乡村地区，

尤其是偏远山村，信息技术的普及率较低，许多中青年人外出城市就业，导致乡村干部的服务对象主要是老年人和幼童，该现象进一步限制了信息化和智能化在乡村地区的推广。

其次，乡村治理存在明显的"治理碎片化"和"信息孤岛"现象。所谓"治理碎片化"，主要体现在乡村各个个体各自负责自己的领域，存在权责不清晰、智能资源整合不充分、治理渠道不畅通等治理问题。"信息孤岛"则指不同信息主体之间缺乏一个共同的整合系统，各个主体都为了达到自身目标而收集、保存和使用信息，但没有建立共享、共赢的体系。这种"非智能"的乡村治理导致乡村成为一个"信息孤岛"，限制了乡村决策的科学性和准确性。因此，需要思考如何使乡村基层行政工作适应信息化、智能化的发展，以发挥智能化在促进参与和扩大民主方面的作用。

（二）村民参与乡村治理的专业化水平较低

大多数乡村居民在教育水平上与城市居民存在差距，乡村居民少有机会前往企业交流学习或参加专业培训，导致他们缺乏深层次管理知识和高科技技能，影响了乡村的专业人才储备，限制了集体经济运作水平的提高，这使得乡村治理专业化受到阻碍。在目前的乡村治理环境中，我国大多数乡村缺乏能力强、高素质的专业乡村管理队伍。由于一些乡村地理位置偏远、发展水平较低、基础设施不完善等多种因素，部分乡村吸引人才的能力非常有限，很难吸纳城市中的专业人才，甚至在乡村居民前往城市学习后也不愿意回到乡村发展集体经济。此外，部分村民的意识相对滞后，限制了他们专业能力的提升。大多数村民的视野狭窄且缺乏创新思维，尽管他们在专业能力方面存在一定局限，但对于自我提升缺乏迫切的渴望，这给提升乡村治理的专业水平带来了巨大的困难。因此，我们必须认识到村民参与乡村治理的专业水平相对较低和乡村治理现代化的需求之间的紧迫矛盾，并需要从乡村振兴的整体发展角度来正视和解决这个问题。

（三）社会组织参与乡村治理的能力较弱

《国家乡村振兴战略规划（2018—2022 年）》中指出："搭建社会参与平台，加强组织动员，构建政府、市场、社会协同推进的乡村振兴参与机制。创新宣传形式，广泛宣传乡村振兴相关政策和生动实践，营造良好社会氛围。[①]"目前，我国参与乡村治理的社会组织构成较为丰富，包括了企事业单位、一般社会团体、协会和半官方性质的组织等。从全国范围内来看，目前乡村社会组织的规模较小，缺乏独立性，并且无法有效进行内部治理。此外，乡村社会组织筹集社会资源的能力有待提升，整体而言，它们参与乡村治理的能力较弱，与构建现代化乡村治理体系的要求存在一定的差距。

乡村社会组织的独立性和治理能力需要进一步加强。首先，要充分发挥社会组织的作用和潜力，保障其独立性显得尤为重要。然而，受乡村发展政策的影响，社会组织在获取人力和物力资源时过度依赖政府部门。为了实现乡村振兴战略的目标，需要协调政府、市场和社会之间的关系，因此，社会组织应明确定位，增强独立性。其次，乡村社会组织需要加强内部治理能力。目前，法人治理结构不完善，自身决策和运行机制不健全，缺乏文化建设和公信力，这些都限制了社会组织的能力发挥。最后，乡村社会组织还面临资金短缺的问题。除了群团组织和企事业单位，大多数社会组织都没有稳定的长期资金来源，自筹能力相对较弱，这也严重制约了它们积极参与乡村治理的积极性和主动性。

---

① 详见《国家乡村振兴战略规划（2018—2022 年）》。

第四章　新时代我国乡村治理现代化的基本思路

当前，我国正处于迈向社会主义现代化国家、巩固脱贫攻坚成果、推进乡村振兴的关键阶段。社会转型正在从传统乡村社会向城乡一体化社会过渡，因此乡村治理现代化改革势在必行。如何推动乡村治理现代化以促进乡村善治对于乡村全面振兴具有重要意义。前文已经探讨了目前我国乡村治理面临的主要问题，本章将研究新时代我国乡村治理现代化的基本思路，旨在有针对性地完善乡村治理体系，全面提升乡村治理现代化能力，为实现乡村振兴提供有力支持。

第一节　明确推进乡村治理现代化的主要原则

在乡村治理的进程中，我们必须清晰地确定方向和原则，明确由谁领导乡村治理现代化、主要的实行措施以及最终的目标是什么，以免在推进乡村治理现代化的路上迷失前行方向。在新时代推动乡村治理体系和治理能力现代化时，我们必须贯彻"党领导一切"的原则，把解放和发展乡村生产力作为乡村治理现代化的核心，以村民共同富裕为动力，推动乡村治理现代化沿着中国特色社会主义道路稳定前行。

一、党的全面领导是乡村治理的根本

乡村治理的关键在于全面加强党对乡村治理工作的指导。其中的重点是要激发乡村基层党组织的活力，让充满活力的基层党组织充分发挥其作为领导者的作用。在这一过程中，要始终遵循习近平新时代中国特色社会主义思想的指导，注重建立以党的基层组织为核心、以村民自治组织为主体的治理模式。同时，还要按照产业兴旺、生态宜居、乡风文明、治理有效、生活富裕的总要求，加快推进农业农村现代化进程。党对乡村治理工作的全面领导是推进乡村治理现代化的核心任务，必须切实实施党建工作，提高党建引领能力，以增强党的全面领导作为乡村治理的基石。

首先，在提高乡村党组织的政治领导力方面，应完善基层干部管理机制。可以尝试采用法定程序，让村党组织书记兼任村民委员会主任及村级集体经济组织和合作经济组织负责人。此举将加强对基层组织的政治领导，进一步强化党组织的地位和权威。此外，还需注重提升基层党组织书记的履职能力，以提供有力支持实现乡村治理现代化的目标。

其次，乡村党员的管理也需要加强。为了解决党员与党组织之间出现的"失联"现象，可以采用创新的管理方法。可以运用微信等社交媒体平台，实现党员之间的沟通，促进党员与组织之间的互动和信息共享。同时，借助农民党员熟悉的语言、成功案例和方式，及时解读党的方针政策，加强党组织对农民党员的支持和援助。这些措施可以有效地加强党员与党组织之间的联系，解决"失联"问题。

最后，加强乡村青年的培育也是十分重要的。青年是国家的希望和未来，也是参与乡村建设以及党组织注入新鲜血液的重要群体。为了让青年人积极参加到乡村治理中，党组织应充分利用组织优势，与共青团展开合作，积极开展青年教育和培训工作。培养年轻党员成为新型职业农民，能够全面推进乡村治理现代化建设，推动新时代乡村治理的不断进步。

二、以解放和发展生产力为乡村治理的核心

乡村治理的现代化需要通过解放和发展生产力来达成。在乡村治理中，将解放和促进乡村生产力发展放在核心位置，与我国以经济建设为核心的原则是相一致的。扎实推进解放和促进乡村生产力发展，不仅为完善乡村治理制度提供了实实在在的物质基础，而且能够显著提高村民的生活水平。因此，乡村治理主体必须确立共同的目标，采取利于促进生产力发展的治理方式。如果乡村生产力无法得到解放和发展，乡村治理就会失去其核心精髓。因此，坚持将解放和发展乡村生产力作为治理的核心，乡村治理主体需要专注于如何保持乡村经济的活力和生机；与此同时，我们应该不断完善乡村治理结构，并促进乡村治理各个方面之间的协同合作。目前，不同地区的乡村正积极探索并实践适应本地发展需求的多种乡村治理模式，这些模式已经成为乡村治理有效的典范。

中国特色社会主义制度的优势之一就是继续坚持农村土地的集体所有制。这种集体所有制拥有强大的适应性和发展性，一直以来在促进乡村生产力的发展方面都起到了关键作用。尽管政策也会随着乡村的发展变化而进行调整，但是必须保持坚持农村土地集体所有制不改变，以通过扩大乡村集体经济来促进乡村生产力的发展。对于乡村土地改革，不能出现朝令夕改和改旗易帜，也不能一直一成不变，对此，可以采取以下措施：第一，在保持农村土地集体所有制的基础上，我们需要逐步实现乡村治理的社会化，从而激活集体经济，扩大乡村经济的规模。第二，我们应通过法治手段来规范治理主体的行为，以创造一个有利于生产力发展的良好社会环境。第三，我们还应积极吸引私营企业和社会资本参与"三权分置"制度的实施，推动集体经济的专业化发展。

在乡村治理现代化进程中，乡村各项重要的制度将会随着实践和认识的不断提升而逐渐完善和推进。在巩固和坚持各项重要制度的基础上，必须进行这种完善和推进的过程。只有将乡村生产力的解放和发展置于治理的核心位置，才能有助于建立现代化的乡村治理体系，并提升相应的现代化治理能力。

三、以村民共同富裕为乡村治理的动力

习近平总书记指出："实施乡村振兴战略是一篇大文章，要统筹谋划，科学推进。要充分尊重广大农民意愿，调动广大农民积极性、主动性、创造性，把广大农民对美好生活的向往化为推动乡村振兴的动力，把维护广大农民根本利益、促进广大农民共同富裕作为出发点和落脚点。[①]"在新时代背景下，要以村民共同富裕为乡村治理的动力，这既是新发展理念下乡村发展的必由之路，也是社会主义本质的必然要求。

我国的村民自治制度旨在发挥村民的主体地位，促进村民的共同富裕。如果不以村民共同富裕为乡村治理目标，那么就难以找到乡村治理的方向，更难以实现乡村振兴和乡村治理现代化。如何保障村民共同富裕和提高村民实现共同富裕的能力是乡村治理的两个关键问题。只有牢牢把握"共同富裕"的总体目标，才能确保乡村振兴和乡村治理现代化的方向不会偏离。

为确保村民能够合法行使他们的政治、经济和社会权益，并鼓励他们积极参与乡村治理实践，应不断完善乡村治理体系。村民不仅是乡村治理的主要参与者和乡村社区的主要建设者，同时也应该成为乡村治理成果的主要受益者。为此，我们需要不断提升乡村治理的现代化水平，提高村民的现代化素质，并优化乡村治理方式。只有这样，我们才能让广大村民在治理过程中

---

① 杨东霞.切实保障农民权益 促进农民全面发展［EB/OL］.（2021-06-24）［2023-12-01］.https://m.gmw.cn/baijia/2021-06/24/34944974.html.

全面发展自身能力，增强干事创业的能力。同时，我们要充分发挥乡村治理制度的优势，并通过持续努力，实现共同富裕的目标。

第二节　着力完善乡村治理体系

目前，我国已经建成了中国特色社会主义制度体系，并且用实践证明该制度具有明显的优势。为推进乡村治理能力现代化，需要注重完善乡村治理体系和发挥我国的制度优势，将其转化为治理效能。

一、完善和创新乡村自治体制机制

乡村自治是乡村治理的基础，若不提升自治水平，乡村治理体系和能力便无法实现现代化。只有完善适应新时代发展和符合人民群众利益的乡村治理体制机制，才能充分保障农民在乡村振兴中的主体地位，并更好地将乡村治理制度优势转化为治理效能。

（一）规范乡政府在乡村治理中的职能

为避免乡政府在乡村治理中过度干预"村治"的现象，应该采取切实措施规范其权责。乡政府和中央政府、省市政府相比，具有独特的地位和特点。乡政府的主要职责包括贯彻落实党和政府对乡村政策的要求、为乡村发展提供公共服务、监管乡村市场，以及维护乡村的和谐稳定。首要任务是明确乡政府和村"两委"的职责和角色。为此，可以建立一个合理的乡政府指导机制，使乡政府从过去的管理型转变为指导型和服务型。乡政府需要停止不必要的干预，将关注重点转向为民众提供服务。同时，应该制定负面清单制度来约束乡政府的权力，明确规定乡政府不得干预村干部的民主选举、村庄财务等具体项目的决策。只有制定和完善负面清单制度，才能确保乡政府和村委会的权责明确，治理效果得到提升。

（二）保证乡村切实实现"四个民主"

在乡村自治中，民主选举、民主决策、民主监督和民主管理共同作用实现了村民自治。村民作为乡村自治的主要参与者，应享有参与村民自治的权利。然而，目前在乡村自治中，实现"四个民主"的过程存在一些问题，因此需要创新实施方式，以确保乡村自治的有效性。针对我国的国情，可以借鉴发达国家的法治经验，改进公共选举机构的程序，并明确责任归属，加大对不规范选举的处罚力度。此外，为了确保民主决策的有效性，需要建立健全村民会议制度，并创新民主决策的保障机制。

为了强调乡政府在村级民主管理中的作用，应当明确其督促和指导村民委员会召开会议的责任。如果村民委员会未能按期组织召开村民会议或村民代表大会，乡级政府应当督促并确保会议准时召开。为了创新民主决策保障制度，有关村庄发展的事项应当去征求村民委员会的意见，并将其纳入乡政府的决策之中，以赢得村委会和村民对其决策的支持和认可。这有利于村民自治权的行使。在民主管理方面，乡村集体经济的发展是重要的方向。随着集体经济的不断发展，人们越来越意识到通过民主自治来扩大村民参与集体经济规范运作的重要性。这将有助于增强村委会的管理和服务功能，并提升对村民自治的吸引力和凝聚力。

为促进民主监督的发展，需要进一步深化村务公开，并探索创新民主质询听证制度。这一制度允许村民就村务管理中的相关重要事宜，如村务财务、村干部任职情况等问题进行询问和质疑，通过与村干部面对面交流，提出意见和建议，要求村干部做出承诺并限期落实，以便更好地解决村民们的关切和需求。

（三）创新构建村民利益表达回应机制

在推进乡村治理现代化的过程中，重要的一项工作是建立起制度化、法治化的村民利益表达回应机制，以确保村民的话语权和维护他们的利益。为此，我们可以采取一些措施来完善基层人民代表大会制度和信访制度。例如，成立村民协会和村民利益表达组织，从而确保村民在治理过程中能够行使他们的权益。同时，应加快建立村民维权组织的体系，因为这是村民获得政治权力和政府维护稳定的前提条件。不过，目前村民组织程度不够高，难以形成合力。即使暂时联合起来追求共同利益，也缺乏法律地位和组织领导体系。因此，我们可以积极推动建立和发展村民合作社，成立村民行业协会，并借鉴国外乡村治理的先进经验，例如，建立全国农民协会，作为有效的谈判机构与企业进行对话，同时也成为与政府沟通的桥梁，从而确保村民的利益得到有效的保障和维护。

二、建立多元共治的现代乡村社会治理体制

建立多元共治的现代乡村社会治理体制需要多个主体协同配合，包括：强化党的领导，充分发挥其总揽全局、协调各方面的作用；明确政府的责任；积极鼓励社会力量参与乡村治理；拓宽公众的参与渠道；加强法治保障，确保治理体制有效运转。

（一）发挥党在乡村治理中的领导核心作用

当前，我国乡村正面临转型的关键阶段，农民必须面对观念和利益多元化的挑战。为了实现农村振兴和现代化治理的战略目标，必须依赖于党的领导。党的领导是构建多元共治新格局的核心要素。在建设现代农村社会治理体制的过程中，要坚持党的统一领导，确保党委和农村工作部门之间的协调

一致。为此，需要建立中央统筹、省级负总责、市县负责具体实施的工作机制，并明确各级党组织负责人的领导责任。充分依靠基层五级书记来推动农村振兴和治理，从而巩固党在农村治理中的核心地位。此外，党委还需合理配置机构和人员，充分发挥决策参谋、统筹协调、政策指导、推动实施、监督检查等职能。只有这样，才能更好地推动农村治理的现代化进程。

（二）明确政府责任，积极转变职能

在乡村多元治理中，政府的角色是至关重要的。政府在推进现代乡村社会治理体系建设时，在服务、管理和连接基层以及社会组织方面发挥了至关重要的作用。各部门政府通过协作合作来实现社会管理，并承担着重要的职责。在新时代乡村治理中，应特别注重发挥政府职能，摒弃以往包办一切的做法，根据乡村的实际需求，明确自身的角色，并提供高品质的服务。准确把握自己的角色定位，即根据乡村治理实际需求来转变自己的职能，乡镇政府需要与上级县市政府和村民自治组织实现精准地对接。除了要做好信息传递和日常事务管理的工作，在解决社会矛盾和处理涉及群众利益的重要问题上，还需要特别关注。同时，政府需要加强建设一站式服务平台，以提高行政效率，提升治理效果，并进一步增进村民的福祉。

提供优质服务要放弃"政府说什么，农民接受什么"的思维方式，树立"农民需要什么，政府做什么"的理念。同时，政府机构必须清除组织中个别成员懒政和怠政现象的现象和想法，坚决扭转不作为和慢作为的现象与问题。在乡村经济发展方面，作为实体组织的政府需要合理监督乡镇企业，规范其经营活动，并确保乡镇企业具备发展自主权，增强乡村集体经济实力。

（三）推进社会协同，强化乡村社会组织

推进社会协同是确保乡村治理现代化体系建设的内在要求。这种协同关系，反映了治理主体的多元性，需要政党和政府有力地引导作为其前提条件。

此外，还需要团结各种社会组织，凝聚共识，形成合力。

政府和村"两委"在与乡村社会力量的交流和合作方面需要加大力度，成立特定机构与乡村社会组织进行沟通和指导。尽管乡村社会组织和群众团体在某种程度上有官方身份，但更重要的是它们所具有的社会属性。这使得这些社会组织能够作为政府和村民之间的桥梁和纽带，协助党和国家政策的有效实施。因此，群团组织需要充分发挥其组织优势，与村民保持密切联系，为他们提供意见和咨询服务。同时，应主动创造条件，引导社会组织参与乡村治理。还应充分发挥基层群众性组织在处理本村公共事务、推进村庄公益事业、调解村民之间利益纠纷和协助创建平安乡村等方面的作用。通过各种民间组织和协会，村民社会组织应将分散的村民团结起来，并组织丰富多彩的活动，改善他们的生活质量。这些社会组织的行动将不仅增强村民对村庄和社区的认同感，还将提高乡村社会治理水平。

（四）扩大公共参与

如何扩大公共参与，一直是乡村治理中的难题。具体可通过以下方法来扩大公众参与：①建立有效的沟通渠道：建立村民可以方便参与的沟通渠道，例如通过电话、短信、社交媒体等方式与村民保持联系，及时了解他们的需求和问题，并采取有效的措施解决。②鼓励村民参与决策：在乡村治理中，应该鼓励村民参与决策，包括对公共设施建设、资源分配、环境保护等问题的讨论和决策。这样可以增强村民的责任感和参与意识，同时也可以提高决策的科学性和可实施性。③提供培训和支持：为村民提供相关的培训和支持，帮助他们了解公共事务处理流程和提高自我管理能力。这可以通过举办培训班、邀请专家讲座、分享经验案例等方式实现。④加强宣传工作：通过新闻媒体、互联网、宣传册等多种渠道，加强宣传工作，向村民传递有关乡村治理的信息和政策，引导他们树立新型人际关系，摒弃旧观念，提高对公共事务的关注度和参与度。⑤建立激励机制：为积极参与公共事务的村民提供一定的激励措施，例如，给予一定的物质奖励、荣誉证书等，以鼓励更多的村民参与公共事务，提高乡村治理的效果。

（五）健全法治保障

确保乡村振兴和乡村治理现代化，法治是至关重要的基石。一方面，我们需要树立全新的立法理念，以确保我们能够及时调整针对乡村发展的法律，以适应时代变革和需求变化。法治建设是一项长期而系统的任务，必须与时俱进，与新时代乡村社会发展需求紧密结合。为了适应当前乡村发展的现实情况，应当考虑及时废除不适用的法律法规，或是可能阻碍乡村发展的相关规定。因此，我们需要加大乡村立法的力度，提高立法质量，加快完善法律框架，特别是涉及乡村土地流转、征地补偿、乡村金融、户籍等方面的法规。另一方面，我们也需要加强普法队伍建设，创新普法的工作方式，以更具有吸引力和影响力的方式来推进普法工作的全面实施。举例来说，我们可以设立公共法治宣传场所，如法治宣传馆、法治图书馆、法治文化角等，以提升法律文化的吸引力和感召力。

现代乡村社会治理体制的构建需要"党委领导、政府负责、社会协同、公众参与、法治保障"这五个方面的协同努力，这五个方面是一个整体，任何一个方面的缺失或缺位都会导致现代乡村社会治理体制的不完善。因此，我们需要全面发力，从以上五个方面建立和发扬现代乡村社会治理体制应有的作用。

三、构建自治、法治、德治融合的乡村善治新体系

要构建自治、法治、德治融合的乡村善治新体系，针对融合度不够的问题，要着力提高法治对自治的保障水平和德治对自治的引领作用。

（一）提高法治对自治的保障水平

建设法治乡村，需要持续增强法律的权威地位。要引导广大村民充分认识法治建设的重要意义，不断完善乡村法律体系，提升村民的法治素养。

首先，为健全乡村保障机制，需要使法律法规更贴近乡村发展的实际情况。应重视解决乡村自治面临的实际问题，特别是应对社会发展中出现的新问题，持续更新和完善相关法律规定。应当以积极的态度致力于推动与乡村振兴战略紧密相关的立法工作。这包括乡村土地制度改革、集体产权制度改革、现代乡村治理等方面的工作。应该积极推进乡村振兴促进法、农村集体经济组织法、农村土地承包法等法律法规的制定和修订工作，以提高这些法律在时效性、全面性、针对性和有效性方面的表现。

其次，提升乡村执法水平和营造良好社会环境是乡村自治的关键。为实现乡村各项法律法规的严格执行，需要建立一支执法队伍，这支队伍不仅要熟悉相关法律法规，而且要做到可信可靠。同时，还要积极推进乡村基层综合执法的改革，加强乡村执法队伍与县区级执法队的协作，不断加强乡村执法队伍的学习与培训，以提升乡村基层执法干部和队伍的法律素养和依法办事的能力，确保乡村执法队伍能够公平公正地执行法律。

再次，积极推进乡村法律援助工作。鉴于乡村地区公共法律服务供应不足且质量有待提高，这就要求我们不断完善以法律援助为主要内容的乡村公共法律服务体系。根据《关于完善法律援助制度的意见》，各地区应全面规划并加强乡村法律援助工作。加强乡村地区的法律援助有着重要意义，不仅能够造福乡村群众，也是保障乡村自治的重要途径。

最后，发挥自治章程和村规民约的作用。自治章程和村规民约作为法律法规的重要补充，对乡村自治起着独特而不可或缺的作用。自治章程主要是指村民委员会通过村民代表大会协商讨论后通过的规范自治行为的制度条款，村规民约则是乡村群众基于共同的价值追求和行为方式而约定俗成的社会规范，这两者都具有明显的契约性、内在性和规范性。它们不仅是乡村自治的重要组成部分，也有助于推动遵守法律和规则的社会氛围的形成。因此，充分发挥自治章程和村规民约的内在协调作用，不仅可以激发乡村民众的积极性与创造性，还有利于保障乡村民众的民主参与权，这对推进现代乡村治理体系建设有着积极作用。

（二）强化德治对自治的引领作用

要通过弘扬乡土文化来提升广大村民的认同感。乡村文化作为村民的精神支柱，在乡村治理过程中有着不可或缺的地位。要实现乡村振兴和达到有效治理的目标，我们必须致力于传承和发扬乡土文化。这需要全面挖掘乡村传统的道德规范，在制定乡规民约的同时，传承好家风家训，编写地方志史以继承和弘扬当地文化。此外，还需积极促进乡村公共文化的发展，在创立一个崭新的时代乡村公共文化平台方面做出努力，并完善乡村公共文化服务网络，革新乡村公共文化服务方式，同时重视培养乡村公共文化服务人才。

在乡村自治的过程中，需要充分借助道德的约束力。为塑造乡村道德典范形象，首要任务是在乡村范围内寻找道德楷模，并进行道德模范评选。为此，需要加强评议组织的权威性，规范评议工作，并确保评议工作真实客观、公正公平。为了防止乡村内的封建迷信活动，需要加强相关领域的宣传教育工作，通过县、乡、村三级开展联动舆论引导。此外，要发挥党员的先锋带头作用，切实增强对封建迷信活动的抵制力度。为了推动移风易俗文明行动的深入开展，应成立相关的工作领导小组，并充分发挥村民议事会和道德评议会等组织的功能，遏制人情攀比、失信行为、诈骗等不良风气。同时，将移风易俗工作纳入村庄年度重要考核内容，并推动工作体系的规范化。

要发挥新乡贤的作用，通过乡贤文化助力乡村自治。弘扬乡贤文化的传统，并推广乡土教材、乡贤榜等具有地方特色的项目，同时进行文化研讨等活动，引导村民进行自我教育和自我管理，促进乡村自治。通过各种途径，如人才引进、培养本土人才等，发掘和培养新乡贤，建立新乡贤人才库，为乡村自治提供人才支持。新乡贤作为乡村社会的精英群体，应当在文化方面发挥引领作用，传承和弘扬优秀传统文化，推动乡风文明建设。建立新乡贤议事机制，鼓励新乡贤参与乡村治理，发挥新乡贤在乡村自治中的议事和决策作用。通过建立新乡贤联谊会、乡村发展委员会等组织，搭建新乡贤参与乡村自治的平台，鼓励新乡贤积极参与到乡村建设中来。通过各种形式，如文艺演出、展览展示、文化讲座等，创新乡贤文化传承形式，让乡贤文化在乡村社会中更好地传播和发扬光大。

四、构建城乡多元治理的共同体格局

推进乡村治理体系现代化必须从城乡一体的角度来思考。对于现代的乡村治理体系，不仅要保证内部的高效运转，而且还应该与城市，甚至国家治理体系密切相连，形成一个多元投入的治理共同体。在这一共同体中，城市和乡村应该被视为同等重要的治理主体，共同推动人才资源、先进科技和社会资本的双向流动。特别是需要促进从城市到乡村的合理流动，这不仅是乡村治理现代化体系的保障，同时也是一个重要的补充。

未来，推动乡村治理现代化的主要方向之一是发展城乡多元投入治理的共同体格局。通过对国际经验的研究发现，美国将发展城乡共生型小城镇作为优先发展的方向。这种发展方式能够充分展示乡村和城市地位的平等、优势的互补和彼此的融合。而这种融合包括生产方式的融合，也包括制度体系和观念的融合。通过对比多个发达国家乡村治理的经验，可以发现，城乡融合是乡村现代化发展的必经阶段。一方面，农村人口渴望享受城市的便捷、高效和先进的生活方式；另一方面，城市居民对乡村生活抱有向往之情。实现城乡多元投入治理需要政府、政策、企业等多方共同努力，深化改革、打破制约城乡融合的体制机制壁垒。政府在其中发挥主导作用，政策得到切实的实施，企业也积极参与其中。具体可从以下三个途径来推进。

第一，为了促进城乡协调发展，科学规划是先决条件。需要加速建设区域布局合理、职能分工明确、优势互补的发展模式。一方面需要做好城乡治理机制的衔接，并利用政府机构改革的机遇，建立专门的城乡协调部门。这个部门可以根据实际情况，建立长效联络机制，使城乡居民公共服务均等化。城乡治理经验应互相借鉴，并注重政府对乡村的支持，提升乡村治理的信息化水平，推广信息网络系统，从而促进城乡信息资源的有效互联互通。另一方面，是要加大对城乡结合点的治理力度。长期以来由于地域界限不清、城乡治理权限不明确，城乡接合点一直是治理的难点。因此，有必要加强城乡之间的沟通，借鉴双方的优势，提升治理能力。同时，需要大力推进公共服务场所。根据城乡的地域特点，在城乡交会处建设共享的娱乐休闲场所和专业的贸易场所，引导城乡居民生活方式的趋同化。

第二，为了促进乡村地区的发展，需要加强政策的落实和引导社会资本的合理流动。其中，"三权分置"政策是我国自家庭联产承包责任制实施以来的一项重要政策，它为乡村土地流转和产业规模经营提供了有利的环境。因此，省市政府和乡村基层政权需要积极主动地进行制度改革的宣传，并为这一政策的实施提供支持。在近年来的发展过程中，我国的民营企业遇到了一些困难，其中投资环境和转型难度尤其突出。首先，有情怀和有担当的民营企业可以借助"三权分置"政策的机会，深耕乡村，并挖掘乡村市场的巨大潜力。通过实施"三权分置"政策，民营企业可以更好地了解和适应乡村环境，积极参与乡村建设，优化乡村治理格局。这不仅有助于提高乡村治理水平，还能带动乡村经济的繁荣发展。其次，民营企业可以利用"三权分置"政策的机会，与政府合作，促进政府相关配套措施的完善。这有助于为企业提供更稳定、可靠的发展环境，同时也能推动乡村社会的可持续发展。最后，通过扎根乡村发展，民营企业可以深入了解乡村社会的需求和问题，发挥自身优势，成为城乡多元治理的重要桥梁。这不仅能推动城乡一体化发展，还能为乡村社会的和谐稳定做出贡献。

第三，应该建立完善的机制，促进人才从城市回流到乡村。大学生村官和驻村第一书记等措施的实施被证明是有效的，为支持乡村发展做出了显著贡献。同时，还应进一步完善激励机制，为乡村地区迫切需要的医生、教师、技术人员提供政策支持和财政补贴。在考虑可持续发展的角度上，应特别关注那些回归农村的人才，要让回流的人才获得土地和住房，从而为他们提供一个稳定的生活环境。

第三节　全方位提高乡村治理的现代化水平

全面提高乡村治理现代化水平的关键在于发挥乡村治理体系的重要作用，提升乡村居民的现代素质，促进现代乡村治理方式的创新，强化乡村产权治理能力，培育乡村建设现代化小城镇的能力，从而有效支撑乡村振兴战略的实施。

一、让村民具备现代化素质

乡村的现代化归根结底是村民的现代化。这里所说的现代化是指村民素质的全面提升，以适应现代社会不断发展的需求。所谓村民的素质，包括思想观念、科学文化、学识水平、道德伦理和身体素质等各个方面。人是生产力中最关键、最重要的影响因素，因此人的现代化对于经济发展来说，是决定性条件。

首先，要打造现代化的乡村干部队伍。为了建立一支现代化的乡村干部队伍，应采取以下措施：第一，为了提高乡村治理的现代化水平，需要采取多种方式来选拔优秀的村"两委"干部人选。例如，从优秀党员队伍和退役军人中选拔，从村"两委"后备队伍中选拔，从乡镇机关年轻干部中选拔，从大学生村官和回乡大学毕业生中选拔，从乡村技术致富能手和创业能人中选拔，以及从各类社会组织、经济组织中选拔。只有信念过硬、政治过硬、责任过硬、能力过硬和作风过硬的人才可以为乡村治理现代化提供有效的组织保障和智力支撑。第二，在提升村干部的整体治理能力方面，党校的常规化培训可以发挥出重要作用。在培养干部方面，还应该不定期组织村干部参加相关实用技能培训，并加强村组织与产业示范基地、当地科研院所之间的交流合作。通过实训基地和实地教学等方式，可以培养出一批关注农村发展、善于经营治理、懂管理、懂技术的乡村干部队伍。第三，在制度方面，需要提供有力的保障措施，以支持村干部在干事和创业方面的努力。为了支持他们在经商和创业方面的发展，需要增加对资金、技术和信息的支持。同时，还需要改进考核评价和激励机制，以鼓励村干部在乡村治理实践中积极探索、勇于创新和付诸行动。此外，也应该允许村干部在实践中试错，并容忍他们的失败，而不是仅以成败来评价他们的表现。通过营造一个积极、进取的氛围，可以从制度层面上消除村干部在干事和创业方面的后顾之忧。

其次，人力资源的开发应放在首位。在此过程中，农民作为乡村振兴的核心，其现代化素质的提高至关重要。具体而言，基层政府应当运用受民众欢迎的方式，提升农民的现代意识并增进他们对农村社会所需的了解。同时，基层政府还应与社会的专业机构和组织合作，集中开展对农民的培训，使他们更深入地了解农业生产的专业知识和先进科技的应用，以培养新型职业农民和适应乡村振兴的需要。需要指出的是，提高农民的现代素质是一个长期的工作。只要基层政府采取积极的行动，找到农民关注的重点，并将提高现代素质与增产和增收相结合，就能够实现这一目标。

最后，切实贯彻国家对乡村教育的扶持政策和措施。应加强对乡村学校的投入，改善教学设施和教育资源，确保乡村学生能够享受到与城市学生同等水平的教育质量。另外，还需要加强与城市学校的交流合作，促进乡村教育的改善和发展。此外，应当加大对乡村教师的激励力度，吸引优秀师范类大学毕业生返乡任教，并积极推动形成崇尚学习、勤奋好学的良好氛围。只有从基础上夯实乡村教育，才能全面促进人才培养和乡村现代化的发展。

二、创新乡村治理手段

为了加强乡村治理的现代化能力，必须不断改进乡村治理的方式和手段，同时积极运用互联网、大数据、云计算等先进技术，以实现乡村治理更加智能化、信息化。互联网的应用可以促进信息的传播和交流，加强村民之间的联系和互动。通过建立村民微信群、公众号等方式，可以及时传递政策信息、通知公告，了解村民的需求和意见，增强村民的参与感和归属感。大数据技术的应用可以对乡村社会的数据进行收集、分析和利用，为乡村治理提供科学决策依据。

（一）将智能化融入乡村治理

随着互联网信息技术的不断更新，网络理政已被普及至基层治理组织之中，成为乡村政府机构和自治组织与群众沟通的重要方式。通过各种政务平台，基层治理机构与乡村居民之间的关系更加紧密。政府借助网络渠道，有助于解读并响应各种民意诉求。此外，大数据分析的应用可以从不同视角挖掘和梳理村民诉求，为决策制定和民生服务提供精准依据。

具体而言，需要以信息化为重要手段，开拓多元化服务渠道，提高公共服务水平。乡村地区通过加强信息化基础设施的建设和对专业人才的培训，将智慧服务和智能管理推广到普通村民家中，并将村民家庭、学校、企业和社会服务机构进行普及。通过系统化、智能化和精准化的规划整顿各方面事宜，实现政府行政审批更严谨、政府监管更高效、公共服务更为完善，推动乡村治理现代化发展的新局面，让乡村居民不出门即可获得信息、不离村子即可办公事。

近年来，全国各地涌现了大量乡村智能治理的典型案例。例如，在云南省大理市大理镇阳和村委会南五里桥自然村，乡村治理以"综治通"App为依托，实现了一键查询村容村貌、数据采集、巡查管理、入户走访记录、人口信息、事件上报、事件处理、考勤签到、跟踪督办、考核评比等功能。如今，全国各地开始不断涌现出"一站式"乡村服务平台，这些平台是基于互联网和微信所建立的，不仅方便了乡村民众的生活所需，也极大地提高了乡村治理的效率。这种方式不仅仅是技术上的创新，它还能提升治理组织决策的科学性、准确性和高效性。因此，将智能化融入乡村治理中无疑是提升乡村治理现代化水平的一种选择。

（二）提高乡村治理精细化水平

开展精细化管理是实现乡村治理现代化的重要标志。要实现乡村精细化管理，需要从乡村实际情况出发，将乡村社会划分为多个小网格，以基层党组织为核心，让宣传优势得到充分利用与发挥，要确保精细化管理精确入户，精确到个人。同时，要建立乡村基础数据库，并在此基础上为每户村民建立电子台账，并让专人负责进行更新。同时，应该以满足村民的需求为中心，建立一个高效顺畅、行动迅速的精细化治理体系，确保信息的及时准确收集和有效对接，解决服务乡村居民"最后一公里"的难题。

提高精细化水平是实现乡村治理现代化的重要标志。要实现这一目标，需要从实际情况出发，并将乡村社会划分为小网格，以村党组织为核心，充分利用党的组织和宣传优势，确保治理过程精确到户、精确到人。此外，在建立乡村基础数据库的基础上，村干部需要为每户村民建立台账，并不断更新。同时，还需要以村民需求为导向，建立信息收集及时准确、对接高效顺畅、行动快速到位的精细化治理体系，解决服务乡村居民的"最后一公里"难题。

（三）加强乡村治理专业化建设

随着世界步入信息化时代，社会问题变得日益复杂和专业化。因此，在乡村治理方面也必须采取专业化分工的方法。由于村民生活的各个方面都在发生变化，传统的方法已经无法完全满足村民的需求。其中，两个主要短板是专业人才短缺和信息更新过快。这要求在乡村治理框架内建立专业团队，包括农业种植技术、乡村设施维护和乡村建设规划等方面的专业人员，以便由他们负责处理乡村各项专业事务。

为了促进乡村治理的专业化，需采取以下两方面措施。一方面，为了提高乡村治理的专业水平，需要加强标准化建设。目前，许多乡村地区在公共安全事项、配套基础设施和纠纷调解方式等方面缺乏具体的参照标准。因此，应该根据乡村治理的实际需求，在修订相关标准方面加快进度。这样可以构建一个全面配套、层次分明、功能完备、科学合理的服务体系，以规范乡村管理服务，并满足不同村民的多样化需求。另一方面，需要积极发展社会组织，促进乡村治理的专业化。随着乡村社会分工的日趋精细化、乡村经济的不断发展以及乡村社会组织的兴起，乡村政府和村"两委"的控制能力越来越难以为所有村民提供专业化的服务和指导。在这种情况下，各种专业化的社会组织应发挥自身优势，合理分工，与政府协调配合，共同推动乡村治理的专业化。

三、强化乡村土地产权治理能力

土地是农民生存的基础，是安身立命之本，所以土地产权一直是我国乡村治理的关键课题。当前，我国正朝着从家庭联产承包责任制的集体所有、家庭承包经营的"两权分离"发展到农村土地所有权、承包权、经营权"三权分置"的乡村土地制度迈进。因此，在新的时代背景下，加强乡村土地产权治理能力成为提升乡村治理能力的重要组成要素和必然途径。为此，需要从以下几个方面着力加强土地产权治理能力。

第一，界定和明晰土地产权关系。在推进乡村土地三权分置的过程中，首要任务是明确和界定土地产权关系，这也是规范乡村市场活动的前提和基础。只有对土地主体、村委会和村集体的权限范围进行明确划定，才能依法规范农地市场交易。为了有效地推进土地流转工作，需要从争取土地承包权到自愿进行土地流转，从土地利用到完全出让土地并获得拆迁补偿等各个方面，积极利用土地并追求土地效益最大化。这需要发挥市场机制作用并由政府进行引导。

第二，调动村"两委"积极性并实行有效监督。近些年来，乡村土地流转市场日益呈现出外来企业融入的趋势。这些企业需要与当地农户达成合作协议，就土地流转事宜进行磋商。为了实现这一目标，作为中介角色的村"两委"必须高度重视土地产权治理，并建立有效的监督机制。在这种背景下，村"两委"干部应充分发挥管理优势，与种粮大户、企业以及农户进行平等协商，积极推动土地资源整合、土地流转以及利益分配等方面的工作。同时，完善监督机制，村"两委"应主动定期公开信息，接受村代会及监督委员会的监督，并将寻租空间压缩至最低，以保障村民合法权益。

第三，建立土地流转与法律文本信息数据化平台。随着城乡一体化进程的推进和社会的发展，从事农业生产的农村人口数量逐渐减少，造成农地闲置的情况日益严重，因此土地流转的需求也日益增长。为了应对这一现状，应采取有效的措施。一方面，应该加快建立土地流转信息动态更新数据库。该数据库需要及时地更新土地的位置、用途和价格等关键信息。通过信息化平台，可以充分发挥市场调节机制的作用，实现资源的优化配置和整合，这样能够推动土地流转的进一步发展。另一方面，为了确保土地流转的合规性，还应建立土地流转法律法规和合同文书数据库，为土地流转提供法律保障。目前，许多农民自行进行土地流转，合同一般过于简单，不符合相关规定，导致合同内容不充分，一旦出现争议，很难找到有效的解决办法。因此，应形成一套有关土地流转的常见法律文件、合同样本以及适用的仲裁渠道，以确保土地流转在"三权分置"制度基础上能够顺利进行。

四、培育乡村建设现代化小城镇的能力

如今，城乡特色小镇的建设已经成为推进城乡一体化发展和农业现代化的必然趋势。乡村特色小镇的构建水平间接反映了乡村治理能力现代化的水平及其实力。然而，现实情况是，我国在乡村特色小镇建设方面起步较晚，普遍存在科学规划不足的问题，城镇建设政策和体制也有待进一步完善。这些因素导致我国乡村特色小镇的建设能力相对较低。因此，未来我国需要从科学规划、产业发展和服务保障等三方面入手，发挥乡村治理体系的优势，提升乡村特色小镇的建设能力。这将为实现乡村振兴战略和城乡融合发展的目标作出贡献。

（一）利用现代化理念进行科学规划

早在 2014 年，中共中央办公厅国务院办公厅就印发了《国家新型城镇化规划（2014—2020 年）》，把乡村城镇建设放在突出的位置，为发展中国特色乡村小城镇指明了道路和方向。乡村特色小城镇的发展离不开现代化理念和科学的规划方案。在推进城乡一体化的进程中，要遵循国家政策要求，增强城乡发展协调性。在建设乡村特色小城镇的过程中，要始终坚持以人民为中心的理念，重视保留地方的文化传统和特色，确保与当地的经济社会发展相协调。根据具体情况制定合适的规划方案，灵活运用适应性规划，不仅便利农民居住和就业，培养出现代职业农民，还有助于提升城市的发展空间，推进城镇化进程，带动城乡社会经济的发展。

（二）健全小城镇现代产业体系

现代产业对于乡村小城镇的发展至关重要，它为乡村小城镇的可持续发展提供了产业支撑。如果没有产业基础，小城镇的发展将面临很大的困难。为了推进现代化理念，在小城镇发展中，应根据其区位和资源等优势，开展特色产业和品牌产业。例如，对于以农业为主的小城镇，可以进一步加工农产品，延长农产品的产业链，以支持小城镇的经济发展，并推动当地农业的增长；对于以乡村旅游为特色的小城镇，应努力建立独特的文化品牌，发展现代服务业；对于以工业为主的小城镇，必须紧跟时代的发展潮流，提高工业制造和技术水平，并发展现代商贸流通业，实现产销一体化发展。另外，在小城镇的发展过程中，应注重互补优势，促进乡村小城镇之间的合作共赢。市场需求的清晰认知是至关重要的。政府需要全面规划，乡镇企业和村民要充分发挥主动性和积极性，社会经济组织则发挥协调作用，充分了解不同小城镇在建设过程中的特点优势，以更好地进行产业分工，避免因产业同质化而陷入恶性竞争。总体而言，要致力于加强乡村小城镇之间的合作，共同朝着现代产业发展的道路迈进，实现共同发展的目标。

（三）构建乡村小城镇现代服务体系

随着美丽乡村的建设，我国多地出现了兴建乡村小城镇的趋势，然而由于后续治理的延迟，许多小城镇只是瞬间的亮相，接着就回归城乡分离的状态。因此，现代化的小城镇必须建立在现代化的治理和服务基础之上。政府除了应该积极推进职能从管理向服务的转变，同时还需要积极构建乡村小城镇现代化服务体系。

为了促进城乡居民融合，一方面需要积极培育和规范发展各种社会组织，为乡村小城镇治理提供充满活力的非官方组织。同时，通过规范社会组织的制度建设，增强城乡居民对规则的意识。在小城镇治理和基层民主自治衔接机制方面，首先，应设立小城镇基层社区服务中心，这一服务中心不是自治组织，而是城乡统筹建设的服务机构。通过这种方式，乡镇政府的公共服务和社会管理职能直接面向基层群众，无须经过村级自治组织。其次，需要通过基层民主协商来统筹小城镇治理和基层群众自治，解决实际问题和困难，建立问题台账并及时协商处理。为了打造符合基层协商特点的新平台，应统筹完善行政村、社区企事业单位和社会组织之间的协商机制。另一方面，创新小城镇的公共服务运营机制是小城镇建设与乡村融合的重要环节。这需要村庄相关干部的参与，也需要乡镇政府工作人员转变角色，更深入了解群众需求，成为面向公民的公共服务提供者。为了提高公共服务质量，需要探索设置专业化的公共服务运营机制，并引入成熟社区的运营机制，结合当地特色，推进新型小城镇的发展。

第五章　乡村治理新思路:"三治融合"推进乡村善治

第一节　自治为基

自治在乡村治理体系中具备不可替代的作用,是一种基础和理念。在当前的时代背景下,我国的乡村自治正面临着一个重要的转型时期,即从过去的"有没有"转变为"好不好"的阶段。乡村自治水平的高低是决定乡村治理成功与否的关键因素。在乡村发展过程中,无论是抓住机遇还是应对挑战,都需要依靠村民的积极参与来实现。尽管现在村民自治已经取得一些成果,然而新时代对乡村自治提出了更高的要求。这就意味着乡村治理将面临更为严峻的挑战,需要我们具备勇往直前、敢于创新的勇气与决心,才能真正完善和创新村党组织领导下的乡村自治机制。

一、集聚群众力量,激发基层治理活力

在我国的乡村治理中,村民自治是一项重要特色。坚持村民自治可以充分调动村民的积极性,让他们发挥自己的智慧,来完善和创新乡村治理体系。这为实施乡村振兴战略提供了坚实的政治基础,同时也促进了新时代基层民主政治的建设。

（一）自治能有效调动村民积极性

个人之力有限，但群众之力无穷。乡村治理的好不好与村民参与程度密切相关。自治机制在干部和群众之间架起了坚固的桥梁，为激发村民的积极性提供了有效途径。

村民自治有助于基层干部与人民群众保持密切联系。通过实施村民自治制度，村干部与村民之间建立了紧密的联系，这体现了以群众路线来治理乡村的原则，有利于构建稳定的农村社会。在村民自治的背景下，村民通过直接投票选举村干部，只有那些具备集体责任感、公德心和能力的人才能获选，不能密切联系群众、忽视集体利益的干部将会被淘汰。因此，村干部会更倾向于主动征求和听取村民的意见和建议，在日常工作中与群众建立良好关系，而村民也在无形中发挥着监督村干部的作用。实践证明，自治程度较高的村庄中，乡村社会的各种风气都朝着正面的方向转变，社会矛盾也得到了有效迅速地解决，村民之间的关系也朝着平等、互助、诚信、友好和合作的方向发展。

乡村民主的贯彻需要乡村群众的积极参与。通过实行村民自治，乡村群众的参政议政积极性得到有效调动，法治观念得到树立，民主意识得到增强。在村民自治取得显著成效的地方，村民们对政治事务的热情高涨，村民参选率基本在九成以上。村民在参与投票和选举过程中逐渐培养起民主习惯，增强了民主意识，并促进了农村地区学法、知法、懂法、守法的良好风气的形成。

（二）自治是乡村治理可靠的政治基础

乡村振兴战略与乡村治理现代化要以可靠的政治基础为前提。在我国现代化建设与乡村治理进程中，通过实践探索出了一种新的治理方式，即村民自治，这种方式在发展中不断完善。村民自治的实施有效地改善了乡村治理状况，推动了社会主义民主建设，给农民带来了实实在在的利益，为我国的乡村振兴战略和乡村治理现代化提供了可靠的政治基础。

在自治制度下，村民拥有更大的自由度和表达意见的机会，能够充分发挥自己的智慧。通过参与自治，村民逐渐意识到自己也是社会主义建设的一部分，他们的政治参与意识迅速觉醒，并积极争取参与未来的政治活动，以贡献自己的力量。村民自治为亿万农民提供了学习平台，并为民主政治的实践提供了可行途径，为乡村振兴战略的实施提供了制度保障。村民自治是间接民主和直接民主的结合，它保障了广大农民参与政治的权利，巩固了党的执政基础，丰富和完善了我国的民主结构，是中国特色社会主义基层民主政治建设进程中的一项重大创举。

乡村治理得到了村民自治的革新，呈现出了全新的面貌，推动了乡村社会向和谐稳定的方向迈进。村委会干部通过制度化、民主化的选举机制产生，其整体素质和专业能力得到了全面提升。一批具有眼光远大、经济头脑敏锐、管理能力出众、善于经营、擅长组织的"能人"成为领导者，他们有效地领导和推动乡村治理工作。村民自治使得乡村事务逐渐朝着民主化、规范化的方向发展。通过高效的村民自治与村党支部的密切配合，村"两委"共同发力，克服了乡村治理工作中的各种障碍。在参与治理过程中，农民群众积极提出建议和策略，减少了村"两委"决策失误的可能性，避免了在探索过程中走弯路。

村民自治是农民当家作主的一种具体实践，体现了农民管理自己事务的基本权利。只有将治理权交给农民群体，并让他们深切感受到自身的重要性，才能真正体现出农民当家作主的主体地位。村民自治制度作为适应我国农村现状的一种治理模式，对于稳定乡村社会、提高乡村治理水平和促进集体经济发展起到至关重要的作用。另外，村民自治还提升了村民自我组织、自我管理、自我教育和自我约束的能力，在潜移默化中推动了农村社会的积极发展。在建设一个富强、民主、文明、和谐、美丽的社会主义现代化强国的过程中，村民自治制度发挥了不可或缺的作用。

（三）自治能够促进基层民主政治建设

作为我国特有的政治制度，农村基层民主政治制度应该与时俱进，持续改善自身的建设。毋庸置疑，提升村民自治水平将有力地推动基层民主政治建设的进程。

邓小平同志曾指出："把权力下放给基层和人民，在农村就是下放给农民，这就是最大的民主。[①]"自治和法治之间存在紧密的关系，它们相互交融、相互促进。村民自治是法治的基础，有助于激发农民的民主法治意识，对于培养新时代现代化农民起着关键作用。农民潜意识中强烈渴望参与政治和决策，他们通过自治实践活动实现了这一愿望。目前，在我国农村有数亿村民参与自治，这种广泛而深入的民主实践具有前所未有的历史意义和独特的国际影响力。规范和法治化的自治程序引导村民在实践中培养法治意识，并在参与政治进程中逐渐提升他们的整体能力，从而成长为依法行使民主权利、依法履行义务、依法参与村务管理的合格现代化公民。

实现民主的基础在于群众的参与，而村民自治制度为他们搭建了桥梁，扩大了民主范围，提升了民主层次。在我国农村民主政治建设中，村民自治制度是一项具有重大意义的创举。通过村民自治，农民逐渐增强了民主意识，他们更加积极地参与政治议题。随着村务政治的选举方式和领导方式的不断完善，乡村治理状况得到了有效改善，整个乡村的面貌也焕然一新。村民自治的成功经验也为各地县级和乡级政府提供了借鉴，许多地方在选举和决策等方面不断探索多样化的形式，比如，扩大投票人数、候选人演讲竞选以及选民和选举人互动等，以进一步推进民主化进程，加速城镇的民主政治建设。这也进一步促进了党内民主、县级民主和乡级民主的发展。

---

① 佟德志.70 年基层民主建设的历史与逻辑［EB/OL］.（2019-10-09）［2023-12-01］.https://www.fx361.cc/page/2019/1009/5753983.shtml.

自治保障了农民的权利。通过向村民自治还权于民，直接管理村级事务的权利被交到了村民手中，因此村民行使自身权利的保障得到进一步改善。村民自治不仅展示了社会主义制度的优越性，还在党的领导下赋予了农民自身具有的权利，增强了广大农民群众对党和社会主义的信心。

我国的村民自治成功实践也在国际上引起了广泛的反响，进一步深化了外国对我国的了解，并增强了对我们的支持。近年来，许多政治家、政府官员和考察团来到我国乡村地区，实地考察村民自治制度的运行方式和取得的成效，并对这种治理方式给予了高度评价。

二、乡村自治中存在的现实问题

经过长时间实践，我国的村民自治虽然取得了一些进展，但仍然存在一些尚未解决的问题，如乡村"空心化"自治主体外流，村"两委"工作不协调导致的矛盾和乡村集体经济发展水平偏低等，这些问题的存在不仅阻碍了乡村治理的进程，也让很多基层干部在处理村级事务时感到束手无策。就目前来说，乡村治理的水平与国家治理现代化的要求之间还存在着一定的差距，想要提升乡村治理水平，必须重视乡村自治中存在的现实问题。

（一）乡村"空心化"自治主体外流

农民是乡村治理的核心力量，如果农村缺少农民，治理将难以为继。在乡村自治中，村民是自治的主体，但如今大量村民外出打工导致农村人口出现"空心化"，这已成为不争的事实。目前，很多乡村面临着青壮年人群外流，村中留下的只有孤寡老人、儿童和其他劳动力不足的人群，这导致自治主体的缺失。为数不多留在村里的农民也因缺少政治常识，缺乏对自身主体地位的认识，无法有效地行使民主权利。此外，一些留在村里的村民对选举结果不关心，对政治事务也表现得漠不关心，这进一步弱化了自治主体的地位。乡村"空心化"的现象普遍存在于全国各地，是当前我国乡村面临的重大问题。

1. 青壮年人群外流

随着城镇化和农业现代化的快速发展，越来越多的农村人口涌向城市，乡村的青壮年人群外流给乡村发展造成了巨大的压力。青壮年人群，大多数是乡村社会的精英成员和乡村建设发展的骨干力量。而老人、妇女和儿童等留守在乡村的群体，他们大多缺乏政治精神和参与能力，通常情况下，他们对政治活动关注程度不足，或即使关注，也因受限于各种因素无法积极参与其中。并且，他们的政治诉求常常多于他们对政治活动的投入，这些群体对民主政治的参与通常表现为消极服从。在少数留守于乡村的青壮年中，他们往往缺乏政治常识，也缺乏积极性和主动性，往往将担任村干部等事情视为负担，对村内事务仅仅是被动参与，整体而言，他们缺乏公民意识。想要提高村民自治水平，需要具备文化、技术、经营、职业道德等素质的新型职业农民和村干部。然而，目前我国部分村干部的职业素质并没有达到这种水平。

2. 治理主体对政治认识不足

正确的思想认知是顺畅行动的先决条件，但在我国农村，许多农民对国家政治的了解有限。大多数村民只关注与自身利益密切相关的政治知识，如村集体财务、计划生育指标、治安、宅基地等。然而，在涉及深层次或与自身利益关系较小的政治知识方面，村民普遍缺乏了解，部分村民对相关内容认知模糊。不过，教育程度较高的村民对政治的关注程度也相应较高。值得注意的是，有部分村民虽是自治机构的主体，却不能正确认知自己的政治角色和身份。这说明在我国乡村地区，部分农民没有自觉学习相关知识的意识，从而对于国家的政治事务缺乏了解。在政治信息传播困难的农村地区，这种认知偏差必然会进一步提高农民对民主选举的认知误差。村民在主观意识上没有将自己视为选举活动的重要参与者，进而表现出漠不关心的态度。

村民在乡村基层民主建设中的主体地位在《中华人民共和国村民委员会

组织法》中有明确的规定，然而在实际运行过程中，村民并没有得到应有的主体地位，他们自身对此也没有清楚地了解。根据现有的统计，对《中华人民共和国村民委员会组织法》不了解的村民所占比例竟然超过六成；仅有极少一部分村民能够准确说出《中华人民共和国村民委员会组织法》的全称，这就是当前我国部分村民对于与自身息息相关的法律的认知现状。

3. 治理主体缺乏政治热情

当前，我国部分村民对于选举民主缺乏政治热情，少部分村民甚至态度冷漠，这导致村民在村内民主选举中的参与度较低。一些村民自愿放弃了选举权、被选举权，甚至对选举结果毫不关心。这种对民主决策缺乏热情的态度使得很多村民没有意识到民主决策是维护自身合法权益的有效途径，也没有意识到参与民主决策是法律授予自己的权利，因此对村内事务的决策持消极态度。

特别是在实施"一事一议"制度时，尽管讨论的事情都与村民息息相关，但村民积极性不足的问题仍然非常突出。对民主管理持冷漠态度使得在村务活动的具体实践中，很少有村民会主动参与村级事务的管理。这种缺乏热情，甚至冷漠的态度导致乡村民主管理的实际效果大打折扣。村级公共事务通常由村委会负责，然而大部分村民对于公共事务的管理甚至一无所知，更别说去商讨了。偶尔村庄会召开村民会议来商讨如何管理村级事务，然而很多的村民都是被动参与，并且在参与的过程中很少表达自己的观点。一方面，村级公共事务管理与村民紧密相关；另一方面村民又缺乏参与的主动性和积极性，这是当前村民自治中主要的矛盾。对民主监督的冷漠态度导致村民对村干部的监督不够到位，对村务公开的监督力度也不足。

（二）村"两委"工作不协调导致基层工作不畅

所谓"人心齐，泰山移"，如果村党支部和村民委员会能够携手合作，共同进退，同甘共苦，当面临困难的时候，紧密团结在一起，便可以为乡村的发展注入持续不断的动力。可是在我国部分乡村地区，村"两委"之间的关系却并不和谐，工作上时常出现不协调的情况，导致基层工作不畅，甚至引发矛盾和摩擦。当前村"两委"之间的矛盾和摩擦主要是：村党支部以党代政、村委会主导一切工作和村"两委"工作不协调。

1. 村党支部以党代政

在以党代政型的治理结构中，村党支部在组织能力、动员群众能力和政治监督力方面表现出色，在村民中享有较高的声望，村支书担负着重要的角色。这种权力结构在我国乡村占据着最大的比例，尽管目前一直在强调发挥村民自治制度的作用，但仍然有许多村党支部对党在农村中的核心领导地位存在理解不到位或者不够准确，认为党支部掌握着所有事情的决定权，一切由党说了算，将村委会视为党支部的从属单位，使得村委会几乎没有实际权力，成为一个名存实亡的组织。在实际工作中，本应由村委会管理的村级事务权力掌握在了党支部手中。在这种权力结构下，村民的民主和建议得不到充分反馈，意见也需获得党支部的同意才能实现。这种情况会对党支部书记缺乏有效的监督，一旦出现腐败问题，党在村民中的形象和核心领导地位也将受到损害。实践已经证明了以党代政的方式在村民自治制度下是不可行的，村民的自主性将无法得到展现，民主制度的作用得不到发挥，基层民主自治取得的成果有可能被瓦解。

2. 村委会主导一切工作

在村委主导的权力结构下，村委会在实际中掌握着权力中心，主导着村级事务，村里的大部分权力资源控制在村委会手里，党支部则没有实权，在群众中没有威信力和号召力，造成这种权力结构的因素有很多。

第一种情况是，在一些村庄里面，村党支部领导班子整体上较为松散，党支部成员把掌握村级权力视为压力而非义务，村里的大事小事都交给村委会，由村委会决定。在这种情况下，如果村委会能够承担起村党支部的责任，把村内事务管理得有条不紊未尝不是一件好事。但是根据以往经验，在很多时候，没有村党支部的领导和监督，仅仅依靠村委会的力量是无法担起这项重任的。在缺乏监督的情况下，部分村委会干部还可能会为了一己私利做出损害村民利益、损害村集体利益、损害党的利益的不良行为。

第二种情况是，在当选后，有些村委会主任拒绝接受村党支部的领导和监督。这些村委会主任认为他们是由村民推选出来的，因此只有他们自己的决策能够代表村民的意愿和整个村的利益。在这种思想的支配下，村委会无视党支部的存在，甚至不理睬村民的建议，独断专行，自行决策，最终导致的结果与以党代政的现象并无区别。此外，目前乡村中仍存在一些宗族势力，这些势力通常会对村委会干部的选举结果产生影响。如果村委会主任是依靠宗族势力当选的，他在实际工作中所做的决策就必然会受到宗族势力的影响和控制。

在村委主导型的权力结构中，失去了村党支部的领导和监督，村民自治也无法达到预期效果，这不利于提高乡村治理水平。

3. 村"两委"工作不协调

村"两委"工作不协调的情况大致可分为对立执政或相互推脱。

之所以会出现村"两委"对立执政的情况，是因为村党支部和村委会都在各自的领域内拥有相应的权力和影响力，二者之间互相对立，这导致政策无法完全得到执行，同时也未能发挥村民自治的作用。村党支部认为自身处于领导地位，对于管理权和决策权应有掌控，拒绝接受村委会的任何干涉。然而，村委会则认为自己代表村民利益，并具有管理和决策的职责，因此不能完全服从党的领导和安排。当二者在同一事件上持不同看法时，仍各自坚持自己的原则行事，导致大量人力、物力和财力的浪费，最终也未能实现预期的成效。

而相互推脱的情况主要表现在村党支部和村委会组织上较为松散，甚至软弱涣散，无法充分发挥自己的作用，而且由于两者共同存在，这种负面影响会进一步扩大。村党组织缺乏凝聚力、创造力和战斗力，工作缺乏主动性和积极性。他们通常会忽视那些不属于自己直接责任的事情，缺乏勤奋工作的精神，思想更新也较为滞后。此外，村干部的选举也是一个大问题，选举结果常常受传统思想和当前短期利益的影响，这可能会导致选出的村干部并不具备真正的才能。还有一些村干部的法律意识淡薄，滥用权力，损害村民利益。

当前，农村党员队伍年龄偏大，文化程度偏低，这些因素导致他们很难满足新形势下发展的新要求。由于农村人口的大量外流导致农村人才紧缺，加上村"两委"之间的不协调，不少乡村采取交叉兼职或者身兼多职的方式来减少村"两委"之间的摩擦。但是，这些地方的权力资源已经匮乏，而且权力来源渠道也阻塞不畅。村党支部和村委会之间的关系密不可分，如果党支部弱化了，村委会也难以表现出更强的力量。所以，要重视村党支部和村委会之间的关系，对村"两委"存在问题的村庄要进行大力整治，以提升乡村治理的效果。

（三）乡村集体经济发展水平偏低

乡村集体经济为乡村的发展提供主要的资金支持，然而，乡村集体经济的发展现状普遍偏低，同时其发展方式也面临着多重问题。例如，集体经济的发展存在不平衡的情况，村级资产的管理与经营不善，资金的使用不当以及经济管理人员素质的不高等问题，这些问题导致乡村集体经济的发展水平偏低。

1. 乡村集体经济发展不平衡

总体而言，城中村和城郊村的乡村集体经济发展水平较高，运作状况较佳，并享有资源优势。相比之下，偏远地区的乡村则几乎停滞不前，更有些村集体还背负着负债，并且还要向基层组织和公共产品等提供资金支持，常年只能依靠财政补贴来运行。

2．村级资产的经营和资金使用方式有待改善

村级资产的经营和资金使用方式存在一些问题，该问题主要表现在以下几方面：第一，村级资产的租赁合同不规范，导致村级资产被低价出租，间接导致村级收入流失。第二，一些村庄未能严格遵守财务管理的相关规定，使得财务支出缺乏透明度，村干部无法清楚地说明这些财务支出的去向，甚至有些村干部挥霍浪费集体资金。第三，村级债务负担较重，财政长期入不敷出，导致债务不断累积，仅支付利息就使村级财政面临巨大压力。在这种情况下，一些村干部为了实现所谓的"政绩工程"而增加新债务，使本已负重前行的集体经济雪上加霜。

3．缺乏高素质的管理队伍

目前，留在乡村中的大部分农民的教育水平偏低，也缺乏与其他企业交流和学习的机会，对较深层次的管理知识掌握有限，对集体经济运营管理的水平有限，难以提升集体经济的运营水平。受限于地理位置、发展水平和公共设施等问题，乡村集体经济难以吸引外来人才。即使对于那些家乡就在本地的村民来说，在掌握了较高水平的知识与能力后，他们大多也会离开家乡，不愿留守在乡村管理集体经济，这是一部分乡村集体经济发展困难的原因。可以看出，人才缺乏是当前乡村集体经济发展急需解决的矛盾，如何培养人才、留住人才和吸引人才成为乡村集体经济发展亟待解决的问题。

4．经营业务单一，需要拓宽发展路径

对于大多数乡村而言，乡村集体经济的收入主要来自集体资产租赁和物业经济。然而，物业的发展水平与当地乡村的经济发展水平及所处位置相关，大多数乡村经济相对较弱，地理位置不优越，因此无法提供高质量、高档次的物业服务，导致物业收入不足。此外，在农村开展生产性活动成本高、效率低，亏损率居高不下，许多村庄已经放弃了生产经营这项业务，只有少数村庄目前仍有直接的生产性经营收入。乡村集体经济只有单一的经营方式，因此收入来源也单一。如何拓宽发展路径，也是乡村集体经济发展需要解决的问题。

三、以自治为基，实现乡村治理有的放矢

直面问题，勇于采取措施解决才是明智之举。如谚语所说："路遥知马力，日久见人心。"在克服上坡路的过程中，需要拥有勇气、耐力和创造力，才能够应对困难和挑战。因此，乡村治理必须致力于自治，充分发挥村民自治的力量，为实现乡村善治奠定坚实的基础。

（一）创新完善自治机制

完善的自治体制能够使各项工作事半功倍。乡村事务的开展都依赖于村民自治制度，这一制度在乡村基层组织中具有重要地位，管理范围广泛、管理对象多，涉及的制度数量也较为庞大，自治制度的合理性对乡村有着深远的影响。制定村民自治制度必须以事实为基础，并与农村形势的发展变化保持同步，这要求我们在实践中不断创新村民自治机制，并运用先进的治理理念来引导村民自治。

1. 完善乡村选举制度

一个健全的选举制度应同时发挥正式组织和非正式组织的作用。改善选举制度的前提是正确处理村"两委"的关系，可以通过"两推一选"来提升村党支部的公信力。具体做法是先召开村级党员会议，邀请非党员的村委会成员、各小组组长和村民代表参加，一起回顾上届党支部的工作并进行评价。然后进行党内和党外的无记名投票，选出下一届村支部初步候选人。接下来召集符合条件的村民参加村民代表大会，让村民通过填写测评表来评价初步候选人的表现，最终获得过半数村民认可的初步候选人成为正式候选人。此外，发挥非正式组织的作用对完善村委会选举制度也非常重要。例如，加强农民教育，提升他们的现代公民意识；合理控制和引导宗族势力；加强农村治安工作；加快乡镇企业和农村集体经济的发展等。

2. 构建协商民主格局

2019 年，中共中央办公厅、国务院办公厅印发《关于加强和改进乡村治理的指导意见》，在丰富村民议事协商形式中指出："健全村级议事协商制度，形成民事民议、民事民办、民事民管的多层次基层协商格局。创新协商议事形式和活动载体，依托村民会议、村民代表会议、村民议事会、村民理事会、村民监事会等，鼓励农村开展村民说事、民情恳谈、百姓议事、妇女议事等各类协商活动。①"在新的时代背景下，协商民主被视为基层党组织建设的一项关键举措，它在我国民主选举的进程中扮演着重要角色。与此同时，协商民主也为推进村民自治提供了重要的补充，丰富了村民议事协商的形式。在农村治理过程中，难免会出现不同意见甚至在乡村发展途径问题上会存在截然不同的观点。当代表们遇到问题时，应该冷静地坐下来进行协商，制订出最符合村民利益的策略，而不是固执己见、各自为政。

3. 建立村务监督委员会

为了监督其他组织机构，应当成立村务监督委员会。该委员会的成员应由村民大会或村民代表大会推选产生。为了进一步加强村委会建设和完善村民自治体系，应当进一步发挥监督机构的作用，加大监督力度，以确保各个组织机构的有序运行和操作透明。具体而言，村务监督委员会应监督村党组织和村民委员会的政策贯彻执行情况，确保党和国家政策的切实落实；监督村民委员会是否遵循程序规定和民事民意规则作出决策，若有违规之处，应及时纠正或向相关部门反映；监督村务公开、党务公开、财务公开，广泛征求村民意见，推动村民关注党和国家的热点问题；还要时刻监督村集体资金、资产的运行情况，确保集体资金的使用渠道透明，用在需要用的地方，防止村干部以权谋私，私自占用集体所有的资金和资产。对于出现贪污腐败行为的村干部，应立即举报。总之，村务监督委员会应确保各个组织机构履行好

---

① 新华社.中共中央办公厅 国务院办公厅印发《关于加强和改进乡村治理的指导意见》[EB/OL].（2019-06-23）[2023-12-01].https://www.gov.cn/zhengce/2019/06-23/content_5402625.htm.

各自的职责，让权力在阳光下运行。

（二）完善和创新基层管理体制机制

村民自治的有效前提是确立一套有序、实际可行的管理体制。随着新时代对我国农村基层管理体制提出更高的要求，需要在这一新背景下完善和创新管理体制机制。如，增强乡村社会组织职能、完善乡村便民服务体系、构建合理的基层管理组织体系和创新基层管理的资金投入。

1. 增强乡村社会组织职能

乡村社会组织的培育和发展旨在建立具有服务性、公益性和互助性的机构。作为乡村基层社会管理的重要组成部分之一，乡村公共管理社会组织的功能是否完善对于乡村治理体制的完善至关重要。具有影响力的社会组织能够提高村民自治能力，充分发挥自治体系的优势；激发群众参与乡村治理的积极性，并促使政府与民众建立更紧密的联系；提升村民的服务水平，增强公共基础设施的保护意识；提供更全面的就业信息，创造更多的就业机会等。因此，地方政府应当重视培育和发展具有公益性、服务性和积极性的乡村社会组织。

2. 完善乡村便民服务体系

着重发展综合服务平台，如“一门式办理”和“一站式服务”等平台，在全村范围内普遍建立网上服务点，逐步构建完善的乡村便民服务体系。同时引入社工制度，在各社区设立社工工作站，每个工作站都配备一名全职社工，建立适合乡村发展的社会工作者团队。政府对乡村社会组织在税收、人事、工资福利和劳动用工等方面可以制定激励政策，并提供适当的经费支持；集中整顿村级组织的考核评比、创建达标、检查督导等多项问题，简化各类办事流程，降低办理成本，促进社会组织规范高效运作。

3. 构建合理的基层管理组织体系

按照“优化机构、理顺职能、提高效能”的工作要求，积极探索适应乡村发展需求的基层组织机构设置方式，并规范机构和组织职能，充分发挥自治主体的作用。坚持党建引领，确保村党组织负责统筹、协调、发展党员，适时处理重要事务，包括但不限于管理方向性、政策性、整体性的大事。在推进乡村治理现代化的进程中，村民委员会的主要职责将转变为提高公共服务水平、社会管理水平、村民自治水平、社区服务水平以及维护乡村社会稳定，处理各类具体、监管的事务；村委会将不再直接参与集体经济组织的经营活动。乡村集体经济组织负责制定集体资产发包方案和负责集体资产的运营，并探索农村集体经济在市场资源配置下发展的新途径，逐步成为与其他市场经济主体平等竞争的实力派经济体。

农村社区服务中心（行政服务站）是一个集民政、国土、建设、房产、工商、税收、计生、就业、低保、流动人口、综治维稳等各类服务于一体的公共服务平台，它作为政府服务向乡村延伸的桥梁，充分发挥乡村社区服务中心的作用，实现农村公共服务和社会管理与城镇全面对接。

4. 创新基层管理的资金投入

乡村管理体制创新受到资金短缺的严重制约。"村改居"政策的实施要求将乡村管理体制转变为城市社区管理体制。因此，市政管理、教育、社会保障等方面的费用应由政府承担。然而，这些费用的投入超出了政府可负担的限度。除了政府的资金投入外，大部分"村改居"社区和农村社区的公共设施建设以及公共管理职能开支也依赖于政府的支持。然而，政府的资金是有限的，仅仅依靠政府这一单一渠道的投入必将导致严重的资金不足问题。由于庞大的管理费用需求和紧缩的政府资金供应，乡村管理体制创新受到了限制，新型管理体制的实施力度降低，难以达到预期目标。在"村改居"社区和农村社区的建设投入中，必须依靠村集体经济的支撑，而资金的不足正是迫使大多数"村改居"社区仍然沿用传统乡村管理体制的根本原因。

创新基层管理的资金投入要从两方面入手，一是应让政府财政资金的转移支付力度逐渐加大；二是应鼓励农村社区各个主体积极提供公共产品，并开展社会资金来源渠道的开拓，如实施有偿提供、组织社会捐赠活动、引导市场力量进入、提升乡镇企业的竞争力等。在市场资源配置的背景下，应当创新乡村社区的投融资体制，扩大投融资渠道，引导各类投资主体参与农村社区的开发建设。尽可能把市场可以有效解决的问题交给市场去运作，以使投资者能够获得利益，因为市场是当前最有效的资源配置方式。一旦融资渠道放开，社区服务将成为有前景的市场投资项目，公共设施也可以由市场主体投资运营，并在部分项目建成后适度收取费用，将原本无偿提供的公用产品转为有偿提供。通过创新资金投入机制，开拓融资渠道，将减轻政府在农村管理创新中的财政压力，并促进农村管理体制创新的顺利推进。

（三）增强乡村治理的资金基础

充裕的资金可以有效地支持乡村工作的开展。乡村集体经济的发展是实施乡村振兴战略和实现乡村治理现代化的基本保障。目前，我国在经济建设方面取得了巨大的成就，这些成就不仅应该在城市中展现，也应该在乡村地区得到体现。实现乡村振兴和乡村治理现代化必然需要强大的财务支持。乡村经济发达程度的提高，将促使集体经济更为活跃，进而带来乡村治理效果的提升。集体经济的强弱直接关系到集体力量的强弱，如果没有充足的资金基础，村集体的力量也难以充分发挥。然而，为了适应新的乡村发展形势，集体经济的发展方式也应该与时俱进。

首先，应该重视对乡村集体经济的顶层设计，为其经营和管理集体资产提供明确的指导方针和依据。对此，可以通过法律法规的形式明确管理办法，或者制定可操作的管理意见与条例，以确保乡村集体经济的健康运行。此外，为了促进乡村集体经济的发展，需要增加资金支持，并加大对其的扶持力度。集体经济的发展需要大量资金，单纯依靠财政转移支付是不够的。因此，应考虑为不同部门提供有针对性的农业资金和农村发展资金，并整合针对不同部门的农业资金，以提高财政资金的使用效率。对于那些具有潜在发展前景，对村民福利有长期影响但短期内效益不明显的村集体项目，可以通过给予补助和贴息等方式进行支持。而对于能促进农业综合开发和农业产业化的村集体项目，应该给予一定的信贷优惠，以减轻集体经济组织的经济负担，推动其发展。

其次，应充分考虑本地条件，创新发展乡村集体经济的方式。乡村地区各有不同，因此在发展集体经济时，需要根据当地实际情况制定相应的发展策略。乡村集体经济的发展应根据自身特点，选择适宜的产业方向，如农业、工业、旅游业等，或者将多种产业结合发展。但需谨记不要盲目尝试不适合本村的产业。在制定发展规划时，必须具备全局观念，不可走一步看一步。对于季节受限的行业，如旅游业，要利用旅游淡季或闲暇时间做好准备工作，不要将工作堆在一起，导致在行业旺季时出现各类问题。除了考虑自身可以发展的产业外，还需考虑市场需求。每个村不止适合一种产品或服务，选择提供什么产品、提供什么服务应根据市场需求作出决策。一个重要的原则是以市场需求为导向，确保生产出的产品或服务能够畅销，为集体经济创造更多收入。在互联网时代，可以利用电子商务平台创新乡村集体经济发展方式，拓宽销售渠道，通过互联网宣传本地特色，提升知名度和影响力，积极解决农产品销售问题。同时，还需创新思路，探索乡村集体经济发展的新形式。此外，可以考虑建立各类新型专业合作组织，引进先进技术和人才，为乡村集体经济提供更先进的技术支持。以往的村集体经营模式存在资源未充分利用、人员积极性不高的问题，因此，需要探索新型经营模式，改变资源使用方式，提高资源利用效率。

再次，创建、优化激励机制，激发乡村集体经济的活力。当前，我国乡村集体经济整体缺乏活力，管理人员的主动性和积极性不高。为改变现状，可建立一套激励机制，将村干部的年终奖与工作表现挂钩。村干部的工作态度往往决定着村集体经济的发展情况，因此，将村级集体经济的运行状况纳入村干部的考核范畴，并对取得显著成效的村级企业和表现出色的村干部给予物质和精神方面的双重奖励。同时，要实行人才回乡和人才引进的战略，重视人才的培养和引进。要充分发挥乡贤能人的作用，他们通常具有较大的影响力和人格魅力，利用他们的影响力可以吸引年轻人才回乡创业或就业，在此基础上，引进先进技术为村集体经济的发展提供助力，开辟出新的发展道路。此外，还要制定相应的优惠政策，吸引大学生和外出务工人才回到家乡，为村集体经济的建设做出贡献。

最后，吸收外来资源助力乡村集体经济的发展十分重要。在乡村治理的过程中，为了实现乡村振兴和乡村治理现代化，吸收外来资源是必不可少的，这包括资金、技术、人才、项目、教育、医疗资源等，这些资源是提高乡村治理水平、实现乡村振兴和乡村治理现代化的重要基础。乡村集体经济是吸引外来资源的基础，只有改变传统的经营模式，才能为这些资源提供一个良好的环境，让它们在乡村生根发芽并结出丰硕的果实。如果没有乡村集体经济的基础和环境，外来资源即使进入乡村，也无法融入乡村发展系统，难以发挥应有的作用。所以，在引入外来资源的同时，也要将乡村集体经济发展好，才能与外来资源进行匹配，并发挥出他们应有的作用。

（四）让乡规民约发挥作用

乡规民约是中国基层社会组织所制定的一种社会行为规范，有着传承性和契约性的特点，在乡村治理中能够发挥出重要的作用。第一，乡规民约发挥着维护乡村社会稳定与和谐的作用，它引导着乡民自我约束、自我管理、相互监督，以规范行为。第二，在乡村治理中，乡规民约的实施对于促进乡村经济协调发展、推动乡村社会民主法治、文化和生态环境建设具有显著作用。这些规约能够有效地引领和教育民众，培养他们养成爱护环境、遵守法律、学习文化的良好习惯，从而推动乡村文明建设的进程。为了让乡规民约在乡村治理中真正发挥出作用，可从以下几方面进行。

1. 规范乡规民约建设

为了有效助力乡村治理，乡规民约的建设程序必须遵循一定的规范。这意味着需要建立一套民主程序，让村民共同参与乡规民约的制定和监督，以约束村民的行为。这个程序应赋予村民相关权力，激发他们的积极性和主动性，使其成为乡规民约建设的主导力量。这样一来，乡规民约将得到村民的认可，并具备可信和可行的特点。同时，还应鼓励村民积极参与对乡规民约的监督工作，以提高乡规民约的具体实施效果。

除了在乡村治理中发挥作用外，乡规民约还能在其他方面发挥重要作用。例如，云南大理白族自治州通过乡规民约，为洱海保护注入新的活力。近年来，大理州一直在进行乡规民约的修订和完善，并将其视为基层治理的重要组成部分。这不仅有助于引导基层群众有序参与村（社区）事务，而且加强了村（社区）治理，并促进了公共秩序和良好道德风尚的建立，对推动洱海保护和治理发挥了积极的作用。

乡规民约规定了关于洱海保护治理的有关内容，各个沿湖村庄都树立了以洱海保护为核心的生态文明和环境保护意识，同时开展了环境绿化、美化和亮化工作。村民们自觉遵守洱海保护的法律法规，积极参与洱海保护的"七大行动"，并且认真推行"三清洁"环境整治工作，成为洱海保护治理的先锋。乡规民约在洱海流域形成了一股风潮，让群众争相遵守，并且培养了保护环境、守公德、讲文明和树新风的良好风尚，真正展现了乡风文明之美。广大群众对洱海保护治理的主动性不断增强，全民参与洱海保护治理的氛围也日益浓厚。

2. 对乡规民约的内容宣传要到位

目前，在我国很多乡村地区相继制定了乡规民约，但其实施效果却并不理想。事实上，在很多情况下并不是村民们不遵守乡规民约，而是根本不知道乡规民约的存在。所以，乡村基层在修订完乡规民约的具体内容之后，应当将乡规民约的内容进行合理的宣传，比如，以书面的形式发放给村中的每户居民，如果有不识字或阅读不方便的村民，可以通过口头宣讲的方式对其讲解乡规民约的具体内容。另外，还可以进行乡规民约宣讲会，在村大会上对村民集体宣讲乡规民约，在集体宣讲时要注重让全体村民从内心认可乡规民约的重要性，这样才能激发他们自觉遵守的意愿，以此来提高乡规民约的约束力。

对乡规民约的宣传，也可以结合当地的情况，通过当地村民喜闻乐见的形式进行宣传，像结合戏曲、歌曲、评书等形式来达到最佳的宣传效果。例如，2022 年，在云南大理州洱滨村开展了"践行村规民约深入移风易俗"大本曲[①]宣讲文明实践活动。在活动中，当地有着丰富经验的艺人以说唱的形式对洱滨村乡规民约进行了宣讲。他们非常积极地倡导村民们养成健康文明的生活方式。这一活动的目的在于加强农村的精神文明建设，提高村民的文明道德素养，推动社会主义核心价值观在村民中落地生根。

乡规民约也可以摆在突出位置进行宣传，例如，在大理白族自治州凤仪镇，14 个村委会和 124 个村民小组积极进行乡规民约的修改和完善。他们广泛了解村民的意愿，以社会主义核心价值观作为指引，在村民自治、邻里关系、环境卫生、移风易俗等方面制定了一系列村规民约。这些村规民约被展示在村中房屋的外墙上，引起了凤仪镇居民的强烈支持。居民们表示他们将带头遵守这些规定，并努力成为新时代的文明村民。

3. 提高乡规民约的约束力与实施效果

为了增强乡规民约的约束力与实施效果，可从以下两方面入手，一方面是发挥村干部的职能作用；另一方面则是全体村民进行配合和监督。为了充分发挥乡规民约的作用，需要完善实施保障机制，其中包括建立合适的奖罚制度和监督机制。对于恪守乡规民约的村民，可以给予物质和精神上的激励；对于轻微违反乡规民的村民，可以进行警示性教育；而对于严重违反乡规民

---

① 大本曲，又称本子曲，是大理白族人民最喜爱的一个曲调。曲调共有三腔九板十八调。三腔，是以大理南、北、中而分，唱法稍有不同。

约并且不改正的村民，则可以结合法律采取适当手段进行惩罚。

以云南大理州永平县官庄自然村为例，在乡村治理方面，官庄村的做法突出了以乡规民约为核心，注重在"三个环节"上努力实现乡规民约的制定。首先，官庄村在制定阶段，结合村内情况和民意，广泛动员居民参与，通过发起广泛讨论，采用简明扼要的语言形式起草了《官庄自然村村规民约》。其次，注重认可阶段，组织党员、民众代表和户主代表分别召开会议，逐条修改和完善乡规民约，并以投票的方式获得广大群众的认可，最终形成宣传手册发送给每户，要求他们遵守执行。最后，注重落实阶段，选举具有良好民众基础、公心和威望的党员和民众担任监事会和理事会成员，制定相应工作规则，并精心指导他们履行职责。

官庄村强调了"三个严肃"，以确保乡规民约得以有效实施。使用"红白板"公布制度，将村民遵守乡规民约的行为和事迹公布在红板上，违反乡规民约的情况则在白板上公布。对于违反乡规民约的轻微情节，由理事会成员进行批评教育；对涉及违反法律法规的情况，报告村委会并请上级职能部门进行处理，并根据具体情况在白板上公布；对于一些被列为不诚信、不守法、不道德、不友好的村民，采取了不予优先推荐享受民生政策、向银行系统提供其表现情况以及限制其信贷服务等措施作为严肃惩戒。通过乡规民约的治理，官庄村现在家家户户都养成了"门前三包"的习惯，村内道路始终保持整洁；清洁家园、田园和水源成了居民自觉自愿的行动；同时，村民对发展生态农业的意识也日益增强。

第二节　法治为本

乡村治理，法治为本。在实施乡村振兴战略和乡村治理现代化的过程中，需要不断完善乡村法治建设，引导乡村基层干部和农民树立依法治理乡村的理念和意识，并将各项涉及乡村治理的工作纳入法治化的轨道。此外，还需要强化法律在乡村治理方面的权威地位和根本作用，努力构建具有中国特色的法治乡村。

一、乡村治理，法治护航

当前，我国仍处于社会主义初级阶段，乡村的发展仍是我国发展道路上的关键任务。在经过漫长的发展过程中，乡村建设与治理已经取得了一定的成果。然而，与改革开放后迅猛发展的城市相比，广大乡村地区仍存在明显的差距。为了实现乡村治理体系和治理能力的现代化，首要任务是解决农民面临的各种问题，并切实改变乡村治理方式，将乡村法治建设列入重要议程。

（一）乡村法治建设是维护农民合法权益的重要保障

法律保护着人民的权利并规定着人民的义务。就我国目前的具体情况来看，在众多农村地区，保护农民合法权益的法律措施尚未达到令人满意的水平。要使乡村得到良好的治理和发展，农民的主观能动性必须得到充分发挥。要使农民发挥主观能动性，就必须建立起基本的合法权利保障体系，必须致力于加强乡村法治建设。

乡村法治建设对于保护农民在农村选举中的权利至关重要。在我国乡村地区，仍然存在选举暗箱操作的行为。这是因为村干部的法律意识淡薄以及许多村民缺乏法律知识，这将导致选举在进行之前就预先确定了结果的情况发生。选举中存在暗箱操作的村干部将进一步使当地的乡村治理走上错误的道路，农民的合法权益将持续受到威胁，从而形成了一个恶性循环。因此，在乡村治理中需要加强农村法治建设，为乡村营造一个公正透明的选举环境，持续保障村民的选举权利。

乡村法治的发展对打击非法侵占农业用地的行为具有积极意义。为促进乡村发展，我国政府积极推动乡村招商引资和推动乡村产业结构的改善，以此增强经济发展动力。然而，在这一过程中，也存在一些强占农业用地用于工厂等企业建设的现象，甚至这些企业还存在随意排放有害废料和废水、给公共环境带来风险、危害农民健康的问题。因此，我们要不断推进乡村法治建设，进一步完善法律法规，全面保护农业用地，避免非法企业侵犯农民权益。

农村法治建设对于解决"村霸"这一侵犯农民合法权益的群体具有积极意义。《关于加强和改进乡村治理的指导意见》要求："全面落实村'两委'换届候选人县级联审机制，坚决防止和查处以贿选等不正当手段影响、控制村'两委'换届选举的行为，严厉打击干扰破坏村'两委'换届选举的黑恶势力、宗族势力。坚决把受过刑事处罚、存在'村霸'和涉黑涉恶、涉邪教等问题的人清理出村干部队伍。①""村霸"指的是在农村各个阶级中存在的对农民实施霸凌的群体，这一群体的存在严重侵害了乡村群众的利益。随着近几年我国持续大力开展的"扫黑除恶"行动，"村霸"这一群体已经被基本肃清。

上述的几点，是较为常见的侵害农民合法权益的事件，对于很多被侵犯权益的农民来说，由于其法律意识淡薄，他们更多的是采取忍气吞声的方式。

---

① 新华社.中共中央办公厅 国务院办公厅《关于加强和改进乡村治理的指导意见》[EB/OL].（2019-06-23）[2023-12-01].https://www.gov.cn/zhengce/2019-06/23/content_5402625.htm.

所以，加强乡村法治建设，做好农民的普法工作，维护农民的合法权益，还有很长一段路要走。

（二）乡村法治建设是全面深化乡村改革的重要保障

2013 年 11 月 12 日，中国共产党第十八届中央委员会第三次全体会议通过的《中共中央关于全面深化改革若干重大问题的决定》，其中提出了要求实现乡村社会的全面深化改革。为了确保乡村社会的全面深化改革顺利进行，需要依靠法治来保护和支持改革进程。在社会转型过程中遇到的改革挑战，应该通过建立法治体系来保证改革的平稳推进，避免走弯路和犯方向性的错误。

目前，乡村改革面临着调整乡村生产关系和上层建筑的挑战，目的是更好地适应乡村生产力的发展。然而，这些改革面临着一定的阻力，因此需要采取进一步的措施来推进乡村改革。为了克服这些障碍，在这一过程中引入法治观念是至关重要的。需要对不适应当前乡村改革所需的法律进行适当的调整和修订，以确保乡村改革有法可依。通过法治的保障，乡村改革能够有序推进，促进乡村经济社会的发展，并保证广大农民的利益。因此，将法治建设作为乡村改革的重要保障是必要且必需的，确保实现全面发力、寻找突破口、确保步伐坚定、推动改革向纵深推进的态势。

习近平总书记在十九届中央深改领导小组第一次会议上指出："始终牢记改革只有进行时、没有完成时。[①]"改革是一个国家和民族实现生存和发展的必经之路。因此，当改革延伸至农村领域时，就变成了一场需要我们敢于面对困难并主动应对的艰巨战斗。乡村改革的战斗必须得到法治建设的全面支持和保护。只有依靠法治的有力支持，才能顺利推进乡村改革工作，不断取得显著的成效。

---

① 　中国日报网.习近平：改革只有进行时、没有完成时［EB/OL］.（2018-08-15）［2023-12-01］.
https://baijiahao.baidu.com/s?id=16088213344584598707072&wfr=spider&for=pc.

（三）乡村法治建设是全面推进依法治国的重要保障

法者，治之端也；君子者，法之原也。出自《荀子·君道篇第十二》，这是荀子对法治与国家治理的论述，也说明治理国家的开端是健全法治。我国是农业和农业人口大国，乡村的法治建设是全面依法治国的重要组成部分和重要保障。

习近平总书记在党的二十大报告中指出："全面依法治国是国家治理的一场深刻革命，关系党执政兴国，关系人民幸福安康，关系党和国家长治久安。[①]"从党的执政兴国的视角来看，全面依法治国是确保党全面建设社会主义现代化国家的有力保障，也是党治国理政所累积的宝贵经验；从人民幸福安康的角度来看，法治是保障人民生命财产安全、维护社会稳定和谐秩序的基本保障，将推动我国向更高层次发展；从国家长治久安的角度来看，法治的繁荣是国家繁荣的基石，法治的衰败则意味着国家的动荡和混乱，这一点已在历史实践中多次得到验证。

乡村是我国重要的组成部分，在全面推进依法治国的进程中，乡村的法治建设也是不可或缺的，要依法治国，也要依法治农。为了满足实现依法治国的基本要求，我们需要积极推进乡村法治建设。因此，乡村法治建设与依法治国的四项基本要求密切相关，即有法可依、有法必依、执法必严、违法必究，这些要求都需要乡村法治建设为实现依法治国提供坚实的法治基础。

经过多年的发展建设，我国乡村法治建设已经取得了一定的成果，形成了依法兴农、依法护农的良好氛围。然而，我们必须认识到，乡村地区仍然是法治建设中薄弱的领域。中国共产党长期以来非常重视乡村治理与建设，将解决乡村问题作为治理的重点，解决乡村法治问题则为解决乡村问题提供重要保障。由于乡村经济和社会的发展水平相对滞后、文化相对封闭以及在

---

① 蒋熙辉.坚持在法治轨道上全面建设社会主义现代化国家［EB/OL］.（2023-01-03）［2023-12-01］. https://m.gmw.cn/baijia/2023/01/03/36273968.html.

国家体制内话语权相对不足等历史和现实因素，乡村法治建设一直相对落后于国家法治建设的规划进程。具体表现为农民法律意识的淡薄，对法律的了解不深和学习的能力不足，乡村法治资源的匮乏，法治环境较差等。如果我国不能解决乡村法治建设问题，那么全面依法治国的进程必然会受阻。如果没有实现乡村依法治理，全面依法治国就无从谈起，全面依法治国需要通过加强法治建设来填补乡村法治的不足。因此，乡村法治建设是全面推进依法治国的重要组成部分和重要保障，只有做好乡村法治建设，才能顺利推进全面依法治国。

二、乡村法治，任重道远

在前文的论述中，我们看到了乡村法治建设的重要意义。回到现实问题上，当前，乡村法治建设在实际中还存在一些问题，这需要我们端正态度，勇于直面问题，来完成我国乡村法治建设的任务。我们的目标不仅是完成任务，而且还要确保当前法治建设的质量，确保未来乡村法治体系的稳定和持续进步。

（一）还需进一步加强农民法律意识

随着我国社会的高速发展，社会、经济、法律、教育、医疗等方面取得了全面进步，人民的生活水平有了很大的提高，法律意识也日益增强。对于我国的城市居民而言，其法律意识已经达到了一个新的高度，几乎做到了人人知法懂法。但在乡村地区，虽然法律的概念也已经深入人心，但还是有部分农民群众的法律意识较为淡薄，当自己的权益受到侵害时，也往往不会用法律的武器来保护自己，所以，当前还需进一步加强农民的法律意识。目前，造成部分农民法律意识淡薄的原因大致有以下两方面。

第一，部分农民在受到传统文化和人治思想的影响下，对法治观念缺乏认识，对法律规定的自身权利和义务了解得十分有限。这种情况与我国乡村文化教育水平的极不平衡密切相关，许多农民受教育程度较低，缺乏学习能力和文化背景，因此对国家和地方法律法规的了解甚少，甚至根本不关心。在这种法治环境下，当农民面临各种经济纠纷、土地纠纷和环境污染等问题时，很少会寻求法律途径来解决，他们大多数会忍气吞声，或者采取一些违法的手段来维权。比如，农民外出打工时，遇到了拖欠工资的情况，大多数农民不会运用法律手段保护自己的合法权益，他们通常采取拉横幅、静坐，甚至使用暴力等方式来对付拖欠工资的雇主。还有一些农民因为害怕雇主的权威，认为他们是有势力的人，因此只要得到一些小恩小惠就不再追究，这种情况并非个案。可以说，由于法治意识不健全，农民在受到侵害时无法切实行使自己的权益已经成为一种社会现象。因此，要保护农民的合法权益，首先要做的就是让他们了解自己的诉求可以依法获得保障。

第二，农民的参政、议政以及监督缺乏主动性。村民自治作为乡村治理的另一重要手段，要求农民积极参与村内事务的决策，并通过建立村务监督委员会来对村委会的工作进行监督。为了规范农民参与政务和监督村委会、村监委的工作，我国在1998年开始实施《中华人民共和国村民委员会组织法》，并在2018年对该法进行了最新修订，以适应当下乡村自治的新形势。在法律的规范下，乡村民主自治已取得一定成绩，但同时也存在许多问题。可以说，农民参政议政缺乏主动性，热情度也不高，监督机制形同虚设，这些问题已经成为乡村法治建设的障碍。

（二）部分干部没有养成依法办事的习惯

与部分农民缺乏法治意识相类似的是，当前我国乡村基层部分干部的法治素养也有待提高。具体表现在，部分基层干部对法律知识的掌握有限；法治观念较差；学法、用法的能力较弱；解决村民纠纷时运用法律知识的意识和能力较为薄弱；面对与法律相关的村务时，做法缺乏针对性、有效性和合法性。此外，还有个别基层干部在处理村务时，办事方式欠妥，不会使用法律工具，部分干部没有养成依法办事的习惯。造成这种情况的原因大致有以下三点。

1. 部分乡村基层干部的文化水平不高

由于我国乡村地区教育水平相对较低，乡村地区很难培养出具备符合国家要求和乡村发展利益的高素质基层干部人才，尤其那些法治素养较高的人才较为稀缺。同时，受限于乡村的生活条件不如大城市，受过高等教育的年轻人才大多不愿意前往乡村地区任职。这两个因素相互作用，导致目前我国部分乡村基层干部的文化素质不高。因此，许多乡村基层组织只能在人才匮乏的乡村内部不断选拔领导干部，这导致选出的乡村基层干部的文化水平不高。

2. 部分乡村基层干部未摆脱"人情社会"的陋习

人情世故虽然一直是我国的一种传统文化，但在乡村治理工作中，人情世故却不适用。目前，我国乡村社会的转型尚未完成，大部分乡村还处于"人情社会"当中，这也让部分乡村基层干部未能摆脱"人情社会"的陋习，习惯以"人情"来处理乡村事务。部分农民也尝试利用"人情"来笼络基层干部，希望通过"人情"关系来为自己谋取利益，这造成了乡村"微腐败"的情况出现。在这种情况下，久而久之，"人情"将会超越法律，成为治理乡村事务的常态，会严重影响乡村地区的法治建设与秩序。

3. 部分乡村基层干部的治理观念较为落后

目前，部分乡村基层干部存在只关注权利而忽视自己义务的情况。他们错误地认为，只要拥有权利，就可以为村民们办实事。然而，当面对乡村内部矛盾时，他们有时会无视法律法规，崇尚"权力主义"和"经验主义"，错误地认为拥有职位和丰富经验就可以做出最佳决策。这导致他们在应对乡村问题和矛盾时的决策往往缺乏准确性、合理性和长远性，无法赢得大多数村民的支持，也无法建立起持久稳定的管理机制。与此同时，这种现象也对乡村的法治建设造成了危害。

在推进乡村法治体系的过程中，基层干部在其中发挥着至关重要的作用。对于当前乡村的法治建设而言，应当培养和输送更多的优秀人才到乡村基层。同时，需要对现有的干部队伍进行法治教育，以提升他们的专业素养，从而更好地为乡村的法治建设做出贡献。

（三）乡村法治建设缺乏可靠的经济支撑

党的十九大报告中作出"我国社会主要矛盾已经转化为人民日益增长的美好生活需要和不平衡不充分的发展之间的矛盾"重大政治论断，这在党的二十大中也被重复提及。所谓不平衡不充分的发展有着多层含义，其中之一指的是我国当前城市和乡村发展不平衡。自改革开放以来，我国经济突飞猛进，然而城市经济仍是推动经济快速增长的主要动力。2021 年，我国脱贫攻坚战取得了全面胜利和重大历史性成就，虽然我国已经全面脱贫，乡村经济取得了长足发展，但目前仍然面临经济基础薄弱的挑战，尤其在中西部地区较为显著。

在某些经济不发达的乡村，基层政府对乡村法治建设的资金支持有限，对法治建设起到的作用也有限，这导致当地农民无法得到可靠的法律援助。长此以往，农民们还是更愿意以"人情社会"的习惯来解决村中的各种事务与纠纷，更加依赖于"人治"思想。

乡村经济基础薄弱所带来的农民自身可支配收入的限制，也是影响乡村法治环境的一个关键因素。农民不愿意采取法律手段维护自身合法权益，不仅仅是因为他们缺乏法律知识，法律意识淡薄，缺乏对法律的信仰，更主要的是因为农民的可支配收入有限。当前司法服务的成本对于农民来说是一笔不小的开支，所以在降低司法成本的同时提高农民的收入水平，也是乡村法治建设中的重要课题。

（四）需要进一步完善乡村司法体系

广义上，我国的司法体系包括公安机关、检察机关、法院和司法行政机关四个主要机构。尽管我国城市司法体系相对完善，但乡村司法体系仍需进一步完善。目前，乡村司法体系还存在以下几点问题。

1. 乡村基层调解工作的效率与效果有待提高

我国各乡镇都设有司法所，其主要职责是处理乡村基层司法事务。这些司法所在村委会中设立了人民调解委员会，依法负责社区调解工作，其效果优于法院调解，因为它在处理大量民间纠纷和轻微刑事案件时更加灵活。虽然，该调解委员会没有法律强制力，但可以协助法院分担一般性调解工作。然而，当前乡村地区的法律人才匮乏，基层人民调解员的水平参差不齐。一些年轻人缺乏调解经验，而另一些人虽经验丰富但缺乏法律知识。这导致基层调解员缺乏专业性，或者仅凭经验和人情来解决问题，而无法让双方当事人信服。此外，由于缺乏监管，一些乡镇的司法干部可能产生轻微的官僚主义思想，在解决农民司法问题时滥用权力，导致办事效率低下和不公正。以上情况可能导致原本可以通过调解解决的问题需要农民投入更多的时间、精力和金钱来解决，同时也会降低对司法机构的信任度。所以，要提高乡村基层调解工作的效果与效率。

2. 我国乡村司法功能宣传力度需要提高

我国乡村地区的部分农民教育水平相对较低，他们对法律的认识和意识相对薄弱，不清楚如何获取法律帮助和在何处咨询相关的问题。因此，迫切需要各级乡村政府向农民传达司法系统的功能和作用。然而，目前的情况是，乡村地区在司法功能宣传工作上存在着缺乏深度的问题，很多宣传只是流于表面，导致司法系统功能的宣传效果未能达到预期。因此，在当前情境下，农民对司法机构的了解仅停留在个体感知的层面，即使有最新的法治政策对农民有益，也很难完全渗透到农民群众中，这严重限制了乡村司法机构发挥其应有的作用。

3. 我国乡村司法机构工作人员的职业精神有待加强

相较于城市来说，乡村地区经济和生活条件较差，但乡村司法机构的工作人员很多来自城市，他们因政府派遣或支援乡村建设而来。由于工资较低和生活水平不如城市，一些工作人员对农村工作产生了畏难情绪，并将其带入工作中，导致对农民不友好，工作效率低下，并对其他同事的工作情绪产生了不良影响，从而形成恶性循环。这必然会影响乡村司法机构的工作效率，削弱农民群众在司法机构中寻求帮助的积极性，甚至动摇法律在当地农民心中的权威性。所以，在乡村法治建设中，要注重加强乡村司法机构工作人员的职业精神，不要将负面情绪带入日常的司法工作中，进而对乡村法治建设造成不良影响。

综上所述，我国农村司法体系的建设任务面临着诸多困难和挑战，乡村司法体系建设作为乡村法治建设的重要组成部分，必须得到我国各级农村地区政府的高度关注。只有在司法体系建设的各项任务上取得良好成绩，才能为乡村法治建设奠定牢固的基础。

（五）需要加强依法治理执行的规范性

当前，在我国农村地区，多数基层组织能够有效实施法治管理，并拥有明确的法治制度，与农民群众的沟通较为密切。然而，仍有一些乡村对于法治管理的理解存在偏差，导致一部分地区的法治管理无法常态化，基层自治组织的功能则变得名存实亡，这也暴露出乡村法治建设存在的一些问题。

部分乡村基层组织法治制度执行存在不规范的问题。农民对于参政议政的积极性较低，除了农民缺乏法律知识、法律意识淡薄，不清楚参政、议政是每个公民享有的权利之外，还有一方面原因是乡村基层组织对法治制度执行不到位和不规范。目前，乡村基层组织主要以村民委员会这一形式存在，村民委员会是农民群众实行"自我管理、自我教育、自我服务"的基层组织。

　　尽管我国大多数乡村建立了村民大会、村民代表大会等制度，实现了村务公开、村民议事的机制，但其发挥的作用并不是很大。例如，许多村的村民大会很少召开，即便会议能正常召开，村务、财务等事项的公开也并不完全透明。这说明乡村虽然有法治制度，但执行效果有限。另外，在乡村基层法治制度的运作中存在一些问题。例如，根据法律规定应由村民大会作出决策的事项，实际上往往由村民代表大会来决定，这导致村民大会失去了实际作用。重要事项应当由全体代表共同决定，但实际上往往由少数村干部来决策。此外，在民主选举和候选人条件方面缺乏统一原则和标准，选民资格的界定也不明确，因此在选举过程中无法保证大多数村民能够参与进来。当前，乡村基层法治制度的执行方式未能充分代表广大农民的利益，这也导致了农民参与政治事务的积极性不高，不利于稳步推进乡村基层的法治建设。

　　乡村法治制度建设存在一些问题。作为乡村法治建设的核心组成部分，制度建设会直接影响着法治建设的成果。目前，我国的一些乡村制度存在一些不足之处。首先，乡村制度过于烦琐和冗长，其中的条款过于追求形式，这种强调形式的做法不仅使乡村干部感到困扰和疲惫，而且让群众感到抽象和难以理解，从而导致重视形式而轻视实效，影响了法治制度的有效实施。其次，我国乡村法治制度缺乏系统性。针对乡村治理问题，各级单位都制定了各自的制度，因此乡村基层制度众多，到处都要张贴规章制度，一些乡村基层单位里甚至整面墙都是规章制度，这使得村民和村干部根本没时间逐条理解，也不愿意深入理解。再次，许多农村制度缺乏可操作性。这些制度在制定过程中没有充分考虑乡村的实际情况，内容冗长而缺乏明确的量化和具体化要求，或者过于笼统和缺乏原则性。最后，有些基层单位存在重视制度建设，却在实际操作中很少使用这些制度。制度中缺乏强制性的规定和约束，要求不够具体，责任追究不到位，这导致了制度执行缺乏公信力，难以形成依法治理的良好态势。

三、乡村善治，法治为本

为了更好地完成乡村法治建设的任务，实现"党建领航，三治融合"的乡村善治目标，实现乡村振兴战略和乡村治理现代化，需要对乡村法治建设的问题进行更多的思考。从加大普法力度、加强经济基础、强化权力监督和完善司法体系入手，不断完善乡村法治建设体系。

（一）加大普法力度

据 2021 年第七次全国人口普查结果公布，我国居住在乡村的人口为 50979 万人，占 36.11%。[①] 为提高全体农村居民的法治素养，首先要深化乡村居民的法治思想基础。要使全部乡村人口的法治素养得到提高，必须对乡村群众和村干部进行普法活动和法制教育。同时，各村可以根据实际情况，在法律允许的范围内制定一些适应当地情况的乡规民约，从而实现国家法律、乡规民约的协同作用，对乡村法治工作的成功发挥积极作用。

加大乡村普法力度，深化法治文化在乡村社会中的渗透，努力提升村民和村干部的法律意识和法治素养是必不可少的。乡村治理的核心是广大农民，为发挥其主导地位，就必须进行法律知识的宣传和教育。乡村各级政府和相关单位首先要承担起责任，从小到大采取多种举措，如建设法治宣传长廊、制作法治宣传手册，甚至创办法治宣传期刊、网站或 App；在乡村中小学开设法制教育课程，打造法制教育示范学校；还需要组织优秀的法律专业人才走进乡村，面对农民群众进行法治宣传和教育。由于部分农民的文化水平较低，普法宣传工作需要有耐心；要提高法治宣传的针对性和实用性，根据农

---

① 吴昊，都昕竹，王戈，等.第七次全国人口普查结果公布！全国人口共 14.1178 亿人［EB/OL］.（2021-02-11）［2023-12-01］.http://m.news.cctv.com/2021/05/11/ARTIGhuT8SfKgM79GUL5f6Kz210511.shtml.

民的需求有针对性地宣传；多样化宣传形式，开展生动有趣的宣传活动，用真实案例来生动说明，用通俗易懂的语言讲解法律，使农民真正理解法律的本质。我国对社会普法工作一直十分重视，但是乡村普法的任务是艰巨的，需要花费大量人力、物力和财力才能将普法工作推进到全国乡村的各个角落。但只有把普法工作做好，才能让农民们认识到权利和义务之间的关系，让农民知道自己有法可依，提升法律在农民群众中的公信力。

为了加强对乡村基层干部的教育，需要提供更加专业和严格的法治教育，以提高他们的法治观念。乡村干部应该树立法治为民的意识，对法律忠诚，为法律界定自身行为，避免滥用权力。此外，还需要确保乡村基层干部依法办事、依法行权，并且加强对法律的敬畏之心。乡村干部应该明确违法必受严惩的法律观念，杜绝"人情"治理和"微腐败"的现象出现，认识到任何违法行为都将受到法律的制裁，无论其身份地位或职务高低。作为乡村治理的重要组成部分，乡村基层干部的法律素养直接关系到乡村法治建设的顺利进行。因此，在乡村干部的法律培训中，必须进行严格要求，培养出符合乡村治理要求的优秀干部队伍。

在对村民和基层干部进行法制教育的同时，可以通过宣传和运用乡规民约来促进乡村法治建设。乡规民约源自我国悠久历史中总结的礼仪规范、社会美德、道德修养等，乡规民约多是在村落内形成，所以容易被村民们接受。与法律相比，这些乡规民约虽然没有强制力，但不像一些法律条文那样难以理解，更容易被接受和遵守，因此也在维持乡村社会秩序方面发挥着积极作用。建设乡村法治体系需要充分发挥乡规民约的作用，使法律与乡规民约更贴近村民生活。首先，在一些习惯法和国家定制法都可以调整的领域，应充分利用习惯法，使乡村社会朝着积极、稳定、和谐的方向发展，使定制法成为习惯法的有益补充；其次，在定制乡村相关法律法规时，国家应积极吸纳乡村习惯法中的有益内容，避免定制法与乡村实际情况脱离，使村民在诉诸法律时能得到最大程度的保障，使定制法在乡村中发挥其独特的作用和特点；

最后，要发挥国家定制法对乡村习惯法的引导作用，培养村民的权益意识和责任意识，逐步增加村民对国家定制法的认同感，并使乡村群众能主动遵守和信仰法律。

只有当人们内心深处对法律表示敬畏、信任并且遵守和保护法律时，法律才能发挥其最大的作用。通过广泛和严格的普法活动，通过恰当地利用国家定制法和乡规民约之间的互动，可以真正让法律在乡村民众和基层干部心中扎根，让法律成为他们心中公平和公正的信念。只有具体落实普法工作，发挥乡村规约的优势，法治思维才能深入乡村民众和基层干部的内心，发挥其应有的作用，乡村法治建设才能稳步推进。

关于乡村基层普法，有很多故事可讲。在云南，有一位年近 60 岁但仍然奋战在普法一线的老司法干警——李学平。从"一五"普法到"七五"普法，他努力耕耘，35 年让法治意识遍及彝州，也成为云南普法历程最鲜活的见证者。

1986 年，是实施"一五"普法的第一年。1985 年刚参加工作的李学平成为元谋县元马区的一名普法工作队员。考虑到他是少数民族干部，领导便派他前往凉山彝族地区（现为元谋县凉山乡）开展法治宣传教育工作。他装好帆布包，携带着《九法一条例》法律读本，踏上了前往凉山彝族地区传播法治观念的旅程。由于当时没有便捷的公路交通，而且各个村庄分布在山头上，李学平不得不逐村奔走，每次都要花费半个月的时间。

对于当时的工作，李学平深切感受到了两大困难。第一，当时"一五"普法工作刚刚起步，云南省全境的普法工作仍处于普及"法治"概念的启蒙阶段。面对法律意识薄弱的村民，开展观念上的"扫盲"工作本身就很不容易，更不用说劝导凉山彝族群众放弃用传统民族风俗来解决内部纠纷，转而用法律来解决问题。"走进村庄"这一工作局面给李学平带来了许多困扰。第二，面对法律知识，李学平本身也是一名新手，他需要自己进行学习和掌握。

在农田间，李学平与老乡们一起辛勤劳作，利用劳动间隙向他们讲解法律背后的道理。在煤油灯的微弱光线下，大家围坐谈论与法律有关的人和事件。年轻而充满活力的李学平通过运用自身的行动力、耐力和亲和力来传授法律知识。也正因为如此，李学平辛苦的见证莫过于那一双双磨破的绿胶鞋。他表示，基本上一个月就能磨坏一双鞋，按照修补和勉强穿的习惯，平均一年要换四双鞋。至今，李学平仍然保持着穿绿胶鞋下乡普法的习惯。

"二五"普法中，李学平加入了司法行政工作队伍，真正成了一名普法工作者，对普法工作也有了更多、更深层次的认识与理解。他回忆起一起发生在彝族村民中的土地纠纷案件，其中一户村民向法院起诉县里的职能部门。虽然不确定这是否是元谋县首例"民告官"案例，但该案的发生已经说明了我们的普法工作取得了成效。在类似纠纷发生时，居民以往通过与职能部门的争吵来表达不满情绪。然而，这一"民告官"案例表明老百姓开始逐渐意识到用法律手段来维护自身合法权益的重要性。

李学平和他的同事们对于首次出现的"民告官"案件感到非常欣慰，但也意识到了新的普法任务，领导干部和职能部门工作人员应更加重视普法教育。与此同时，云南省的普法教育工作开始更有针对性，注重普及法律常识的同时，重点强调《宪法》和专业法的内容。这标志着普法活动开始注重学用结合，朝着依法治理的方向发展。领导干部、国家机关工作人员和青少年等被视为普法教育的"重点对象"。

在这段时间里，李学平和他的同事们开始改变他们的普法方式。他们从最初只是发放普法宣传材料、出版墙报、贴写标语等简单的宣传形式，扩展到了放映普法电影，坚持法治与德治的双重结合。他们还在县城公共活动场所的显眼位置建立了永久性壁画《二十四孝图》法治文化长廊，编印了《元谋县法治文艺节目汇编》，还组织了全县122支农村文艺宣传队，并举办了法治文艺演出等群众喜欢的灵活形式。此外，他们还经常进行送法进乡村、进社区、进企业、进机关、进单位、进学校等活动。

在"三五"普法阶段，李学平进入了县委普法办，并承担了组织普法工作的责任。他通过多次的实践体会到，在我国由计划经济体制向社会主义市场经济体制转型的过程中，普法内容必须与时代密切相关。然而，在当时的楚雄州，这种做法被许多单位误解，甚至有人认为这是将司法行政责任转嫁给了其他单位和部门。为了促进普法工作的均衡发展，李学平和他的同事们不断奔走协调，花费了大量的时间和精力。他们坚持不懈地推动着普法工作的进展。

在"四五"普法阶段，元谋县积极推进"民主法治示范村"的建设。在这个过程中，李学平投入了大量精力，花费了一年时间，为村委会提供指导，其中包括制定村规民约和实施"四民主两公开一事一议"等举措。经过各级考核，最终有78个村级被命名为"民主法治示范村"，并有3个被命名为省级示范村。

经过"五五""六五""七五"普法，元谋县不遗余力地构建了一个完善的"大普法"体系。县政府始终坚持将法治宣传教育和法治实践相结合，以推动"法治元谋"创建活动为支撑，积极开展了法治建设的相关工作。在经过评估考核后，县级评定了2个"法治乡镇"、4个"法治单位"、4个"法治学校"和2个"法治企业"，这进一步提升了整个社会的法治管理水平。

为了使普法更加生动、贴近实际，李学平提出了"追求艺术性"的观点，将日常普法提升到了一个新的高度。他的母亲为他绣制的彝族马褂成了他独特的"战袍"。结合本民族的风俗喜好，他将普法与彝族左脚舞曲巧妙地结合起来，创作并拍摄了11首彝族左脚舞曲普法宣传歌谣。通过民族文化，他成功地展现了法治精神，并有效地增强了法治宣传教育的效果。为了解决农民对法律条文理解不深以及农村干部学习时间分散、学习内容与实际工作不一致等问题，他印刷了《元谋县法治宣传手册》和《元谋县"法律七进"实用手册》10万册，并免费分发到全县652个村民小组的农村干部和群众手中，为每个家庭提供了学习资料，让他们成了"法律明白人"。

随着人民对普法产品需求的变化，李学平勇于挑战自我，提出了更高层次的编撰要求：增强法治宣传教育的针对性和实效性。从"六五"普法末期开始，李学平和县司法局的同事们开始搜集整理群众身边的典型案例，并制作了一系列专题片《热坝说法》作为法治宣传教育的首部作品。他们随后深入各乡镇、村寨，用以案释法、以案说法的方式，运用真实的典型案例来教育群众。这种宣传方式取得了显著效果，并广受好评。目前，已经制作了13集《热坝说法》法治宣传教育专题片。现如今，《热坝说法》已成为楚雄州普法工作的一个知名作品，深受人们的认可和喜爱。在此基础上，李学平和他的同事们进一步加倍地努力，筹集了资金，在元谋县城的"凤凰新城"四馆片区以及周边区域建设起了以"弘扬法治精神、共建和谐元谋"为主题的元谋县法治文化中心。

凭着极强的职业热忱，李学平几十年如一日地向广大干部和群众普及法律法规知识，真诚地将法律送达千家万户。他在平凡的工作岗位上取得了显著的成绩，赢得了各方面的赞誉和肯定。他先后六次被省州县评为"普法先进个人"，被州委州政府评为"普法30年先进个人"，并被县委县人民政府连续八年评为优秀公务员，记个人三等功两次。

（二）加强经济基础

"仓廪实而知礼节，衣食足而知荣辱"。百姓有了一定的经济基础后，才能自觉地注重礼仪，崇尚礼仪。正如在马克思主义政治经济学原理中所言：经济基础决定上层建筑。这表明，任何事物的进展都与经济发展密不可分，只有经济取得进展，才能推动乡村法治建设的进程。因此，为了有效地推进乡村法治体系的结构建设，我们必须确保经济基础的稳固。

为了增加乡村各级政府和农民的可支配收入，各地区应该采取因地制宜的措施应对经济发展水平不平衡的问题。具体而言，首先，应充分发挥每个村的特色，积极探索适合本村发展的优势产业，以提升乡村经济竞争力；其次，乡村各级政府应与经济发达地区的城市政府加强联系，借鉴其经验，探索与之形成经济联动的可能性，助力乡村和农民摆脱贫困；再次，政府应加大科技宣传力度，鼓励农户科学种植和发展绿色农业，提高农产品的科技含量和附加值，增强市场竞争力，促进农业增产和效益提升，同时通过各类电商平台推广特色农产品，让消费者方便购买优质农产品，实现双赢；最后，政府还应加快乡村土地流转进程，促进农业集约化和规模化经营，推动中国特色农业现代化进程。

随着乡村经济的蓬勃发展，农民的个人收入得到了提高，进而激发了他们积极参与法治活动的意愿。与此同时，农民也因拥有更多可支配收入而能够选择适当的法律服务来保护自己的合法权益，使依法行事成为他们切实可行的选择，而不仅仅只是一种口号。此外，经济的发展不仅能增加农民的收入，还能帮助乡村各级政府提高财政收入，并用于促进法治相关基础设施的建设，进一步优化法治环境。举例来说，应完善乡村公共法律服务体系，加强乡村法律人才队伍建设，特别是为贫困农民提供必要的法律援助和司法救助。综上所述，巩固经济基础对乡村发展百利而无一害。因此，乡村各级政府应高度重视乡村经济发展，采取一切措施积极推动乡村法治建设。

（三）强化权力监督

村民自治制度是我国乡村治理的重要政治基础，村民自治制度在解决"三农"问题、化解乡村矛盾、提高村干部和农民素质方面具有关键作用。因此，要推动乡村法治建设，必须完善农村基层组织的村民自治制度。通过提高乡村基层自治水平来提升法治水平，这两者密切相关且相辅相成。可见，巩固乡村自治的政治基础对于推进乡村法治建设具有重要的积极影响。同时，应注意到，巩固乡村自治的政治基础应当强化对权力的监督。

为了巩固乡村自治的政治基础，首先，我国乡村各级党组织和政府应以多种形式进行《中华人民共和国村民委员会组织法》的宣传和学习，进一步增强乡村内部民主决策、民主管理和民主监督的意识。将村委会的民主选举权完全交给村民，使村委会的决策过程透明化，财务公开化，确保每个村民了解全部村务事项。只有让每个村民参与到乡村自治体系中，才能让他们和村干部认识到村民自治制度的优越性和依法治村的重要性。进一步在农村和村干部中普及法治思维，不断增强他们的民主意识和法治意识。其次，在村民自治过程中，涉及农民利益的重大问题，特别是重大事务，应由村民代表大会决定，培养农民自主进行重大事务民主决策的良好习惯，让村民认识到权利与义务的一致性。最后，村委会应全力推动党和国家政策法规的宣传，让村民深入了解各种方针政策，确保村民坚信乡村自治制度下的选举权、决策权和管理权是每个村民的合法权利，让每个村民成为村庄的真正主人，不断提高农民参政议政的积极性和主动性。

除了对农村基层自治组织的工作进行各种优化外，我们还需要不断加强村民对村干部的权力监督和制约机制的建设。权力若不受监督和制约，将对法治构成很大的威胁和破坏。目前，在我国乡村中，村干部拥有最大的管辖权，几乎涵盖了全部乡村事务，如人力、财力、物力。因此，村干部的行为和决策将直接影响村民是否能够被公平公正对待，以及是否能够获得应得的权利，这与乡村法治的有效实施密切相关。因此，必须确保村民能够有效行使监督权。若对村干部权力缺乏监管或村民因害怕报复而忍气吞声，将使村干部更加嚣张，严重影响乡村法治建设。基于此，首先，我们应确保村民合理行使监督权，村务监管委员会应引导村民积极行使合法权利；其次，村民委员会应制定村干部权力清单并公示，将重大决策事项、村级财务管理、村级集体资源管理等项目公开透明化，对村干部的公共权力事项进行规范，使权力在阳光下运行；最后，若存在外力导致村民监督权无法行使的情况，村民应立即向乡镇政府、县市级或省级政府报告情况，上级政府和相关司法机构应立即采取措施，情节严重者应受到严厉处罚，以警示他人。

在乡村法治建设中，村民自治制度和权力监督制约机制的完善将加速发展的进程。当村民们对参政议政和权力监督充满热情时，他们将进一步认识到国家赋予他们的权利和义务，从而自发地在乡村中建立起法治的防线。

因此，确保乡村自治体制能够健康稳定地运行是巩固乡村法治建设的重要保障。

（四）完善司法体系

在推进乡村法治建设的过程中，完善乡村司法体系是构建乡村法治体系的关键所在。在推进乡村法治建设的进程中，我们必须将司法体系的建设置于首要位置。因为乡村司法体系的稳健与否，对于保护农民合法权益的有效性、乡村纠纷处理机制的运转效果、农民法律援助和司法救助的有力推进，以及乡村行政执法水平的提高程度，均具有重要影响。因此，我们应竭尽全力，完善乡村司法体系，并将其作为乡村法治建设的核心任务。当前，我们仍需进一步改进司法体系中的不足之处。

第一，应加强乡村司法机构的建设工作，尤其针对农民群众的司法机构建设。首先，各级政府应高度重视乡村地区，对于经济较差的地区要提供资金、法律人才等方面的援助。其次，要着力提高乡村司法体系的联动性，避免相关部门在面对问题时互相推诿责任，明确各相关部门的职责，并相互进行监督，以提高工作效率。再次，对乡村地区司法机构不完善的情况进行调查，直面问题并解决问题，填补司法体系的不足之处。最后，除了建设乡村司法机构外，还应该建设乡村基层社区调解机构，即人民调解委员会。虽然调解委员会没有法院调解的法律强制力，但在处理大量民间纠纷和轻微刑事案件时更加灵活，可以协助法院分担一部分一般性调解工作，减轻乡村法院的工作压力，同时也可以帮助农民降低调解成本，为乡村司法体系提供重要补充。

第二，要致力于提高乡村法律专业人才的培养和引进工作。首先，乡村各级政府和相应的司法机构应持续从社会各个领域选拔能力突出的法律人才。对于那些特别出色的人才，可以考虑提供一些补助和奖励，以确保乡村专业法律人才队伍的稳定性和完整性。其次，需要安排所有乡村法律工作者参加定期的法律和业务知识培训。通过专业培训，他们可以拓宽法律知识，熟悉并理解更多的法律法规，增强法律意识，养成用法律思维方式办事的习惯，从而更好地发挥法律专业人才的作用。再次，对现有的乡村法律人才进行高水平的思想教育，在调解工作中注重法律原则，致力于提供最优质的司法服务。最后，要推进一村一顾问的制度建设，建立结对法律服务体系，为每个村配备专业律师，充分发挥他们的作用。他们可以与村干部和联村派出所民警形成紧密合作，共同提供法律帮助，努力降低村民获取法律帮助的成本。

为了提升乡村司法体系的完善程度，需要集中精力在建设优质的司法机构上，确保每个行政单位都有完整的司法机构设施。此外，还需要高效地管理乡村法律人才队伍，以确保农民群众能够及时获得所需的优质司法服务。这项工作任务十分重要且具有一定难度，因此必须将其视为乡村法治建设中最为关键的一环，从而为乡村法治建设打下坚实的基础。

第三节 德治为先

党的二十大报告中指出："坚持依法治国和以德治国相结合，把社会主义核心价值观融入法治建设、融入社会发展、融入日常生活。"法治与德治相互补充、相互推动，二者之间存在着一种辩证统一的关系。法律的有效实施需要道德的支撑，而道德的践行也不能离开法律的约束。法律是一条准绳，是一种他律的强制力量，必须始终遵守；而道德是一块基石，是一种自律的柔性约束，在任何时候都不可忽视。

在乡村善治过程中，需要充分发挥道德教育的作用，深入挖掘乡村熟人社会所固有的道德规范。同时，需要与时俱进，在道德教育中增加创新元素，以增强其影响力。通过引导农民树立积极向上的价值观，培养他们孝老爱亲、重义守信、勤俭持家的品德，并帮助他们实现道德自觉。此外，还需要建立道德激励和约束机制，以促使农民能够自我管理、自我教育、自我服务、自我提升。

一、乡村治理，德润人心

中国自古以来就是礼仪之邦，德治一直是我国治理国家的重要理念。在春秋战国时期，儒家学说提出了与德治相关的"举贤才"的观念。古代德治思想内涵多样，对现代治国理念具有深远的影响和启示。对于乡村治理而言，德治也具有重要意义。它是提高农民道德水平的重要保障，有助于解决乡村社会道德困境，进而建立符合新时代要求的现代化道德价值体系。德治也是健全乡村治理体系的重要支柱，它不仅能够提升村民的自治能力，还能有效弥补法治的不足之处。此外，德治还有助于化解社会矛盾，促进社会的和谐稳定。同时，德治也可丰富农民的精神世界，提升他们的幸福感。总而言之，德治的滋润作用是悄无声息、深入人心的，具有特殊的意义和价值。

（一）德治能提高农民的道德水平

乡村善治是实施乡村振兴战略和实现乡村治理现代化的重要任务和必然要求。乡村治理的最终目标是实现善治，其中之一的基本要求是培养农民成为社会主义新时代的新农民，他们将成为推动中国农业发展和农业现代化的主力军。然而，在市场经济快速发展的背景下，部分农村地区的道德建设滞后。尽管农民收入普遍提高，但乡村整体的道德文化水平没有显著提升，甚至出现了部分农民在生活水平提高后铺张浪费的现象。此外，部分乡村地区存在一些负面的社会现象，例如，逢年过节聚众赌博等，在治理这些现象时，仅依靠法律的强制手段很难取得有效结果，而通过德治来提升农民的道德水平是一个有效的途径。

在乡村治理过程中，可以利用本村的传统文化举办一系列社会实践活动，如评选最杰出的教师、树立成功致富的榜样、表彰最乐于助人的个体、选出具备较高道德素养的人士等。在名誉上给予他们奖励，也可以在政策的支持下，给予更丰厚的物质回报。通过这些正面形象的展现，推动整个村庄形成良好的社会氛围，提升农民的道德文化水平。

为充分发挥德治的作用，可通过广泛宣传现代道德文化知识，使村民可以轻松辨识出低劣文化；加强道德教育，让村民自觉用道德准则来指导自己的行为；强调不道德行为的恶劣后果，鼓励村民揭发和谴责不道德行为。这样的德治建设不仅能有效引导农民提高道德素质，重构乡村道德体系，还能与法治相结合，维护社会正常秩序。这将有利于保障农民生活质量的提高，为乡村经济社会的稳定发展提供更可靠的环境，为促进乡村有效治理铺平道路。

（二）德治能健全乡村治理体系

以自治和法治为核心，将德治纳入乡村治理体系，是提高乡村治理水平的基本要求。在此体系中，自治、法治和德治相互独立又密切相关，缺一不可，共同构成了乡村治理的有机整体。德治是指通过道德规范和乡规民约来治理乡村的方式，具有独特的意义和价值。德治不仅能起到引导作用，改善乡村社会风气、提升村民自身修养，还能推动乡村治理向更好的方向发展。在整个乡村治理体系中，德治通过借助道德手段提高村民的自治水平，同时结合乡村传统的道德规范和非正式规则，弥补了法治的不足。德治不仅促进了乡村治理体系中自治、法治与德治的有效融合，还改善了乡村社会治理的方式、重建了乡村社会新秩序，满足了乡村人民对美好生活的追求，并为其提供了不可或缺的支撑和根本准则。

1. 德治可以提升村民自治水平

德治是指通过引导社会成员遵循道德规范来进行国家治理的一种方式。在社会治理过程中，德治是对道德作用的总结和应用。村民自治是指在法治框架下，村民自行管理、服务和监督的一种形式，它是现代民主在基层治理中的体现。尽管自治在一定程度上能够替代德治的作用，但是德治的渗透同样对村民自治的效果有着积极的增强作用。

当前，我国的乡村自治体系仍然存在不完善的情况。研究结果显示，在我国大部分乡村地区，自治仍然主要采取能人治理模式。所谓能人治理模式，是指有能力的村民通过选举成为村干部，村干部拥有整个村庄的运行权力，并在决策中发挥主要作用。能人治理模式在某种程度上确实有其优点，但也存在一些问题。一方面，有能力的人可以通过智慧处理事务，提升治理绩效；另一方面，这种治理模式可能导致权力过度集中在村干部手中，使其忽视了村民的意见和建议。因此，能人治理模式很大程度上取决于村干部的道德水平。道德水平较高的村干部会把村民的整体利益置于首位，自觉推行民主决策、村务公开和民主施政等工作，拥有较强的号召力和信服力，从而更好地体现民意。相反，如果村干部虽工作能力强，但在道德水平上有所欠缺的话，在监督体制不完善的情况下，有可能出现以权谋私的情况，侵害村民利益，给乡村治理带来很大危害。因此，村干部的道德水平参差不齐是能人治理模式下乡村治理的最大隐患。

在这种情况下，德治的重要性在乡村治理中得到了充分体现。首先，德治对于村干部提高自身道德水平起到了潜移默化的作用，从而有利于实现乡村善治的目标。其次，德治还能发挥舆论监督作用，使村干部在有意采取不利于村级利益行为时，能预见到可能受到村民的道德谴责，从而对村干部产生制约作用，使村民更有效地运用自治权，发挥自治作用。最后，德治还能为乡村治理节约成本。在推进乡村善治的过程中，乡村事务的数量和范围必然会不断扩大，各种烦琐的案件和民间纠纷也会相应增多。如果仅仅依靠自治和法治来解决这些纠纷，将给政府机构带来巨大压力和负担，也会给村民带来时间和经济上的负担。而利用德治来解决问题，通过道德调节处理村级事务，既能节约成本，又更易于村民接受，可以说是一举两得的好方法。

2. 德治可以弥补法治的不足之处

德治以传统伦理文化作为基础，通过民众日常的风俗、习惯和礼节等表现出来，通过道德舆论和社会评判等非强制手段来维护。经过数千年的历史实践，德治思想在乡村地区衍生出一系列不成文的制度和规则，并广泛获得农民的认可和接受。

虽然我国农村地区已经建立了相对健全的法治体系，但我国几千年来形成的风俗习惯，使乡村形成了独特的民间规则体系，特别在民法领域，这种民间规则体系展示了德治的特色，它可以在很大程度上弥补法治的不足之处。此外，法治作为一种制度化的治理方式和强制执行手段，对于几千年来乡村形成的民间规则体系来说，略显僵硬。目前，我国乡村社会依然处于转型过程中，表现为"熟人社会"与"人情社会"的特征，当面临问题时，由于情谊的影响，农民通常更倾向于采用民间规则来解决法律问题。在这种情况下，德治作为一种更有人情味的治理方式有效地填补了法治的不足。

在推进乡村治理工作时，德治是不可或缺的组成部分。德治能够弥补法治的不足，能够规范法治管理不到的区域，在维护乡村社会秩序方面发挥着不可替代的重要作用。在乡村治理的过程中，既需充分发挥德治的作用，也需充分发挥法治的作用。"德治为先"并非意味着以德治来替代法治，而是要真正加强和落实法治。村干部在引领村民进行乡村治理时，需要在坚持法治的同时，实践德治。通过开展道德教育、倡导道德自律、加强道德建设等形式，提升全村村民的道德素质，才能确保乡村治理工作的顺利进行，从而为中国农村地区带来崭新的面貌。

二、乡村德治，道阻且长

就目前来说，我国乡村善治的体系不断完善，但也存在不足之处，特别是德治体系仍需进一步完善。随着我国经济社会的不断发展，在旧问题尚未完全解决的同时，新问题的出现也不断阻碍着乡村德治体系的建设。

（一）市场经济冲击乡村德治建设

我国自古就有谚语"君子爱财，取之有道"，这也是我国自古以来的优良传统。随着社会的进步，市场经济逐渐渗透到了乡村地区，引起了农民思想观念的逐渐变化。当农民看到周围有人借助市场经济获得财富的时候，他们也往往想要效仿他们，追求快速致富的机会。城乡和地区之间的贫富差距导致部分农民出现不公平感。市场经济的繁荣不仅带来了巨大的利益，还创造了丰富的商品。商家利用琳琅满目的商品吸引消费者的眼球，并通过广告大肆宣传，刺激消费者的购买欲望。然而，由于缺乏理性的消费观念，一些人会陷入消费陷阱无法自拔。这种现象不仅在城市中存在，而且正在逐渐传播到乡村地区，有一定消费能力的农民开始相互攀比和追求享乐。可以看到，市场经济的到来冲击了乡村德治建设，让农民的道德观念发生了转变。在以后的乡村德治建设工作中，我们应当加强经济观念上的引导，宣传正确的金钱观和利益观，让优秀的传统思想重新在乡村地区绽放光芒。

（二）传统文化断档影响乡村德治建设

市场经济是一种具有竞争性和强者优势的经济体制，竞争性经济增强了人们对竞争的价值观念。在日常生活中，人们有时会为琐碎的事情争论不休，不愿妥协，追求个人利益的高低或多少，而忽视了传统文化中强调和谐和讲究和睦相处的美德。所谓百善孝为先，但目前一些子女在赡养老人时相互推脱，不愿意履行赡养义务。面对继承人财产分配问题时，很多兄弟姐妹为了多分一些财产，往往会争吵不断，甚至翻脸成为仇人，最终到法庭上去解决矛盾。究其原因，主要是传统美德没有得到良好的传承和发展，道德养成是一个漫长的历史过程，一旦中断就难以再生。因此，在乡村德治建设中，我们需要坚持不懈地努力，重视道德教育和价值观的培养。

（三）部分乡村习俗干扰乡村德治建设

近年来，我国的经济快速发展，农民的收入逐渐增多，乡村也逐渐富裕了起来。然而，一些社会恶习也在生活条件较为良好的乡村逐渐滋生蔓延。除了社会恶习不断抬头外，健康积极的文化生活在一些乡村地区并未得到充分组织和推广，反而呈现出逆行的态势。这种现象实际上暴露了农民在文化生活方面相对贫乏的现状。与城市相比，乡村缺乏多样化的文化娱乐方式。尽管近年来乡村增设了一些必要的文化项目，但总体质量较低且村民利用率不高。积极向上的文化无法深入到农民心中，同时，外部势力又对农民内心产生威胁。这让乡村道德建设面临着困难的境地。这是我们在今后的乡村道德建设工作中要尽快解决的问题。

（四）基层干群关系困扰乡村德治建设

在我国乡村社会中，村民往往存在着对权力的敬畏心理，这导致他们对权力的服从意识较强，每当遇到问题时，他们会与基层干部交流并寻求帮助。这是因为基层干部离群众最近，最了解他们的基本情况，也最受人敬重。但随着时代的变迁，这种情况逐渐发生了改变。如今，在涉及个人利益问题时，人们倾向于绕过基层组织，直接向更高级的领导机构反映情况。有时甚至在基层组织毫不知情的情况下，直接向更高级的相关部门提出诉求。他们这样的行为旨在向当地基层组织施加压力，迫使他们满足自己的利益诉求。虽然这种做法实际上是一种无理取闹的行为，但对于那些目的明确的人来说，却非常有效。类似的消息往往会不胫而走，越来越多的人开始相信能通过这种"闹"的方式来放大自己的声音，扩大对社会的影响力，进而有效解决问题。因此，我们面临着一个亟待解决的问题，即急需建立一种理性平和的社会治理心态。

三、乡村德治，行则将至

虽然当下还有一些问题在困扰着乡村德治的建设，但我们要看到德治在乡村善治中发挥的作用，并积极克服这些难题，要对乡村德治建设工作充满信心，乡村德治虽然道阻且长，但行则将至。德治能够引领乡村社会树立崭新的社会风气，是实现乡村振兴、乡村治理现代化不可或缺的重要力量。

（一）将优良传统具化为道德实践

将优秀的理念融入实践中，并在实践中加以指导，才能充分展现其真正的价值。只有通过实践，理论才能得到更深入地理解和更进一步的提升，并为人们的生活提供进一步的指导。

首先，要弘扬社会主义核心价值观。人们的价值观就像生活的指南针，每个人的行为都在某种程度上受到价值观的影响和引导。社会主义核心价值观是当代优秀文化的集中体现，处于核心地位，是中华民族共同的精神纽带和道德基础。教育在个体内化核心价值观的过程中充当引导者的角色。为推行德治，我们需要将核心价值观内化于心。通过教育引导并广泛传播，社会主义核心价值观才能在大众中取得广泛认知。通过利用网络和电视平台，如微博、微信、电视节目、公益广告等，宣传社会主义核心价值观，将其潜移默化地渗透到农民的思想中。同时，在行动中践行核心价值观。社会主义核心价值观不仅仅是口号，它还需要在实践中贯彻才能真正发挥作用。因此，我们需要将其与农民的日常生活紧密结合起来，充分利用传统节日和重大纪念日来宣传社会主义核心价值观。此外，定期组织与社会主义核心价值观相关的活动也是必要的，这样农民就能自然而然地将其融入日常实践中。

其次，弘扬和传承中华优秀传统美德。2019年，中共中央、国务院印发的《新时代公民道德建设实施纲要》指出："中华传统美德是中华文化精髓，是道德建设的不竭源泉……深入阐发中华优秀传统文化蕴含的讲仁爱、重民本、守诚信、崇正义、尚和合、求大同等思想理念，深入挖掘自强不息、敬业乐群、扶正扬善、扶危济困、见义勇为、孝老爱亲等传统美德，并结合新的时代条件和实践要求继承创新，充分彰显其时代价值和永恒魅力，使之与现代文化、现实生活相融相通，成为全体人民精神生活、道德实践的鲜明标识。[①]"传统美德应在个人内心深处内化，并在日常行为中外显。传统美德是在日常生活中影响我国人民最深的文化，传统美德通过父母的传递、人们的闲谈以及学校的思想道德教育传递。然而，需要注意的是，在传承传统文化时，应取其精华、舍弃其糟粕。保守的传统观念有可能抑制农民的思想解放，导致农民对外来新思想倾向于排斥和拒绝，这种观念需要予以纠正。以传统美德为指导，要求村民在日常行为中始终按照道德标准要求自己，并每天反思自己的行为是否违背道德要求，如有违背，应及时进行纠正。

最后，加强农民的职业道德建设，是发挥德治作用的一种途径。提升农民的职业道德将会带动整体道德水平的提升。职业道德的培养不仅能够有效地引导农民在农业生产中尽职尽责，还能在工作之外的生活中间接地影响他们的处事方式。如果一个个体能够一直遵守职业道德标准，他将会以道德准则来规范自己的行为，并在参与公共事务时首先考虑集体利益，并积极表达公正观点和提出合理建议。为了提高农民的职业道德，应该培养农民的职业道德意识，树立科学的职业价值观，并加强农民的职业责任感等。每一位农民劳动者都是自己工作的主人，应该积极主动地按时完成自己的任务，履行

---

① 新华社.中共中央 国务院印发《新时代公民道德建设实施纲要》［EB/OL］.（2019-10-27）［2023-12-01］.https://www.gov.cn/zhengce/2019-10/27/content_5445556.htm.

自己的职责。应该将传统的敬业精神根植于乡村，培养农民将经营好农业、提高农业效率当作自己一生的追求。同时，新时代的年轻农民应该具有干一行、爱一行、钻一行的精神，积极探索现代农业的发展路径。

（二）将德治应用于乡村治理的全领域

在乡村治理的进程中，道德的规范和感化效应具有普适性，不应局限于特定方面。无论是个人还是家庭层面，无论是农民还是村干部，道德都能发挥出自己的作用。在乡村治理过程中，应当将德治应用于乡村治理的全领域，让道德的光芒辐射到乡村的每个角落。为了实现这一目标，可以从提高基层干部道德标准、加强乡村公德教育、发挥乡规民约作用和传承优良家庭美德等方面入手。

1. 提高基层干部道德标准

乡村基层干部的个人品质决定着乡村基层政府的品质，基层干部的个人品质也影响着其工作态度。乡村基层干部不仅要有治理乡村、服务农民的能力，还要有良好的道德品质。推进乡村德治建设中，要注重提升基层干部的道德水平，要对道德水平不达标的基层干部加强教育。还要对乡村基层干部的道德修养有明确要求，其中"公私分明"是最基本的要求之一。国家公职人员必须忠于职守，严禁滥用职权谋取私利，并且不允许任何有损于人民和国家利益的行为发生。而对于乡村基层干部来说，"先公后私"也是基本要求之一。乡村基层干部应时刻牢记自己的身份，言行处事要符合干部的标准，把人民的利益放在第一位，不过分关注个人得失。应始终将党和人民放在心中，不为私利所动摇，全心全意为党和人民的利益而奋斗。"大公无私"是最高的要求，意味着领导干部应将自身的全部精力投身于党和人民的事业，而不期望任何回报。

2. 加强乡村公德教育

在乡村治理中，农民是实现德治的核心力量，他们的意愿和行为构成了乡村治理的基石。为了实施有效的德治，我们必须获得农民的支持和信任。然而，在当前的公共生活中，农民的行为和态度与国家道德标准存在一定的差距。其中一些农民对公共事务漠不关心，甚至在问题出现后采取等待政府和国家解决的态度。因此，我们需要高度重视社会公德教育，将社会公德视为农民最基本、最普遍和最简单的行为准则。日常的人际交往中，文明礼貌是应遵循的基本道德规范。邻里之间应该相互尊重、团结友爱、互助互乐，以体验到社会的温暖。在面对困境时，我们应该相互帮助，积极参与公益事业。我们应该爱护公共设施和财物，不随意破坏或占有。保护环境是确保人类存续的基本条件，与基层群众的生活质量和利益息息相关。因此，我们应该节约资源，避免滥砍滥伐，不随意排放污水。遵守法律纪律是确保社会有序发展和保护社会健康的基础，要求每个社会成员都要了解、遵守法律。只有全面加强社会治理的公德基础，德治才能在社会治理中发挥应有的作用。

3. 发挥乡规民约作用

乡规民约是乡村传统的礼仪和规矩，延续了几百年甚至几千年，是乡村文化的重要组成部分，也是村民们日常生活的准则，具有有效的乡村治理作用。其内容广泛涉及社会道德、人际关系、国家政策实施等方面。乡规民约的目标是促进乡村团结，推动经济社会发展。为适应现代社会的发展，同时保留合理的传统要素，应对乡规民约进行现代化的升级与改造，如加强制度化、组织化、法治化的内容。应充分发挥乡规民约在社会中劝善惩恶、培养良好风气的作用。例如，可以以通俗易懂的方式宣传乡规民约的内容，用生动的故事形式向村民传达乡规民约相关的事例，以达到深入人心的效果。同时，应当充分利用老年协会、红白理事会等基层社会组织的作用。这些组织的领导人通常是村里受人尊敬的长者，他们在农民群众中具有很高的威望，在组织和参与村里的公共事务时具备较强的组织和号召能力。所以，他们能在一定程度上推进乡村道德教育工作。

4.传承优良家庭美德

《新时代公民道德建设实施纲要》指出："家庭是社会的基本细胞，是道德养成的起点。要弘扬中华民族传统家庭美德，倡导现代家庭文明观念，推动形成爱国爱家、相亲相爱、向上向善、共建共享的社会主义家庭文明新风尚，让美德在家庭中生根、在亲情中升华……让家庭成员相互影响、共同提高，在为家庭谋幸福、为他人送温暖、为社会做贡献过程中提高精神境界、培育文明风尚。①"

家风是通过长辈潜移默化地传递或在日常生活中教导下来的良好习惯和行为准则。家训则是代代相传的家庭规矩，是对子孙后代有关家庭管理和事业经营的教育。在中国传统文化中，家风家训具有重要地位，也是乡村德治的重要资源。几千年来，我国人民都高度重视家风家训的遵守和执行，因为这代表了整个家庭的整体形象。优秀的家风能够培养品行端正的习惯，比如，对亲情的重视和勤俭持家等。这不仅有利于维护社会公共秩序和形成良好习俗，还有助于形成良好的社会氛围。在社会治理实践中，可以采取各种措施来加强家风家训的道德教育功能，如设立尊老敬老奖项、推广"家庭文明户"、向身边的道德楷模学习，等等。这些举措进一步巩固了家风家训在基层治理中的重要作用，无论是在家庭层面还是乡村层面，为基层治理提供了坚实的精神支持。

（三）让乡村德治以文化人，成风化俗

道德是由个人内在修养所衍生的，在习俗、传统文化、他人行为、信仰和教育等综合影响下，形成对自我行为的自觉约束。道德的束缚并不依赖外在监督，而是一种内生的情感，一种根植于内心、贯穿于信念的生活理念。道德的含义不仅仅局限于纸面上的文字，而是一种通过日常行为践行的信仰。

---

① 新华社.中共中央 国务院印发《新时代公民道德建设实施纲要》[EB/OL].（2019-10-27）[2023-12-01].https://www.gov.cn/zhengce/2019-10/27/content_5445556.htm.

无论是谁,个人的修养都是道德修养的体现,与社会地位无关,而是个体在提升生活质量中体现的一种修行方式,是追求卓越的表现形式。道德对人的影响是潜移默化的,并且这个过程是连续不断的。每个人都有犯错的时候,对待错误的态度反映了个人的道德水平。正确的态度可以引发反思,通过反思来提升道德水平;而错误的态度会降低整体道德水平。在乡村治理中,发挥德治的作用,关键在于将我们所倡导的优秀传统道德文化和社会主义核心价值观融入村民的日常生活中,使之成为他们的习惯,从而潜移默化地引导村民的行为。

1. 让乡村德治日常化

在我们日常生活的方方面面中,道德修养能在琐碎的小事中显现出来。培养农民群众在日常生活中遵循道德的习惯并非一蹴而就,而是需要长期积累。所以,需要有意识地用道德来引导农民群众的行为,乡村基层干部应时刻反思自己的行为是否符合道德要求。如果不符合,乡村基层干部要思考如何纠正,以达到道德的标准。随着时间的推移,这种自省将成为一种习惯,深入人心。未来面对任何事情时,不论是琐碎的日常事务还是关乎前途命运的大事,都会自然而然地用道德来指导自己的行动。让乡村德治日常化是一个持续不断的过程,不能将其视为临时行为,而是要确保每件事都符合道德要求。发挥德治的作用不仅仅是嘴上说说,更重要的是将道德的具体内容融入实践中,让乡村德治成为日常化的现实。

2. 让乡村德治具体化

在推进德治工作时,需要确保各项要求具有明确的目标和针对性,以便更好地满足乡村治理的实际需要。乡村德治工作的推进必须明确工作对象和具体内容,以达到预期效果。换句话说,需要根据道德培养对象的具体特征制定相应的策略和措施。例如,根据不同年龄阶段人的接受能力、内心活动和受教育难度的差异来制定相应的教育措施。一般而言,年龄越小的人学习能力和可塑性越强,被教化的可能性也较高。因此,在推进德治工作时,必须特别关注青少年的思想道德教育，并从他们很小的时候就开始培养。乡村未来的发展需要依靠当前的乡村青少年，因为他们是决定乡村未来文明状况的重要因素。青少年受学校、家庭和社会这三个方面的影响最大，因此，推进德治作用必须重点关注青少年的思想道德教育，并从小抓起。

青少年的大部分时间都在学校度过，因此学校对他们的影响最为显著，在强化青少年的道德意识时，学校可以更加重视学生的思想道德教育，可以增加相应的社会活动或调整课程内容；父母是孩子的第一位老师，家庭对孩子的道德教育是孩子最早接触到的思想教育，因此在思想教育方面，父母应该投入更多的时间和精力；社会是影响青少年思想的第三方，恶劣的社会环境可能会削弱家庭和学校的教育效果，因此，必须努力营造良好的社会环境，为青少年提供一个更加文明的社会氛围。

在推进乡村德治工作时，也需要针对不同职业的乡村劳动者作出更具体的分析。尽管他们都是劳动者，但不同行业的劳动者工作习惯和思维方式可能有很大的差异。农民在乡村社会中占据大多数，从细节来看，农民的分工和理想导致他们处于不同的岗位，因此他们的工作习惯和思维方式也存在较大差异，他们的受教育程度也不一样。在推进德治的过程中，不能忽略这些差异，需要根据具体情况对他们进行分类引导和教育，以使德治能够更好地发挥作用。

在道德内容和引导对象方面，有必要进行具体的分层处理。不同层次的道德要求针对的主体是不同的。基础性的道德要求适用于一般公众，例如，不损害他人的利益，这是每个人都必须遵守的。而更高层次的高尚品德要求适用于先进分子，如为他人、为国家做出贡献。要求所有人都能舍己为人、把他人的利益放在自己之前，这是不切实际的。

3．让德治形象化

在乡村中实现德治并非仅依靠口头的宣传，这样做不但达不到预期效果，反而可能产生相反效果。以机械的方式讲述道德内容并强制要求农民群众按照这些要求行动，不仅农民群众不愿接受，还会产生反感。为了让农民群众接受道德教育，可以从乡村干部中选出一些杰出的代表，从农民群众中选出好人好事的代表来向群众传递道德的作用，让农民群众能够亲身参与其中，并树立榜样，从而激发群众的学习热情和广泛参与。为了传达道德内容，可以选择以娱乐的形式，因为这既能够引起农民的兴趣，又能够达到预期目标。例如，可以通过讲故事、组织集体活动、说评书、演戏剧等形式生动形象地传递道德的内涵，让村民知道哪些行为是值得肯定和赞扬的。此外，加强农村文化建设、丰富村民的日常文化生活也是提升农民文化素质和道德修养的有效途径。例如，云南大理州充分利用历史文化底蕴丰厚的特殊优势，以白剧、大本曲等深受当地农民群众喜爱的方式来推进乡村德治工作，也让农民群众的文化生活更加丰富，用这样的方式进行道德宣传，让农民群众讲道德、遵守道德，更能深入人心。

第四节 "三治融合"乡村治理模式的优化路径

优化乡村治理模式，提高治理效果，满足农民多样化的治理需求是新时代下乡村治理工作的核心与重要环节。在推动治理创新实践的过程中，根据对问题的有效诊断，需要有针对性地采取措施。"三治融合"乡村治理模式的优化路径应遵循"合而不同"的基本原则："合"指的是有机地结合。"三治融合"的重点和难点在于结合，关键是运用综合性思维和科学化方法，实现治理内容和治理手段的全方位结合；"不同"指的是根据不同形态的村庄类型和当地实际情况，实施差异化的治理。只有这样，"三治融合"的治理优势才能够充分展现。

一、建立简约高效的基层管理体制

简约高效且运转协调的基层管理体制是乡村治理坚实可靠的体制机制保障。"三治融合"中的"三治"并不是单独的个体，而是一个有机整体，需要运用整体性思维和系统论观点对基层管理体制进行设计安排，"三治"中各个要素单独发挥作用，则难以形成合力，"三治"的治理效果也会大打折扣。为了确保"三治"工作能够统一领导和协同推进，党建引领和政府统筹是关键。

第一，乡村治理的引领作用是新时代加强和完善党的领导的内在需求，同时也是实现乡村治理有效的重要政治支持。中国共产党在乡村治理中的核心领导作用是总揽全局、协调各方的利益，农村基层党组织具有广泛覆盖、渗透和适应性强的特点，对于协调复杂的利益关系和激发群众参与乡村治理方面发挥着重要作用，可以说基层党组织是党在农村工作任务的重要推动力量。《中国共产党农村基层组织工作条例》的修订强调了加强基层干部队伍、领导班子以及党员队伍建设，特别侧重农村党支部的建设。

第二，为了避免乡村治理过于行政化，需要澄清基层政府与乡村社会之间的界限，并建立起科学规范的权责清单。基层政府担负着协调、指导和监督等职责，是乡村治理的主要责任方。村级组织和村民则是负责实施乡村自治的主体，享有民主选举、民主决策、民主管理和民主监督的权力。依据地方政府组织法，我们可以明确基层政府的边界和职责清单，以实现从全能型政府向有限型政府的转变。根据《村民委员会组织法》的规定，应贯彻执行基层政府与村民委员会之间的指导关系，确立明确的范围和界限，以保障乡村自治的真实性和有效性。

第三，在解决乡村治理碎片化方面，成立专门的政府机构来统领"三治"工作是一种可行的做法。有一些学者提出，在乡村振兴领导小组下设立"三治融合"推进乡村治理工作组，并建立跨部门季度联席会议制度。[①]鉴于乡村振兴战略有明确的时间表，而乡村治理需要持续进行，可以参考现有的农业农村工作办公室模式成立一个常设机构，例如，"乡村'三治'工作办公室"，将原本在各政府部门分散的乡村治理职能整合到同一个部门中进行管理。该部门将负责整合资源、制定政策、协调推进以及监督评估等具体事务。在乡村治理体系中，其他相关部门可以作为子系统，共同协作。通过对基层管理体制的创新和完善，有望实现乡村治理从行政化向自治化转变，从碎片化向整体性转变，从单一效能提升到综合效能显现的重要转变。

二、明确"三治"的组合方式与结构性配比

实现"三治融合"乡村治理模式的核心目标是将"三治"有机结合并发展至深度融合，以充分发挥其应有的作用。为了实现这一目标，我们需要根据现有的治理资源和治理问题来确定适当的组合方式和结构性配比，以达到最佳的治理状态。针对不同的村庄类型，我们应该明确"三治"的组合方式。由于各地村庄的情况千差万别，一般性的"三治融合"讨论可能违背科学原则。因此，我们需要区分不同的村庄类型，进行精准施策。有学者提出中国农村可划分为传统农村和城市化了的农村，针对传统农村德治强、法治弱的特点，应加强法治建设；针对城市化了的农村法治强、德治弱的特点，则应以德治建设为重。[②]在基于中国农村的二元划分之后，我们需要进一步细分村庄的类型和特点。这包括东中西部地区的村庄、城乡接合部的村庄、少数民族聚居区的村庄以及边境地区的村庄等。根据这些村庄的特点和条件，我们可以采用不同的"三治"组合方式来满足它们的内在需求。根据不同的组合

---

① 周学馨，李龙亮.以"三治"结合推动乡村治理体系整体性变革［J］.探索，2019（4）：156-163.

② 何阳，孙萍."三治合一"乡村治理体系建设的逻辑理路［J］.西南民族大学学报（人文社科版），2018，39（6）：205-210.

方式，优化配置自治、法治、德治是提升"三治"效能的重要措施。

鉴于不同情况的存在，可以确定"三治"的适当比例。乡村治理面临着多种问题，如维护治安、改善民生、推动经济发展等。针对特定问题，可以在"自治＋法治＋德治"的框架下，合理分配比重，明确主次关系。比如，对于村务等问题，应主要依靠自治方式，同时辅以法治和德治，以确保农民在法律和道德的约束下行使自主权利。而在打击黑恶势力、维护乡村秩序方面，法治作为具有强制力的手段是首选，而农民参与治安防控的自治以及通过说服教育实施德治是必要的辅助手段。至于劝导赌博者等人回归社会和家庭，主要依靠以理晓之、以情动之的德治手段，同时辅以具有威慑力的法治手段和主体自觉的自治手段，以实现理想的治理效果。因此，合理确定"三治"的结构性比例是实现精细化治理的关键。

三、因地制宜确定"三治"的具体实现路径

乡村社会在形成自主治理领域方面取得了重要进展，为各个村庄建立了独具特色的治理机构。由于每个村庄的产生原因和历史背景不同，地理空间和经济社会结构也各自具有独特的特点。要实现有效的乡村治理，必须全面考虑各地的实际情况，采取不同的治理措施，以确保乡村的发展能够保持自主性。在实践层面上，解决实际问题和有效利用资源是实现差异化治理的关键要素。

一方面，依据村庄面临的问题确定"三治融合"乡村治理的工作重点。问题诊断既是治理实践的逻辑起点，也是治理有效性的保证。以江苏省徐州市贾汪区为例，该区作为传统煤矿区，面临资源枯竭和环境污染的难题，但该区通过乡村治理顺应了全区转型发展的需求，成功实现了由"一城煤灰半城土"到"一城青山半城湖"的转变。研究发现，不同村庄面临的治理问题各不相同。例如，存在治理主体缺位的"空心村"，受到社会治安和环境卫生

等问题困扰的“城中村”，主要关注民族团结和社会发展问题的“民族村寨”，以及需要处理古迹保护和文物资源开发问题的“古村落”，问题导向下的乡村治理注重精准施策和靶向发力，从而提高治理的精确度和科学性。另一方面，基于资源治理的基础，为了实现“三治融合”乡村治理，需要动力支撑。不论是有形的物质资源还是无形的文化资源，都可以是治理资源的重要组成部分。各地区拥有不同的资源禀赋和历史文化条件，所以，在开发利用治理资源时需要因地制宜、顺势而为。其中，资源的可获取性是需要优先考虑的问题。

四、多措并举实现对参与主体的长效激励

农民作为“三治融合”乡村治理的主要参与者，对治理效果的实现有着密切的关联。建立起长期有效的激励机制，成为维持农民积极参与和确保治理主体不缺位的必要措施。激励机制的有效性主要体现在满足人们多元化需求的同时，调动其积极性和主动性。根据马斯洛的需求层次理论，人们具有物质和精神上的双重需求，因此，在乡村治理领域的实践中，我们应该坚持物质和精神激励并重的原则。为保证农民的长期参与，可以考虑从个体、农户和村庄这三个角度来创新激励机制。

第一，在个体层面，可以探索和实施一种新型的激励机制，通过参与积分来激发农民参与治理的积极性。在消费市场上，商家常常通过让顾客参与积分活动来回馈他们。同样的策略也可以应用于农民，激励他们参与治理工作。例如，农民无论是参与“百姓参政团”“道德评判团”还是“百事服务团”，每次参与都可以获得一定权重的积分。当积分达到一定标准时，就可以用来兑换相应的物质奖品。当然，要想实施这一机制，必须确保当地政府、慈善组织或慈善人士能够提供相应的资金支持。

第二，在解决农户问题上，提供“精神激励触发物质激励”的创新措施

是可行的。在这方面，浙江省湖州市德清县推行了一项有意义的举措，即推行"道德信贷工程"，将"文明家庭"和"道德信贷"结合起来。通过评选出"文明家庭"称号的农户在贷款利率、额度和流程等方面享受了政策上的优惠。这种做法延长了评选先进活动的影响，增加了文明家庭的社会资本和物质实惠，同时为金融信贷打造了一个诚信的环境，实现了"双赢"的局面。

第三，倡导"治理与发展互促"的理念有助于实现村庄的可持续发展。以红色资源为例，红色革命教育基地集合了革命烈士纪念馆、烈士故居、红色文化长廊等要素，成为德治的有力据点。在这个基础上，开展红色旅游和红色文化体验活动，不仅推动了村集体经济的增长，也带动了周边农民投身乡村旅游业的发展。此外，在乡村振兴背景下，将环境治理、生态保护和绿色发展巧妙结合起来，用以实现治理与发展的良性互动。这种方式不仅为农民创造了宜居的环境和赚钱机会，也提高了他们的幸福感和满足感，是一种长期有效的鼓励农民积极参与乡村治理的方法。

在整体治理理念的指导下，建立以党建引领、政府统筹的基层管理体制，是实现从碎片化治理向系统化治理转变的关键。为确保治理的有效性，需基于科学原则来确定"三治"的最佳组合方式和结构比例。同时，应以实际问题为导向，采取差异化的治理策略。为持续激发农民的参与热情，需运用多种激励手段。通过逐步完善和调整"三治融合"模式，乡村治理将更能满足新时代人们对良好治理的期待。

乡村作为最基本的治理单元，其治理效果对乡村社会的整体发展至关重要。创新乡村治理模式不仅有助于解决现有治理问题，还能推动乡村振兴战略的实施，加速乡村治理的现代化进程。这种模式结合了自治、法治和德治三大元素，确保治理主体、内容、方式和行动的多样化，从而产生强大的整体效能。

以浙江省嘉兴市桐乡市为例，其"三治融合"的乡村治理创新实践已在全国范围内得到推广。但与此同时，各地在实施过程中也遇到了一些实际挑战，如"三治"未能形成合力、参与主体的热情难以持续等。为了解决这些问题，应避免机械地复制某种"模板"，而应采取更具差异化的治理策略。在选择治理主体时，应确保农民的主体地位，并运用激励机制来提高其积极性；在确定治理内容时，应以解决实际问题为目标；在选择治理方式时，应充分利用现有资源，确保"三治"的最佳组合以实现最佳效果。

第六章 新时代"三治融合"背景下乡村治理案例分析
——以云南省大理州为例

苍山之麓，洱海之滨，"风花雪月"的大理州历史悠久，苍山洱海珠联璧合，自然风光秀丽迷人，民族风情多姿多彩。大理白族自治州，是云南省的16个地级行政区之一。大理州位于地处云南省中部偏西，东连楚雄彝族自治州，西接保山地区，北与丽江地区毗邻，南和临沧、思茅地区接壤。全州面积29459平方千米，总人口364万，全州辖1个县级市、8个县、3个自治县：大理市、云龙县、洱源县、祥云县、宾川县、永平县、鹤庆县、弥渡县、剑川县、漾濞彝族自治县、巍山彝族回族自治县、南涧彝族自治县。全州主要有白、汉、回、彝、藏、傈僳等25个民族。

在新时期新背景下，大理州的全面发展，需要建立在乡村振兴和"三治融合"的基础之上，这需要提升大理州的乡村治理能力。同时，全面推进乡村振兴是实现中华民族伟大复兴的一项重大任务。习近平总书记指出，健全自治、法治、德治相结合的乡村治理体系，让农村社会既充满活力又和谐有序。党的十九大以来，大理州以实施乡村振兴战略为总抓手，持续推动社会治理和服务重心向基层下移，坚持自治、法治、德治相结合，着力构建乡村治理新体系。

第一节 大理州乡村自治案例

一、古富村：全民参与共治理，邻里和睦享幸福

古富村位于云南省大理州永平县龙街镇的东北部。它下辖 18 个村民小组。目前，古富村共有 377 户农户，人口总数为 1523 人，其中，农业人口为 1464 人，劳动力人口为 851 人。在乡村治理方面，古富村以"党支部研究、理事议事、村民代表大会决定"的决策模式为核心，通过村规民约的实施，不断提升基层治理和服务水平，从而全面提升群众的获得感、幸福感和安全感。

（一）古富村乡村治理概况

古富村选择了党员和群众中具有良好基础、公心、威望的人作为理事会成员，共成立了 18 个村民小组民族理事会，并设立了议事小组和监督小组，以协助村"两委"开展民族团结、移风易俗、人居环境改善、禁毒禁赌、扫黑除恶等工作。为了提高自治水平，古富村结合村情和民意，发动群众集思广益，以"三字语"的形式起草了村规民约，并在广大群众的同意和认可下，将尊敬老人、关爱幼儿、勤俭持家、邻里团结、环保卫生等内容纳入了村规民约之中。与此同时，古富村建立起了道德激励和约束机制，实行村民遵守村规民约的"红白板"制度，对于表现出色的先进典型予以表彰（上红板），对于违反村规民约的人和事进行记录（上白板），以此来教育引导群众遵守法

律法规，弘扬社会公德和家庭美德。另外，古富村还通过微信、QQ 等平台建立了就业创业服务平台，为外出务工群众提供创业培训、劳动技能培训、经验交流等服务。此外，该村还实施了党员与外出务工家庭挂钩的制度，定期关心和帮助留守人员，为他们积极解决在外就业过程中可能遇到的后顾之忧。

在基层党建方面，古富村按照党支部规范化达标创建"五个基本"要求，继续巩固深化"战斗堡垒工程"向支部覆盖，围绕基层党建创新提质"党建+"工作目标，创新"一点二基三巩固"党建工作思路。充分发挥基层党组织的组织优势、组织力量和组织功能，确保有效地宣传和凝聚群众，最大限度地推动群众参与移风易俗工作。并以党员干部为榜样，充分发挥党组织和党员的先锋模范作用，率先推行新风新貌，帮助农户理清移风易俗的收支账目，重点纠正农村不良的客事办理风气。

在客事办理方面，坚持除红白喜事以外的其他客事简化办理程序，取消生日宴请、升学宴以及其他无关紧要的客事，提倡自助餐模式招待客人。同时，按照规范治理的思路，充分征求广大群众的意见，广泛宣传移风易俗的原则，在整个村庄范围内推动这一工作，帮助群众实现科学理财和勤俭持家的目标。

在农业方面，古富村搞出了自己的特色。古富村通过建立绿色食品种植基地和有机核桃种植示范基地，在发展核桃产业的同时，创新地发展了核桃林下绿色蔬菜的种植。他们还倡导了"基地+"模式，以促进其他农副产品如高山生态茶的发展。通过充分发挥党总支部的示范作用，引进企业投资，成立专业种植合作社，他们打造了一种新的发展模式，即"党支部+公司+合作社+基地+农户"，这激发了广大农民的积极性和创造性。古富村致力于构建绿色生态农业产业体系，以及建立少数民族农民持续增收机制。2022 年，古富村发动余家湾村民小组 16 户农户种植万寿菊 18 亩。在海拔偏低的区域，古富村则发展泡核桃种植、肉牛养殖、烟叶种植、黑山羊养殖、工业辣椒种植等主要产业，2022 年发展种植工业辣椒 70 亩，每亩收入在 4000 元左右。[①]

在生态旅游方面，通过利用彝族民俗文化、原始生态资源和新兴特色产业等，古富村构建了一条独特的乡村休闲旅游发展路线。为了吸引外来游客，古富村深入挖掘彝族文化的价值，如彝族节日、表演和村落等独特的民俗文化元素。同时，古富村注重保护文化遗产的同时结合万宝山原始森林资源的独特历史文化，打造一个能够让游客体验和观赏原始森林的旅游路线。在发展古富村生态旅游的过程中，古富村还应积极发展高山生态茶、车厘子等特色产业，探索休闲农业旅游模式。如此，游客可以通过参观茶园、参与农业生产、体验农耕文化、亲自采摘和品尝农产品等方式来体验乡村生活。这些措施将有助于推动古富乡村旅游的发展，带来农民收益的增加，并吸引更多人来到乡村旅游。

（二）古富村人居环境提升的典型经验

健全机制，使人居环境治理"有章可循"。一方面，古富村加强组织领导，使主体责任得以有效落实。为了有效地推动人居环境整治工作，古富村以基层党支部规范建设为核心，努力打造一个具备"服务型""创新型"和"学习型"特点的充满活力的党支部。另一方面，以"三洁一绿一规范"带动群众广泛参与。对党员户挂标履行"三洁一绿一规范"（即室内卫生清洁、屋外卫生清洁、个人卫生清洁，家中庭院美化绿化，家中生产工具、生活用品摆放规范），设置党员提升人居环境积分项，以激发农户内生动力为目标，及时召开全村环境整治动员会议。为实现以上目标，要做到以下三方面。

第一，夯实基础，让群众主体意识充分发挥。首先，党员围绕党支部规范化达标创建"五个基本"要求，以党员带头，探索出古富村"党员 +"工作模式。其次，开展"党员 + 人居环境"工作，积极推动党员发挥先锋模范

---

① 陈慧君，吴鸿.党建引领、绿色发展之古富篇章丨田里的现场会，古富村的多产业发展这样展开……［EB/OL］.（2022-06-10）［2023-12-01］.https://www.thepaper.cn/newsDetail_forward_18546943.

作用，以分支部主题党日活动为契机，组织并引导小组开展人居环境改善工作。特别是组建党员人居环境提升先锋队，确保党员们勇于担当，在农村人居环境整治的最前线担任政策宣传、村情民意收集、整治提升指导以及环境卫生监督等角色，带头遵守村规民约并积极参与环境整治工作，切实解决群众实际困难。

第二，以点带面，提升乡村治理水平。古富村以人居环境整治为契机，积极推动贫困地区的脱贫工作，注重帮助贫困群众提升思想素质和技能水平，加强农村基层党组织建设。通过建立以党支部为核心、理事会主导议事、各民族群众共同参与的模式，探索民主管理机制的创新，提高村民在决策方面的参与能力，推动自治、法治和德治的有机融合，进一步提高乡村治理的能力和水平。

第三，巩固提升，经济发展动能持续激活。一是加强"领头雁"带头人队伍建设，通过农村"领头雁"培养工程，推进农村党组织带头人整体提升行动；二是提升服务能力，加强服务工作导向，积极开展党员示范带头活动，打造"扶志之家"，通过党员挂片区和挂贫困户的方式，将物质扶贫与精神扶贫相结合，帮助贫困群众形成自立、自强意识；三是以特色产业发展形成"一寨一品"新模式，以农民富裕和产业兴旺为核心，建立共商共建共享的持续增收机制，激发各族群众积极致富的内生动力。主要发展泡核桃等传统产业，同时发展高山生态茶、车厘子、玉香梨、树头菜等新兴产业，形成具有不同特色的产业发展格局；四是加强后续帮扶，采用"1+1"和"1+N"的帮扶模式，即一名农村党员与一名或多名其他人员联合帮助贫困户。协助村"两委"收集贫困户的基本信息，向村"两委"报告贫困户的发展情况和困难，传达上级通知事项，使农村党员真正成为党组织在脱贫攻坚一线的眼睛和耳朵，成为联系党和群众的真实桥梁和纽带。

二、龙街镇：党建引领乡村振兴 打造"山货一条街"

龙街镇位于大理州永平县东南部，地处山区半山区。近年来，龙街镇积极探索富民增收的产业体系，注重改善发展薄弱领域和补充不足之处，推动当地群众根据实际情况发展种植业。龙街镇立足于本地资源，科学规划高原特色产业，将本地农业资源转化为发展优势，以实现产业的持续发展和群众的增收致富。根据龙街镇的海拔气候等特点，因地制宜地推动群众种植红花、工业辣椒、万寿菊以及反季节水果萝卜等独特农作物，在提升特色产业品质和效益上不断取得进展。

（一）党建引领乡村振兴"养成记"

龙街镇深度聚焦生态宜居这一关键，养成良好的生活习惯。龙街镇积极推动"党建＋人居环境整治"行动，成立了党员人居环境提升先锋队，发挥了党员先锋模范的重要作用。通过开展主题党日等活动，党员们在人居环境整治中担任政策宣传、整治指导和卫生监督等角色，积极参与环境整治工作，致力于提升村容村貌。同样，在全镇范围内推广了"三洁一绿一规范"制度，即要求居民做好室内、室外和个人的卫生清洁工作，同时还加强了庭院的绿化美化工作，并规定了生产工具和生活用品的摆放要求。

第一，龙街镇为建立健全治理有效的基础，养成了健全的自治习惯。在龙街镇，自治、法治和德治相结合的原则被坚守，并通过创新的村民自治机制构建了全新的乡村自治模式。党组织在其中发挥着引领作用，特别是成立了多民族理事会。这个理事会由党员、村民代表和乡贤代表等多个群体组成，与村党总支、村委会以及村民理事会共同构建起了乡村治理的平台。这一平台的出现有效地激发了农村基层组织的活力。至今，全镇的179个村民小组都已设立了村民理事会，并设立了议事小组和监督小组。在决策方面，他们采用了"党支部研究—理事议事—村民代表大会决定"的方式，这样能够更好地协助村"两委"开展各项重点工作，全面提升村级治理水平。

第二，为了响应大理州永平县委、县政府的号召，龙街镇积极实施了"1234"工作法，以党建为统领，成功打造了"森林龙街、民族龙街"两个品牌。借助于"生态、区位、民族"三大优势，龙街镇全力推进了"脱贫攻坚、项目建设、社会治理、生态环保"四项工作，同时严格依法管理民族宗教事务，稳步推进了民族团结进步示范创建工作。得益于这些努力，龙街镇不仅实现了民族团结和宗教和睦的目标，还成功实现了脱贫攻坚与乡村振兴的有效衔接。

第三，为了改变滥办酒席、村民互相攀比、居住环境脏乱差成为常态的现状，龙街镇采取了一系列措施。首先，成立了理事会，并对村规民约进行了修订，以倡导移风易俗，树立文明新风。其次，针对办酒席问题，明确规定了办酒席的范围、流程、桌数、标准，使老百姓能够形成自己的"规矩"。此外，为了进一步整治居住环境，成立了石龙小组，该小组自发地讨论并制定了卫生清洁公约。这些举措共同构建了一个更加规范、文明的社区环境。

第四，龙街镇协商在基层"商"出乡村活力。在龙街镇开展的"协商在基层"协商议事活动主要关注了人居环境、乡村振兴、乡风文明和民生等领域。参会人员从个人意见到共同发言，纷纷提出了建议和意见，并最终总结出协商的决议。决议指出，为了提升人居环境的社会效益，促进乡村振兴，需要采取多种措施，并充分发挥乡村公益性岗位的作用。龙街镇开展的"协商在基层"活动主要涉及人居环境、乡村振兴、乡风文明和民生改善等方面。

（二）党支部引领"山货一条街"，助力小山村走向富裕

小麦庄村位于龙街镇大保高速公路普渡收费站旁，是一个典型的高寒山区彝族聚居小山村，共有农户63户，党员20名。长期以来，村民过着典型的高寒山区生活，每天日出而作，日落而息。然而，山区的许多有价值的生

态山货，如中草药、野生菌、蕨菜、苦荞、燕麦等，一直被闲置。尽管村庄地理位置优越，地处交通要道，但村庄的"脏乱差贫"问题仍未得到根本解决。为了改变这种局面，普渡村党总支于 2013 年 5 月在小麦庄村组建了党支部，并将强化党建、促进增收作为工作重点。党支部以打造"山货一条街"为突破口，让闲置的山货成为备受瞩目的商品，为党支部增加了力量，也为小山村带来了财富。

念好山字经，"小支部"出"大主意"。小麦庄党支部将提升党组织的战斗力、凝聚力和号召力视作头等大事，致力于分析区位和资源优势，将解决难题的重点放在掌握"山字经"的技巧上。为此，小麦庄党支部组织党员轮流对大保高速公路的车辆和人员状况进行统计，调查当地可供收购和开发的土特产品，并走访已开始销售山货的党员和群众户，广泛征求他们对山货销售的见解，反复分析和研究所收集的数据。在此基础上，小麦庄党支部通过"四议两公开"① 的方式，集体商议筹建"山货一条街"，推动小山货的开发，增强集体实力，带动村民实现富裕。

党员作示范，"小个体"成"大商家"。在"山货一条街"刚创办的时候，人们普遍对"山货是否会有市场"持观望态度，没有人敢轻易投资进入市场。为了消除人们的顾虑，党支部在 2014 年 4 月将村组活动场所一楼近 40 平方米的房屋免费提供给了党员示范户经营，鼓励党员带头创办了第一家山货店——"万宝彝家"，店内规模化经营彝家土特产品，如苦荞茶、野生天麻、龙街红饼等。

支部搞服务，"小集市"变"大市场"。"山货一条街"办起来后，党支部迅速将工作重心转移到服务方面，促进小集市向大市场发展。首先，对山货经营进行规范化的管理。通过支部倡议和经营户自发决定的方式，引导经营户组成山货经贸协会，并签订了一份"契约"，承诺不出售假货，不从事价格

---

① 四议两公开中，四议指村党组织提议、村"两委"会议商议、党员大会审议、村民会议或村民代表会议决议；两公开指决议公开、实施结果公开。

竞争，以保护经营户和群众的利益。其次，推动山货的营销工作。帮助经营户宣传推广"山货一条街"品牌，在大保高速公路旁设置了四块醒目的广告牌，让经过的游客知道大理有一个"山货街"。在网络传播方面，利用微信、微博等新兴媒体进行宣传推介，使"朋友圈"关注"山货一条街"。

三、洱源县郑家庄：共建共治共享和谐一家亲

在云南省大理州洱源县三营镇，有一个名为郑家庄的小村庄，虽然仅有125户人家，却是一个多民族和谐共处的社区。这个村庄会聚了汉、白、藏、傈僳、傣、纳西、彝7个民族，他们虽然语言、信仰和习俗各异，但多年来一直和睦相处，亲如一家人。在这个多元文化的村庄中，各民族之间的交流与融合成了一种常态。他们相互尊重、理解和包容彼此的差异，共同创造了一个和谐共生的环境。这种团结互助的精神不仅增强了各民族之间的凝聚力，也使得郑家庄成为一个充满活力和希望的社区。

近年来，郑家庄在共建共治共享的新格局下，成功地提升了社会治理的效能和水平。这种新格局不仅促进了民族团结进步事业的发展，也让这个多民族村庄变得更加和谐稳定。这种社会治理模式的成功实践，为其他地区提供了宝贵的经验和启示。

（一）民主议事，自我管理——让各个民族都有说话的地方

走进郑家庄，不同于常见的乡村风貌，其给人的第一印象是干净整洁。街巷都显得格外清爽怡人，农户的庭院更是别具一格。2006年，郑家庄荣获"云南省民族团结示范村"的称号，并因此获得了25万元的建设经费。对于这笔资金的使用，村里的"议事会"经过深思熟虑，决定首先修整入村的交通要道。原先的道路崎岖不平且狭窄，给车辆的进出造成了诸多不便。这条路长两公里多，而25万元的资金仅够购买材料。于是，村民们毅然决定投身

到建设工作中，自己完成修建任务。结果令人惊叹，仅用了 40 天，不仅入村的道路上通车了，各家各户的道路也都完成了硬化。这 25 万元的建设经费撬动了 80 多万元的工程量，充分体现了村民们的勤劳和团结。

村领导在郑家庄拥有很高的威望，但村里的决策和事务仍然是通过商议来决定的。为了更好地实现村民的共同参与和监督，郑家庄成立了村民议事小组、村务监督小组和理财小组。村里的大事由党支部提出方案，提交给村民议事小组和村民大会讨论决定。在村务监督小组的严格监督下实施，并且每季度进行一次财务公开，确保村务的透明度和公正性。村民议事小组中，7 个民族都有代表参与，确保各个民族都有发声的机会。

"协会多"是郑家庄的一大特色：有老年协会、中青年联谊会，还有阳光文艺队。几乎所有在村的成年村民都有自己的组织归属。郑家庄阳光文艺队的四十几个姐妹来自村里的 7 个民族，她们不仅擅长唱本民族的歌曲、跳本民族的舞蹈，还熟悉其他民族的歌舞。这些姐妹们不仅在文艺方面才华横溢，还积极参与村里的公益事务。她们义务打扫公共区域的卫生，并在村里举办"百家宴"时忙前忙后。这种团结互助的精神在村里蔚然成风。

除了妇女们的组织外，男人们也积极参与组织。他们于 2011 年成立了中青年联谊会，目前有三十几名会员。这个组织对村里的中青年外出做生意、打工起到了"中流砥柱"的作用。不论是红事白事、聚餐聚会，还是修路建湿地，或者哪家有困难，联谊会总是冲锋在前。他们的存在为村里的中青年提供了一个团结互助的平台，也使得村民们在各个方面都能够得到有力的支持和帮助。

团结和互助的精神在郑家庄随处可见，使得整个村庄都充满了生机和活力。郑家庄老年协会成立历史最悠久，成员人数最多，现有 66 名会员。每年协会都会组织老年人外出旅游，重阳节时大家会聚在一起共享团圆饭。这种关心和关爱老年人的举措，使得村庄的老年人都能够感受到温暖和幸福。

（二）共建美好明天

在共建共治共享的新格局中，郑家庄实施了"1+2+7"的民主议事制度。其中，"1"代表党支部书记；"2"指的是 2 名村民小组长，分别来自藏族和汉族；"7"则涵盖了 7 个民族各一位的议事代表。对于村中各类事务，经过党支部和党小组的充分讨论后，最终由议事小组进行表决。尤其在涉及征地拆迁、房屋土地纠纷等重大问题时，必须得到议事小组的一致同意。

郑家庄以实际行动贯彻党的民族团结政策。在这里，各民族通婚率高达 60% 以上，甚至有的家庭融合了多个民族背景。每逢民族节日，全村人都会齐聚一堂，按照各自的习俗欢庆佳节。无论是藏历新年、汉族的杀猪饭、彝族的火把节还是白族的本主节，村民们都会共同庆祝，共享欢乐时光。这一传统已经持续了 20 多年。

在郑家庄，7 个民族之间相互尊重、学习与交流，共同树立了民族团结进步的新标杆。多年来，村里未发生刑事案件或群众上访的情况。这种团结和谐的氛围不仅促进了民族团结进步事业的发展，也为其他地区提供了宝贵的经验借鉴。

（三）共治和谐村庄

自 1991 年起，郑家庄村民为确保村庄安全，自发组织了护村队。随着时间的推移，于 1993 年，党支部向相关部门申请成立了治安联防队，负责全村的治安巡逻。这支队伍由全村的青壮年劳力组成，每 3 户为一组，共计 36 组，平均每年每户为全村值守一周左右。这种群防群治的模式综合了治保、调解和普法等功能，有效地确保了村里的安全。为提高治安联防队伍的工作效率和专业水平，他们定期邀请公安和司法人员进行法律法规知识培训。此外，村里还定期开展"送法下乡"活动，进一步加强村民的法律意识。

除了治安管理，郑家庄还非常注重营造浓厚的法治文化氛围。村里的法治文化广场成为村民们重要的聚集地。每逢春节、火把节、中秋节等重大节日，各族群众都会聚集在这里共庆佳节，展现出团结和谐的精神风貌。此外，村里还有阳光文艺队、老年文艺队等组织，定期举行文艺会演活动，为村民们提供丰富多彩的文化生活。

在决策议事方面，郑家庄村民建立了多民族议事小组，确保每个民族都有代表参与决策。无论是小事还是大事，都通过议事小组进行讨论和决定，这种民主决策方式让村民们更加积极地参与到村庄的管理中。

为促进经济发展，村党支部引导村民们围绕乳畜业、烤烟和中草药材营销等产业展开工作。这种因地制宜的发展策略使村民能够灵活应对市场变化，提高经济收入。此外，许多村民还开设了农家乐，吸引游客前来体验乡村生活，增加了额外的收入来源，村民的生活水平得到显著提高。

（四）和谐一家亲

自 2013 年开始，郑家庄在洱源县率先实施了网格化服务管理工作。根据实际情况，村内划分为 8 个网格，并设立了 19 名中心户长。这些中心户长身兼多职，既是矛盾纠纷的调解员，又是社情民意的联络员、法律政策的宣传员和文明新风的倡导员。为了更好地服务村民，村里还成立了与网格化管理相匹配的矛盾纠纷调解队和女子服务队等民生服务团队，确保矛盾纠纷得到及时解决。

郑家庄注重发动社会力量和群众共同参与治安防控工作，不断为群防群治注入新内涵，增强村民对社会治安和平安创建的认同感和责任感。村里安装了 16 个网络监控探头，纳入县镇教育平台，并在进村道路的 214 国道线上设置了两组高清探头，实现治安防控的"全覆盖、无死角"。

女子调解队的成立为村庄的和谐共处也做出了贡献。中心户长和女子调解队利用紧密的联系和真挚的感情，为网格内的村民提供全方位的服务。同时，村里还大力宣传相关法律法规，如《中华人民共和国农村土地承包法》

（简称土地承包法）、《中华人民共和国婚姻法》（简称婚姻法）、《中华人民共和国治安管理处罚法》（简称治安管理处罚法）等，提高了村民的法律意识和诚信意识，使 7 个民族真正实现了和谐共处。

郑家庄的努力得到了认可和获得了荣誉。2006 年，郑家庄被列为云南省第一批民族团结示范村；2015 年 2 月，郑家庄荣获第四届"全国文明村镇"荣誉称号。这些荣誉不仅是对郑家庄工作的肯定，也是对其未来向前发展的鼓励。

四、刘厂镇王家庄：打造"全省先进红色旅游胜地"

王家庄位于祥云县刘厂镇东南角，下辖 7 个自然村和 12 个村民小组。王家庄是一个以粮食、农业产业化种植、特色经济林果为主的坝区农业村，同时，王家庄还是无产阶级革命家、中共云南省第一任省委书记王德三烈士以及全国第一位云南籍共产党员王复生烈士的故乡。2015 年，王家庄被评为全国"优秀红色旅游乡村"，而在 2019 年，又被列入第五批中国传统村落名录。

近年来，王家庄紧紧围绕刘厂镇的发展方向，即绿色生态创宜居环境，文教科旅增活力，融合发展促进跨越，以及创新治理建设和谐社区。王家庄全力打造产业链，涵盖各个领域，建立了完善的三产融合发展体制机制和政策体系。同时，结合实际情况，打造"红色旅游"示范村，为乡村全面振兴书写了新篇章。

王家庄自然环境优美，走进村里，会看到多个池塘清澈见底，村间道路平坦顺畅，绿化带贯穿主干道，通向宽敞整洁的活动广场。民居楼房整齐排列，与道路两旁的树木交相辉映，郁郁葱葱。村子的东边是一个名为"大箐"的山谷，青山簇拥，湖泊相互倚靠，还有大片飞舞的芦苇和无边无际的红雪梨果林，绿意与红色交相辉映。青山、黄土、民居、碧水、芦苇丛、宛如浪涛般的梯田、海洋般的果树林，以及翩翩起舞的山花鸟影，蓝天白云下，构成了一幅如诗如画的自然田园景观。

　　为了打造一个美丽整洁的宜居乡村，王家庄做出了许多努力。首先，对村里的巷道进行了水泥路面硬化。还着手进行了塘子山广场、祖祠建设以及海塘（村里的一个池塘）的治理工作。其次，对传统民居群立面进行了改造，并且打造了"月牙塘"观景台，还修复了清代建筑观音阁和游客服务中心等县级文保单位，真正打造出"一处一景"的优美环境。王家庄致力于推动乡村振兴并践行绿色发展，逐步实现了村庄的"绿化、亮化、美化"。不仅在完善基础服务设施方面取得了进展，还积极开展环境卫生整治工作，努力推动"四清洁"活动。通过实施农村环境卫生连片整治项目，王家庄成功推进了生活垃圾处理和污水治理，同时还打造了卫生示范村，使得居民的生产生活环境大幅提升。如今，王家庄已经发展成为一个宜居、宜游、宜业的美丽乡村。

　　王家庄的巷道之间，有着一系列绚丽多彩、图文并茂、生动有趣的"红色文化墙"，文化墙以通俗易懂的图画形式，在墙壁上形象地展示了英雄事迹、社会价值观、文明礼仪等多种内容，不仅美化了村庄的环境，还创造出了一种浓厚的红色乡村文化氛围。为了实现"全省先进红色旅游胜地"的战略目标，王家庄加大了招商引资的力度，以红色文化为基础，借助非遗保护的成果，通过土碱、糖画、汉族婚俗传统文化体验以及观光采摘休闲农业等载体，积极发展乡村旅游和民宿，鼓励村民返乡创业、增加就业，巩固脱贫攻坚的成果，以乡村文化振兴和旅游扶贫为契机，建设美丽宜居的乡村。

　　未来，王家庄将继续发掘红色传承革命老区的优势，并努力将王复生和王德三烈士的故居打造成全国爱国主义教育基地。王家庄计划定期深入开展"千堂党课进基层""万名党员进党校"等活动，通过展示示范、层级培训和全员培训等方式实施常规培训，以提高整体党员队伍的素质。

第二节 大理州乡村法治案例

一、剑川县：全力推进法治建设，多部门助力乡村治理

近年来，剑川县致力于不断开拓创新，加强各项措施，以严密的落实为重点，始终将法治政府建设贯穿于政府工作全过程。全县积极推动各项法治政府建设工作，取得了显著的进展和成果。

（一）剑川县全力推进法治政府建设

剑川县坚持将习近平法治思想贯彻到法治政府建设的各个方面和全过程中，在 2022 年举行了两次政府常务会议，重点研究了法治政府建设工作，并及时解决了其中的困难和问题。同时，严格按照《党政主要负责人履行推进法治建设第一责任人职责规定》的要求，落实了第一责任人的职责。另外，剑川县还完善了领导干部学法用法制度，推动了领导干部学法用法的制度化、规范化和常态化。

为了提供更高效方便的政务服务，剑川县积极努力进行了职能转变。2022 年，该县政府深入推进了"放管服"改革，使得 1204 个事项已能够在网上办理，网办率高达 99.92%；1192 个事项实现了"最多跑一次"办理，占比达到了 98.92%。此外，县政府还不断缩短了行政审批和政务承诺的时限，以便为企业和群众提供高效便捷的审批服务。全县办结时限已被压缩至 4753 个工作日，压缩率达到了 80%。同时，县政府还积极推广使用"一部手机办事

通",已有 71121 人通过实名认证,总计办理事项达到 463811 件。①

首先,权力运行不断规范。为强化行政处罚自由裁量权的准则,积极采取行动,审查规范性文件的必要性、可行性和合法性,确保规范性文件与上位法以及上级规范性文件一致,避免对行政相对人的权利义务产生不良影响,比如设定违法的行政收费、行政处罚、行政许可、行政强制等行为。剑川县制定并公布了《剑川县网络预约出租汽车经营服务管理实施细则》和《剑川县公共租赁住房管理暂行办法》作为行政规范性文件,并按照规定及时向州人民政府和县人大常委会报备登记。

其次,公共法律服务的普及范围不断扩大。在剑川县,已经成功完成了 109 个县、乡(镇)、村(社区)三级公共法律服务实体平台的建设,实现了公共法律服务实体平台的全面覆盖。与此同时,还优化了法律援助的运作机制,扩大了法律援助的范围。至今,贫困地区的法律顾问覆盖率、低收入人口对法律服务的需求回应率以及低收入人口申请法律援助时的受援率均达到 100%,从而进一步增强了民众对法律服务的满意度和获得感。

最后,法治宣传教育在深化过程中取得了积极进展。政府相关部门通过运用白族调、大本曲等丰富多样的民间艺术形式,广泛开展法治宣传教育活动,覆盖了政府机关、农村、社区、学校、企业等各个领域,使得全县 170 所学校都安排了"法治副校长"。同时,着力培养推动法治乡村建设的领军人才,全面推进"法律明白人"培养计划,进一步增强了基层一线普法志愿服务的能量。对"七五"普法经验成果进行了认真总结,并科学制定并启动了"八五"普法规划,进一步提升了法治宣传教育的吸引力和实效性。

---

① 　剑川县人民政府.中共剑川县委 剑川县人民政府关于剑川县 2022 年度法治政府建设工作情况报告〔EB/OL〕.(2023-02-23)〔2023-12-01〕.http://www.jianchuan.gov.cn/jcxrmzf/c102096/202302/05a5a3f2c8304c9b8dc49402199f98d8.shtml.

（二）剑川县司法局的"普法 +N"模式

根据剑川县普法强基补短板专项行动的相关要求，剑川县司法局遵循突出重点、分类施策的基本原则。结合剑川县的实际情况，针对乡村群众对法治的需求和普法对象的特点，聚焦于重点区域、重点对象和重点人群。积极发挥司法行政部门在提供公共法律服务、解决矛盾纠纷和特殊人群管理中的关键作用。采用了"普法＋服务""普法＋矫正"的工作模式，深入开展了"扫盲式"普法活动，以提升普法工作的专业性、针对性和实效性。

1. 聚焦乡村，细化"普法＋服务"工作模式

作为中国木雕艺术之乡和中国民族家具产业基地，剑川县一直以来以其木雕产业为骄傲。全县拥有约 2.1 万名木雕产业从业人员，木雕产业主要集中在甸南镇狮河村，并辐射周边村镇。考虑到大部分从业人员是农村青壮年，文化程度多为初中及以下，为了满足他们在木器木雕生产企业、木材加工企业以及个体经营方面法律服务和经济转型发展方面的需求，剑川县司法局组织了律师、公证等专业人员，深入剑川木雕艺术小镇、企业生产车间和销售店面，开展了"面对面送法进企业"法治宣传教育活动，解答一线工人和经营者在法律方面的疑问，增强了他们的法治意识。

在前期专项普法工作队摸排调研的基础上，剑川县司法局结合普法强基补短板专项行动、市域社会治理现代化等重点工作，对矛盾纠纷较为突出的双方当事人、乡村"三留守"（妇女、儿童、老年人）当中的重点关注人群进行关注。充分发挥各乡镇司法所人员、妇联主任、"一村一法律顾问"、人民调解员的作用，参与矛盾纠纷排查化解、提供法律咨询和法律服务。同时，综合利用一站式矛盾纠纷调处平台、公共法律服务实体平台、"乡村法务通""云智调"等智能服务系统（终端），深入田间地头、村社街道开展"一对一法律服务"，将每一次纠纷化解视为最佳法律宣传机会，为群众提供全方位、一站式的法律服务和帮助。

2. 聚焦乡村，强化"普法＋矫正"工作模式

在全域范围内，剑川县司法局主要关注的是各村（社区）的社区矫正人员和安置帮教人员。为了应对这一情况，剑川县司法局积极针对这些重点人员进行专项分类普法。在日常监督管理中，剑川县司法局充分利用由乡镇村（社区）干部、派出所民警、司法所人员、家庭监护人等组成的矫正帮扶小组；针对那些危险驾驶罪、盗窃罪、盗伐林木罪、危害国家重点保护罪、故意伤害罪较多的犯罪类型，剑川县司法局将交通安全、治安管理、婚姻家庭、侵权责任、野生动植物保护、刑法等内容融入日常监督管理、集中教育学习、公益活动、心理辅导中；通过"点对点以案说法和释法明理"的方式，在日常帮教、执法检查中对重点对象进行精准发力、精准普法。

2023 年，剑川县司法局已经成功地将专项普法和日常普法工作相融合，形成了"面对面""一对一"和"点对点"的工作模式，并通过统筹整合各方普法资源力量来实现这一目标。未来，剑川县司法局将与乡村治理、历史文化名城等重点工作相结合，开展特色普法活动。此外，还将深度融合普法强基专项行动与基层社会治理，积极为平安剑川、法治剑川建设做出积极贡献。

（三）剑川县人民法院：立足多元解纷，强化诉源治理

为坚决贯彻习近平总书记"把非诉讼纠纷解决机制挺在前面"的重要指示精神，剑川县人民法院认真履行其在剑川县纠纷治理中的参与、推进、规范和保障的职责，推动工作向纠纷源头的防控延伸，形成了一种新的纠纷解决模式，不断满足了人民群众对解决纠纷的需求，取得了一定的实际效果。

1. 主动作为，积极推进诉源治理

（1）建立多元解纷新格局，满足群众解纷新需求

剑川县辖区人口约 18 万，年办理案件数量大约在 1600 件，属于案件数量较少的县份，主要是因为矛盾纠纷的基数不大。然而，从事调解工作的人员相对较少，因此，法院案多人少的情况仍然存在。考虑到辖区群众对高效便捷的解纷机制的需求，剑川县人民法院和县司法局联合研究并于 2021 年 5 月成立了"剑川县诉前委派调解服务中心"，并主动融入党委领导的城乡治理体系。该中心设在剑川县人民法院诉讼服务中心，设有具有地域民族文化特色的调解室，专门负责受理各类民商事纠纷及刑事附带民事纠纷的民事案件部分。该中心面向社会开展矛盾纠纷化解工作，以就地预防、排查、化解矛盾纠纷为重点。随着人民调解、司法调解、行业调解等诉源治理和多元解纷工作的不断推进，大量案件在立案之前就得到了解决，有效地缓解了法院诉讼案件增长的压力。同时，剑川法院正在深化案件繁简分流机制改革，强化诉讼服务中心的实质解纷功能。

（2）延伸多元解纷新触角，助力乡村振兴新局面

剑川县人民法院在保障审判服务县域经济发展的同时，积极构建推动诉源治理体系建设，助力乡村振兴。"剑川县诉前委派调解服务中心"成立后，剑川县人民法院及时对专职调解员进行了岗前培训，培训内容涵盖《中华人民共和国人民调解法》《剑川县诉前委派调解实施办法》《中华人民共和国民事诉讼法》中涉及调解的规定等相关内容。在各个乡镇选任思想政治过硬、熟悉风土人情和有能力调解工作的调解员，在方便辖区参与调解工作的同时，做到调解一案，宣传一片的效果，让身边的案例潜移默化地影响群众，提高群众法律素质。在乡村振兴的路上，以法治做保障，高效快捷的定纷止争。引领乡村群众知法、懂法、尊法，培养和发扬文明乡风、良好家风、淳朴民风。及时处理土地争议、农药化肥买卖、种子买卖等纠纷案件，最大限度地防止损失扩大，为绿色发展提供保障。完善现代乡村治理体系，推动构建辖区"资源共享、力量共用、良性互动"诉源治理工作体系，着力培育一批无讼村（社区），积极主动地正视矛盾、预防纠纷、化解讼争、共创和谐的乡村环境。

2. 强化保障,打牢调解工作基础

（1）强化组织保障,精心统筹部署

剑川县人民法院领导多次召开党组会议,将诉源治理,推动矛盾纠纷源头化解作为"一把手"工程统筹谋划部署。为了推动诉源治理工作,剑川县人民法院积极参与党委领导的工作,与地方党委政府保持密切沟通和协调,争取到了资金、人员和调解场所等方面的支持;主动与各地总工会、侨联、人民银行等相关部门进行联系和协调,基本建立了以法院为主导的诉前联动解纷体系;与县司法局领导多次到先进兄弟法院学习借鉴诉前委派调解服务中心的优秀经验,建立了诉前调解"剑川县诉前委派调解服务中心",采用部分调解员驻庭和部分调解员随机参与调解,调解员工资由保底金额和调解成功案件数提成两部分形成的模式开展。

（2）强化人才保障,发挥解纷效能

调解员的综合素质在调解工作中起到了至关重要的作用。为了推动多元化调解工作的有效进行,以实现调解的纠纷化解功能,剑川县人民法院指派一位长期从事民商事办理的干警来指导、监督和管理多元解纷工作,以确保调解协议获得法律效力,保障多元调解保护合法权益的功能,并尽可能防止虚假案件和违法违规案件进入多元调解程序。

（3）顺畅解纷流程,一站定纷止争

剑川县人民法院诉讼服务中心安排一名分流员,分流员会根据纠纷的性质、对抗程度和当事人的意愿等因素来决定是否将该案件委派给调解中心进行调解。一旦委派给调解中心,分流员会根据案件的种类和案由将其分配给相应的调解员。调解员会及时与当事人联系,确定调解的相关事宜。如果调解成功,当事人可以申请司法确认,法院将在当天做出确认或不确认的裁定,以避免当事人需要在不同法院之间奔波解决相同的纠纷。如果调解不成功,调解员会及时结束案件,并根据当事人的意愿将案件转交到云南智慧法院工作平台进行立案办理。根据繁简分流的相关规定,案件可能会再次分流到速

裁或精审团队。这种一站式的解纷模式真正实现了"只进一个门、最多跑一次"的以人民为中心的理念。

3. 一站式多元解纷和诉讼服务体系面临的困难

虽然剑川县人民法院已在一站式多元解纷和诉讼服务体系方面取得可观进展，但该工作面临着新的挑战，即矛盾纠纷的数量呈逐渐增多的趋势，并且多样化、群体化、复杂化、疑难化的问题日益凸显，这给法院的诉讼服务和矛盾纠纷化解工作带来了新的压力。

首先，调解资源尚未形成工作合力。剑川县诉前委派调解服务中心虽已建立，但多元解纷机制尚未能够良性运行，司法调解、人民调解、行政调解、行业调解没有形成合力，这些因素都会影响纠纷化解的质效。

其次，矛盾纠纷多元化解工作的保障欠缺。尽管剑川县人民法院已全面实施了矛盾纠纷多元化解工作，但在人员配备和队伍素质提升方面，与有效开展工作还存在一定的差距。具体表现在驻庭调解人员数量不足，而兼职调解人员较多，调解人员的素质参差不齐，以及调解队伍人员的稳定性存在问题等方面。此外，剑川县人民法院的诉前调解经费没有得到财政预算的保障，只能通过从办公办案经费中列支驻院机关和法庭调解员的工资及补助来支持。这种资金的不稳定性给法院其他工作的正常开展带来了影响，同时也对特邀调解员的稳定性和工作积极性产生了影响。

剑川法院将在未来的多元解纷诉源治理工作中创造一个公平公正的法治环境，以实现在合法程序中解决纠纷、在和谐氛围中化解矛盾的理念。这将为剑川经济的高质量发展和乡村治理工作提供助力。同时，结合我为群众办实事活动，深入推进诉源治理和多元解纷工作，大量案件得以在立案前得到化解，缓解案多人少的压力，提高人民群众的获得感、幸福感和满意度。

（四）法治铸魂"靓"技艺，寓教于"景"惠民生

为了提升法治宣传的效果，促进法治文化的普及，增强法治宣传的力度和影响力，剑川县高标准打造法治文化公园。该公园占地面积超过4000平方米，其整体设计理念是以法治文化为核心，融入了白族文化和技艺的元素。在建设过程中，重视将剑川的木雕、石雕、彩绘等艺术形式与法治文化相结合，寓教于"景"，潜移默化地增强公众的法治意识和提升其法治素养。

首先，以石雕技艺雕刻法治文化。在公园的入口处，有一座4.2米长、2.6米宽、3.3米高的石雕的宪法景观小品，上面刻着《中华人民共和国宪法》的内容，包括"中华人民共和国的一切权力属于人民"和"宪法是国家的根本大法，具有最高的法律效力"等字样，以突出法治文化公园的主题。公园西侧是县级政府机关和剑川会堂的办公区域，县内的重大政务活动和重要会议都在这里举行。法治文化公园的选址在这里，也是为了不断提醒广大干部和职工要遵守宪法进行政务和行政工作。公园中北位置的石雕小品上有一个手握书卷的雕像，雕像长1.4米，宽1.4米，高3.5米，书卷上刻着"学法、尊法、守法、用法"，引导广大群众自觉树立法治意识，学习如何依法维护自身权益；雕像的底座上雕刻着代表公平正义的图案"天平"，进一步传扬法治精神。

其次，以楹联木雕镌刻法治氛围。楹联文化在剑川县的历史文化中具有重要地位。在进行法治公园建设时，凉亭"法韵德风"将木雕文化与楹联文化巧妙地融合在一起。当地的文人墨客书写了法治对联，剑川的木雕师傅则对其精心雕刻。其中，"法治千秋公道和谐融沃土，德生万物文明诚信泽善国"这副对联体现了剑川对法治和德治的高度重视。位于公园北面的"惠民圣典"凉亭悬挂着"法如清风拂盛世，典似雨露济黎民"这副对联，意味着民法典的重要性，它位于整个公园的最高点。

最后，以园林文化点缀法治元素。公园整体绿化设计采用了阶梯状种植

方式，主要选择了香樟树和原有树种，而内部则种植了桃树和紫薇等中型树种，地面覆盖物则以草坪、月季和天竺葵为主。不同树种的花期会根据季节和气候的变化而有所不同。此外，公园内还设置了景观水系和景观桥，为人们提供了一个休闲避暑的理想场所。另外，在公园中的一些大小石头上，设计师巧妙地融入了一些法治元素，这些看似随意的小设计展现出设计者的用心和情感。

二、漾濞县：培养"法律明白人"，全面掀起普法强基新热潮

近年来，漾濞县一直积极推进"法律明白人"培养工程，采取线上和线下培训的方式，以提升他们在安保维稳、政策法规宣传、法律服务引导、纠纷化解以及社会治理等方面的能力和素养。

（一）培养"法律明白人"

从 2022 年开始，漾濞县开始采取多部门合作的方式，集中开展"法律明白人"培训，以此为重点聚焦乡村基层治理。在"法律明白人"培训中，漾濞县优先选择了具备一定法治素养且能够发挥示范引领作用的人员，如网格员、村干部和调解员等。漾濞县还为每位"法律明白人"准备了公文包、民法典、专用笔记本、证书和徽章等作为奖励。此外，漾濞县还采用以案释法和现身说法的方式，系统强化他们在与群众生产生活息息相关的婚姻登记、殡葬改革、社会救助、农业行政执法、人民调解、电信网络诈骗、农民工务工法律风险等方面的实用法律知识。通过这些培训，"法律明白人"能够积极发挥作用，化解基层矛盾纠纷，率先学习法律和普及法律知识，参与社会治理，进一步推动农村依法办事、问题依法解决、矛盾依法化解，形成良好的法治社会氛围。

作为拥有一定法律素养和积极参与法治实践的群体，"法律明白人"担负

着多项重要职责。他们负责收集社情民意、宣传法律政策、解决矛盾纠纷，并引导法律服务。他们在普法与依法治理中扮演着至关重要的角色，为健全基层社会治理体系提供了有效的途径。此外，他们还是基层社会治理中最活跃的平安细胞。经过系统培训，漾濞县的这些"法律明白人"将成为乡村地区的法治宣传员、维稳信息员、人民调解员、法律服务联络员以及村"两委"的法律参谋和助手，在推进基层民主法治建设、提高农民法治素养、预防和化解社会矛盾等方面发挥重要作用，进而促进"三治融合"发挥示范和引领作用。

（二）全面掀起普法强基新热潮

2023年，在漾濞彝族自治县鸡街乡新寨村吉村举办的首届刀王争霸赛暨（农历）三月十九打歌会活动非常热闹，吸引了大量群众前来观看。特别引人注目的是，一支独特的打歌队，他们将法律知识巧妙地融入山歌中，配以轻快的旋律和熟悉的乡音，将法律知识传达给群众。这是漾濞县积极组织开展"普法强基在行动"专项工作的生动实践。

自实施普法强基补短板专项行动以来，漾濞县紧密围绕普法强基工作任务展开，稳步推进法治宣传教育的覆盖范围，使其涵盖到乡村、家庭和人民群众。这一过程中，漾濞县形成了以法律为指导的办事方式，鼓励人们遇事寻求法律解决问题，化解矛盾时依靠法律渠道。这种社会氛围的形成，推动了普法强基补短板工作向更加深入的层次发展。为解决"向谁宣传法律知识、由谁负责宣传、宣传什么内容、如何进行宣传"等问题，漾濞县成立了普法强基补短板专项工作领导小组，并将该专项行动与市域社会治理、矛盾纠纷调查、重点人员走访等结合。在组织实施时，各乡镇和县级相关部门认真调查矛盾纠纷、信访问题、严重精神障碍患者、外出务工人员、农村"三留守"人员、初中文化以下人员等情况，从而确定了专项普法的重点区域和重点人群。

漾濞县认真制定了加强基础、巩固基本、提升质量和效益的工作思路和举措,通过广泛动员各方力量参与普法工作,成立了9支专项普法工作队下沉到乡镇开展工作。同时,对乡镇党委副书记、综治中心工作人员、村组干部、调解员、网格员等进行普法培训,充分利用网格员、村民小组长、治保调解员等力量,进一步壮大普法队伍。在此基础上,组织法治宣讲团、普法工作队伍、法治文艺团队、普法志愿者等力量深入乡(镇)、村(社区)开展普法教育活动,以群众易懂、能接受的方式进行普法宣传。

漾濞县着眼于精准普法的重点,充分结合婚恋情感、林权纠纷、邻里纠纷、经济纠纷等在县域内占比重的特点,整理了与群众生产生活密切相关的多个案例来进行释法讲理。在案件审判过程中,通过尽可能多地在诉源治理中宣传法律,让诉讼双方明确得失、了解进退,减少社会矛盾。漾濞县还将法治宣传下沉到综治中心和网格中,派遣警官、法官、检察官等专职人员下沉到矛盾纠纷、社会治安问题频发的地方,抓住过去普法宣传的不足,进一步加强普法宣传效果。

漾濞县积极利用民族民间文化艺术,探索运用"用民族干部宣讲法、用民族语言传播法、用民族文字诠释法、用民族节庆展示法、用民族文化体现法"的"五用工作法",独创出"双语普法""打歌普法""彝语对歌普法"等具有彝族特色的普法方式,编写、创作了一批法治题材的歌舞、情景剧。同时,充分利用少数民族擅长歌舞、热衷于打跳的习俗,围绕"三八"妇女节、漾濞"二月十九街"等重要时刻,组织开展形式多样的普法活动,如民间艺人现场"说法唱法""火塘会""田间地头会"以及彝族打歌等,让法律条文深入人心。

同时,漾濞县聚焦重点人群、重点地区、重点对象开展精准普法,采取"边接警边普法""边执法边普法""边管理边普法""边服务边普法"等方式,以"六个100%"全面掀起普法强基热潮。

第一,紧盯接处警现场。以构建新的普法格局为目标,漾濞县聚焦于搭建机制、减轻负担、提高效率和提升内部能力等方面。在群众报警求助时,通过将非警务警情导流至相关部门进行处理，并且进行合理解答和法治宣传，来提供更好的服务。同时，在处理警务警情时，优先讲解法律法规，并且妥善安抚当事人的情绪。

第二，紧盯案件当事人。漾濞县通过案例法和法理分析的方式，教育引导案件参与者熟悉法律，并利用"云南公安执法公开管理平台"深化执法公开，不断向公众公开执法依据、办事指南以及行政、刑事案件相关的文书和办理信息，引导民众遵守法律，依法行事。

第三，紧盯办事办证群体。创新普法方式，将户籍窗口转变为普法教育课堂，利用通俗易懂的方言，结合身边的实例，与群众面对面进行普法教育。将普法基础工作有机融入"我为群众办实事"的过程，贯穿办事和办证环节，以促进普法工作的开展。

第四，紧盯公安监管对象。遵循因材施教的原则，针对监管对象文化程度低、法律意识薄弱等特点，积极采取集体教育、分类教育、个别教育、心理矫治、亲友规劝、社会帮教、亲身经历分享等形式进行法律、道德、政策普法宣传。近年来，看守所和拘留所根据教育制度，对每位公安监管对象进行了不少于两次的普法宣传教育，每周至少提供十个课时，进一步发挥了监管场所的法治宣传教育作用。

第五，密切关注主管行业对象。为了营造稳定、公正的法治化营商环境，以"新春访企问需促发展"等活动为突破口，围绕联防、联动、联治的深化治理格局，畅通普法工作机制，切实实现"早预防、早介入、早化解"的目标，以保障企业高效快速发展。

第六，紧盯普法队伍自身。为了实现全覆盖、无遗漏、高频次、多角度的目标，全面加强公安队伍的法治建设，积极推动执法规范化建设。制定全警学法、普法工作的任务和清单，不断完善"谁执法谁普法"的机制，通过系统化、项目化、清单化的方式推进普法队伍的发展，全面提高民警的执法能力和普法水平。

三、喜洲镇："1+7"一站式综治服务赋能基层社会治理

近年来，大理市喜洲镇在以"大喜之洲"苍洱党建综合体为引领的情况下，通过与公安、检察、法院、司法、信访、民政、妇联七个职能部门的合作，成功建立了"1+7"一站式综治服务机制，其中综治服务中心是主要的执行场所。此举拓展了综治服务的功能，延伸了基层社会治理的手段，呈现出党建引领、核心发力、部门合力共治的态势。

通过克服压力并将其转化为动力，喜洲镇试图探索基层社会治理的新途径。为了解决基层社会治理中存在的方式单一、力量分散、各部门各自为政的问题和矛盾，寻求创新基层社会治理的新途径，提升基层社会治理水平，在各项工作中起到点状示范和引领作用，喜洲镇以市域社会治理现代化工作为契机，以"大喜之洲"苍洱党建综合体创建为突破口，突破了行业部门之间的壁垒，实现了跨区域合作、跨部门联动、跨层级管理，实现了工作重心的下移，服务重心的前移，落实重心的平移。这一系列举措包括建成了一个镇级的综治服务中心和十三个村级的综治服务中心，充分利用和发挥"1+7"一站式综治服务机制的作用，实现了镇级吹哨、部门报到、协同发力的工作机制，全面巩固了基层社会治理的基础。

"七部"联动，专项推进。第一，联动处置具有独特特点。喜洲镇以构建"苍洱党建综合体"为核心，着力打破行业壁垒，实现跨区域、跨部门、跨层级的合作与管理，整合各种资源，与公安、法院、司法所等七个相关职能部门携手合作，通过专项行动实现高效解决群众问题诉求的目标。第二，问题隐患的联动排查已得到有效实施。各村党总支定期完成问题隐患的排查任务，并形成了相关的"问题清单"。与此同时，相关部门以日常工作中收集到的信息线索为基础，构建了一份"线索清单"，并按时向镇综治服务中心反馈问题。第三，在矛盾纠纷的联动调处工作方面也取得了进展。村级人民调

解委员会借助标准化调解室的支持开展工作,喜洲派出所借助"阿鹏"调解室,以及喜洲法庭利用"金花调解"等调解服务品牌,积极推进矛盾纠纷的解决工作。第四,重点人员的联动管控工作得到了加强。完善了"新喜洲人"管理服务工作机制,开展了对村内租住房屋人员的排查和走访。同时,结合"四个专项"行动,全面了解留守儿童、低保人员、民政救助帮扶对象的情况和信息。专项工作的联动推进持续进行。第五,成立了命案防控攻坚领导小组,有效地预防和减少了各行业、各领域的各类矛盾问题和风险隐患。第六,结合农商行的"整村授信"工作,通过广泛开展涉养老诈骗的专项排查,通过"敲门行动"不断夯实群防群治工作的基础。

早在 2012 年,大理法院根据当地民族文化,在喜洲人民法庭设立了一家具有民族特色的基层法庭调解室——"金花调解室"。喜洲法庭位于苍山、洱海之间,毗邻喜洲古镇,管辖四个白族乡镇的民事案件,辖区面积为 572 平方千米,人口约 15 万人,其中白族人口约占 90%,是一个典型的山区基层人民法庭。[①]"金花调解室"由通晓法律政策、熟悉白族语言、了解民风民俗的"金花"担任调解员,帮助辖区居民解决婚姻家庭、赡养、抚养、邻里等纠纷,及时化解矛盾,这项调解工作得到了各族人民和社会各界的一致好评。在"金花调解"机制中,当地民族的美好风俗和司法实践被巧妙地结合起来,通过采用"刚性引导、柔性疏导"的方式,积极化解纠纷,尽早解决矛盾。该机制还通过"诉前 + 诉中 + 诉后"连续调解的模块化方式,并设立回访制度,有效避免了二次纠纷的发生。喜洲法庭将"金花调解"视为核心,不断探索民族习俗与法律规定的契合点,在经过十年的发展中,大理法院成功构建了"金花 +N"多元解纷机制,并取得了显著成效。

拓展主动防治模式,倡导主体部门充分履职,有效地预防和减少矛盾问

---

① 茶莹,周海燕.金花 +N:守护最美法治乡愁——云南大理法院创新打造边疆民族特色的多元解纷模式[EB/OL].(2023-05-15)[2023-12-01].https://www.chinacourt.org/article/detail/2023/05/id/7290081.shtml.

题和风险隐患，提升服务对象的法律意识，不断巩固群防群治工作基础。喜洲镇将整个镇区科学分为 88 个全科网格和 543 个精细网格，配备了 561 名网格员，以实现基层社会治理在组织形式上的全面覆盖。同时，充分发挥各部门调解平台的作用，在多个渠道上提供便民调解机制。至今，村级人民调解委员会通过标准化调解室共调处解决了 78 件纠纷；喜洲派出所借助"阿鹏"调解室成功化解了 32 件纠纷；喜洲法庭运用"金花 +N"工作模式处理了 322 件案件；镇司法联合站及相关部门合力调处并解决了 18 件纠纷，各级各部门在纠纷调处过程中始终致力于问题快速解决、访件迅速处理、及时信息报告。

实现协作合作，促进全民参与的新途径。加强党建引领，巩固基层社会治理工作，将其纳入全年党建任务，坚持"三同时"工作机制，统一部署、跟进落实、考核问效，深化"1+7"一站式综治服务机制，不断探索提升基层治理水平的新举措。重点关注基层矛盾纠纷的排查化解、综治中心的规范化建设和网格化服务管理的协同发展，以实现"三下降一扭转"的目标为导向，紧密结合普法强基补短板专项行动，探索出大众化、个性化、精准化的普法宣传教育新模式，实现普法宣传与基层社会治理的有机融合和相互促进，进一步为群众参与基层社会治理提供新途径。

四、云龙县团结乡："四微"联动，提升普法工作质效

2023 年，云龙县团结乡积极转变传统工作思维，着眼于细节，以"四微"为中心，全面提高农村普法工作的质量和效果，以促进"一区一地"的法治环境建设。

在推行法治教育中引入"微讲堂"，以唤醒人们对法律知识的认识。团结乡充分发挥党员活动中心、议事点和党建课堂的作用，精心策划独特的法治讲堂，注重其知识性、趣味性和实用性。同时，通过远程教育和学习强国

App，党员和群众能够观看网络法治宣传片。与云龙县普法强基补短板第八工作队合作，乡党委、政府设立了"微讲堂"并定期在田间和村头组织上门授课活动，采用亲民的方式，使用彝、汉两种语言普及法律知识。

首先，借助"微广播"，营造法治氛围。鉴于农村交通不便，一些村民离集镇中心较远，难以参加宣讲活动。团结乡积极利用各中心站所的资源，在每个村通过移动广播和农村喇叭传播相关法规政策，如森林防火、毁林开荒、私挖乱采、道路安全等。到目前为止，已经累计播放了90多次普法知识内容，覆盖了5个村、93个村民小组和106个自然村，使法律影响触及彝乡的每个家庭。

其次，加强"微阵地"，推动普法活动的实践。为了推广普法知识，乡党委和政府利用每周一市集的时机，组织了一系列活动，包括在集镇上设摊，由司法所、综治办、青年党员志愿者等进行面对面宣讲普法知识、发放普法书籍和免费提供法律咨询等。通过这种零距离交流和面对面的方式，提高了群众对法治的认识，有效地推动了农村普法工作的全面开展，扩大了普法的范围。

最后，实施"微治理"，推动村民的法治行动。借助乡村党群服务中心，团结乡成立了一个由乡干部、村干部、人民调解员、网格员、驻村民（辅）警、驻村工作队、村法律明白人和农村学法用法示范户组成的普法专项工作队。他们采取走访学校、企业和村组的方式进行宣传，同时解决群众所反映的热点问题和难题。通过网格员的动态监测工作，及时掌握村级情况。对于邻里纠纷、土地边界、房屋建设等问题，运用法治思维和法治方式加以解决，使矛盾在村内得到及时解决，创造出和谐稳定的社会环境，不断提升基层社会治理的能力和水平。

第三节　大理州乡村德治案例

一、刘厂镇王家庄：传承红色基因，以民为主善施"德治"

刘厂镇历史悠久，底蕴深厚，有丰富的"青铜文化""红色文化""民族民俗文化"。刘厂镇王家庄是中共第一任云南省委书记王德三烈士的故乡，也是云南省红色传承干部教育教学基地。刘厂镇民族民俗活动丰富多彩，除了每年各村举办"祭祖"、在传统节日举办歌舞表演之外，还有正月十五"灯瓜会"活动、大波那村火把节"趴马趟"跑马赛马活动、江尾练渡自然村火把节"打跪"活动，这一系列特色文化活动的开展，不仅丰富了广大群众的文化生活，也进一步促进了各民族交往交流交融。

（一）"红色祥云"党建品牌打造

王家庄全面贯彻习近平新时代中国特色社会主义思想，以组织体系建设为重点，以系统实施"五大工程"为引领，打造"红色祥云"党建品牌，推动基层党组织全面进步、全面过硬。

王家庄党建工作总体思路的五大工程：一是实施"铸魂"工程，强化思想理论武装。加强党的创新理论学习教育，加强基层党员干部教育培训，加强群众性宣传教育。二是实施"堡垒"工程，强化基层组织建设。健全基层组织体系，突出加强农村基层组织建设。三是实施"头雁"工程，强化带头人队伍建设。突出基层干部政治标准，加强乡镇干部队伍建设，加强村组带头人队伍建设。四是实施"先锋"工程，强化党员队伍建设。认真做好发展党员工作，从严管理监督党员，充分发挥党员先锋模范作用。五是实施"善治"工程，强化治理体系建设。落实党员网格责任制，深化抓党建促宗教治理，推进抓党建促民族团结进步。

在 2019 年，王家庄投入了 300 万元用于实施上海市对口支援云南省的建设项目。该项目的重点是围绕文物古建筑的保护、开发和利用。对王德三烈士祖祠原物进行了修缮，并在王德三故居前的道路上铺设了青石板路面，为故居广场增加了浮雕墙和红色传承牌。

为打造"红色祥云"党建品牌，王家庄开展了红心向党、强化红色引领、启动红色引擎、建强红色堡垒以及"五老"人员关爱制度。

开展红心向党。在中小学校，持续重视中小学校党建的重点任务，在党委领导下完善校长负责制，改善公办和民办中小学的党建领导体制和工作机制，加强德育和思想政治工作，推动师德师风建设，全面推进"云岭红烛·育人先锋"创建活动，深入进行"启明星"校园党建品牌创建，努力打造一批在省州里有影响力和可持续发展的中小学校党建工作品牌，提升全县中小学校党建工作的整体水平。

强化红色引领。为了推动医院党建工作与业务工作有机融合，公立医院开展了名为"红色引领"的活动。在该活动中，医院采取了多种方式，如加强领导团队的能力，建设高素质的工作队伍，完善相关制度和机制，并推进"党建 +"系列红色活动等。这些举措旨在充分发挥医院党组织的战斗堡垒作用。

启动红色引擎。在国有企业实施"红色引擎"工程，开展"基础党务提升年"活动和全国国企党建工作会议精神的落实情况检查，深化党建工作的整体发展，加强党组织在公司治理中的领导作用。根据"一企一策"的思路，指导国有企业打造党建工作品牌，有针对性地建设一批国有企业党建工作示范点。

建强红色堡垒。在机关事业单位开展"红色堡垒"示范党支部创建活动，通过健全基本组织、建设强大队伍、开展有益活动、落实有效制度和强化必要保障等措施，提高全县各级机关事业单位党组织标准化建设水平，成为党中央新时代中国特色社会主义思想的学习者和践行者，在始终与党中央保持高度一致上树立表率，在坚持贯彻党中央各项决策部署上树立先进典范，推动政治、学习、服务、效能、廉洁的"模范机关"建设。

"五老"人员关爱制度。为了给予"五老"（老干部、老战士、老专家、老教师、老劳模）充分的尊重和关爱，王家庄致力于保障他们在物质、生活和精神等方面的需求。同时，王家庄还充分发挥他们在社区和谐发展中的作用，并制定相应的关爱制度。

第一，开展走访慰问"五老"人员活动。社区党总支和村委会牵头，每年春节、建党节、建军节、重阳节等重要节日都会进行走访慰问，以向"五老"人员传递党的温暖关怀。还会不定期联系和走访那些家庭和生活有困难的"五老"人员及其家属，及时了解最新情况并提供针对性的帮助，解决他们在生产、生活中遇到的困难和问题。

第二，关心"五老"人员身体健康状况。每年王家庄还会组织"五老"人员参加科学健身知识讲座等健康服务活动，进行体检，以增强他们自我健康保护意识，做到早治疗、早预防。

第三，提高"五老"人员精神生活质量。为了满足"五老"人员的文化娱乐需求，王家庄加强社区文化体育设施建设，同时管理和维护好健身器材，以确保老年协会的棋牌、广场舞等活动能够正常进行。增加文化服务，例如，在故居广场播放红色电影和爱国电影，并扩充农家书屋的图书和报刊资源，以满足"五老"人员对读书和看报的需求。

第四，尊重、保护"五老"人员的热情。虚心听取"五老"人员对社区党总支和村委会日常工作的意见和建议，做到在政治上尊重、思想上关心和生活上照顾他们。引导和发挥"五老"人员的积极性，保护他们的权益，并充分发挥他们的优势和作用。

（二）传承良好家风，推行村规民约

无论社会发生何种深刻变革，无论生活格局有何转变，我们都应高度重视家庭建设，并注重培养良好的家庭价值观和家风。在此基础上，我们应与培育和传承社会主义核心价值观相结合，推崇和弘扬中华民族传统家庭美德，促进家庭和睦，助力下一代健康成长，保障老年人的养老需求。这样，成千上万个家庭将成为国家进步、民族发展和社会和谐的重要支撑。

刘厂镇王家庄十分重视传承良好家风，推崇优秀家训。张氏家训：耕读传家，和气致祥，孝忍明德，忠义常念；朱氏家训：忠义孝悌，和家睦族，自奉俭约，忍让恭谦；胡氏家训：融入相关，利害相及，忠义为重，财帛为轻；王氏家训：修齐治平，忠孝睦姻，读书明道，立身报国。家风是社会风气的重要组成部分。家庭不只是人们身体的住处，更是人们心灵的归宿。

刘厂镇村规民约：红色热土，英烈故里，讲好红色故事，赓续红色血脉，传承红色基因，继承革命遗志，共建美丽家园，共享幸福生活。[①]

（三）德治为先，营造乡村治理良好风尚

刘厂镇王家庄积极运用软治理手段，加强"道德讲堂"建设，同时积极推行"道德积分"制度。同时，改进红白理事会和新乡贤理事会等组织，并发挥它们的作用。在新时代文明实践行动中，从不同方面规范村民的行为，包括政治文明、生态环境保护、公共安全、社会稳定以及家族传统等，以实现道德、习惯和风俗的规范化和制度化转变。另外，挖掘和培育典型人物和乡贤的先进事迹，发挥他们在引领道德模范方面的作用。同时，充分利用王复生、王德三烈士故居作为爱国主义教育基地的资源，弘扬和传承红色精神。在大波那和王家庄社区进行"家风家训"试点建设，计划在全镇各村庄年底

---

① 刘厂镇人民政府.刘厂镇王家庄社区村规民约［EB/OL］.（2021-12-31）［2023-12-01］.http://www.xiangyun.gov.cn/xyxrmzf/xxgkml/202112/e196ba13798c42e494c129573863bcf1.shtml.

全面展开，以家庭的"小气候"来温暖社会的"大气候"，从而促进农村基层治理。在全镇范围内开展创建星级文明户、五好家庭、美丽庭院等活动，以增强乡村治理的源动力。通过建设文化墙、文化宣传廊和组建乡村文化服务队等多种方式，宣传社会主义核心价值观，培育乡村文明的新风尚。

（四）坚持"德治"润心，弘扬文明正气

在红色美丽村庄项目的实施过程中，刘厂镇王家庄以革命先烈家族的良好家风为典范，充分挖掘了"王胡朱张"四姓家训所隐藏的治理内涵。他们将社会综合治理内容融入村史馆和公共文化广场的建设中，通过加强家风家训的传承教育，积极倡导"爱国爱家、向上向善、共建共享"的家庭文明新风尚。这样做的目的是引导群众感激党恩、听从党的指导、走向党的正确道路，实现在基层社会治理中由"需要我参与"转变为"我愿意参与"。另外，他们修订和完善了村规民约，依靠新乡贤理事会进行议事评理和舆论监督，组建了志愿服务团队来关心特殊群体，培养和传承美好村风。同时，还推广了红黑榜和道德评议会等做法，表彰了100户"平安示范户"，大力弘扬了传统美德。此外，还广泛开展了"最美人物""文明家庭""好婆婆好媳妇"等评选活动，以及"家风讲堂"主题活动，引导每个村民每年至少参与两次社区治理义务劳动，以夯实基层善治的基础，实现了无声的柔性治理。

作为承载着革命斗争光辉历史的地方，王家庄已成为展示云南红色文化和民族团结进步优良传统的重要展示窗口。充分发挥红色教育对民族团结进步创建工作的激励作用，丰富全域创建内涵，构筑起中华民族共同的精神家园，汇聚起共同繁荣发展的奋斗力量。

2021年，王德三和王复生烈士的故居被列入了云南省庆祝建党百年的60条红色旅游路线。目前为止，"红色传承"现场教学基地已累计接待了超过2.8万场50万人次的省内外各族群众前来参加红色教育活动。该基地已成功创建为省级民族团结进步示范教育基地和州级民族团结进步示范单位，使得红色教育在民族团结进步方面走在了全国的前列，展示了社区民族团结进步示范的关键竞争力和强大支撑力。

王家庄丰富了宣传载体，将红色革命事迹、家庭家训和中华优秀传统文化融入党员教育、学校教育和群众生活中。评选出了 34 户民族团结进步示范户，教育引导社区的各个族群代代相传邻里团结、亲如一家、守望相助的文明风尚。同时，王家庄开展了"我身边的民族团结故事"主题宣讲活动 20 余次，并创作了红色花灯剧《王德三》，整理出版了 5 本红色书籍，发放了 2600 余份宣传册，广泛传播社区各族人民手足相亲、守望相助的感人故事，使中华民族共同体意识在人们的心中潜移默化地扎根、融入血液、深深注入灵魂。

此外，王家庄建立了一套以群众为核心的道德激励和约束机制。举办了"五好家庭""星级文明户"等评选活动，以王氏"一门三雄"三位英雄的事迹作为榜样，广泛宣传道德模范和身边好人的典型事迹。王家庄将自治和德治相结合，针对农村频繁办客和攀比的问题，既通过自治来限制，又通过德治来进行说服和教育。王家庄推翻了陈规陋习，开展了移风易俗的活动，例如规定不准在升学、参军、生日时办客，迁居时办客要简单化，还提倡厚养薄葬。为了贯彻落实这些措施，王家庄加大了宣传和执行力度，要求所有的客事都必须向理事会申报，并严格控制规模和标准。

二、鹤庆县西邑村：让乡村德治日常化

鹤庆县西邑镇西邑村十分重视推进乡村德治，将乡村德治融入日常工作中，让德治日常化。为了创造宜居乡村发展环境，西邑村成立了专门负责解决矛盾纠纷的调解队。调解队致力于及时发现和化解家庭和邻里之间的矛盾，以促进邻里和谐和家庭和睦的关系。西邑村调解队积极宣传社会主义核心价值观，普及中国梦教育，向群众传播中华民族共同体意识，以加强群众的诚

信友善、敬业团结和守望相助意识，从而为建立群众团结互助的基础打下坚实的基础。西邑村还广泛开展普法宣传教育，以提高群众学习法律的水平、增强法律意识和遵守法律的能力。如此一来，整个村庄呈现出邻里和谐、友爱互助和家庭和睦的良好局面，为社会稳定奠定了群众基础和思想基础。

为了促进全村的文明进步，西邑村成立了红白理事会，并制定了村规民约，大力推行移风易俗和客事从简的规定。村庄提倡"文明祭祀、无烟清明、喜事简办、丧事简办，其他客事尽量不办"，以减少客事的类型和数量，缩小请客范围和规模，减少菜品的数量，杜绝高档烟酒，控制大操大办和攀比浪费的现象，从而减轻了群众负担，有效地防止了因客事导致的贫困。勤俭节约的风尚在农村逐渐形成，同时也有效地弘扬了传统美德，提升了乡风文明。

为了满足群众不断增长的精神文化需求，西邑村成立了文化志愿服务队。结合推进乡风文明提升工作，该村为每个小组争取政策资源，建成了综合文化服务中心，为群众提供了开展文化活动的场所。文化志愿服务队负责场所的管理和卫生清理工作，定期更换公共场所的图书和报刊，维护场所设备等，为群众正常开展文化生活提供了良好的条件。此外，服务队还带头编排舞蹈，在节假日为群众带来歌舞表演，以营造热闹、欢快的节日氛围。通过文化志愿服务队的努力，西邑村的群众精神文化素质和审美水平不断提高，全村展现出积极乐观、向上的工作和生活态度，有力地促进了乡村治理和振兴。

在乡村治理工作中，西邑村注重维护农村稳定和家庭团结。村民们平等互助，团结邻里，和睦相处，并尊重老人和关爱幼儿，培养教育下一代，坚决反对虐待老年人、妇女和儿童的行为。同时，村庄全面提升了村民的文化素质，确保了所有儿童都能够接受义务教育，防止辍学现象的发生。此外，还加强了农村文化阵地的建设，倡导健康向上的文化活动。西邑村投入大量资金修建了乔仁甸法治文化广场和民族团结示范村广场，并组织村民文艺表演队，丰富了村民的生活。

三、漾濞县瓦厂乡：德治为先，树文明乡风理念

近年来，漾濞县瓦厂乡在基层社会治理方面取得了显著成果。该乡以党建为引领，通过整合"三治融合"的方式，着重以德治为核心手段，不断进行探索和实践，加强了群众的道德意识和理念。这些措施为提升基层社会治理能力和效果打下了坚实基础，同时也稳步增强了瓦厂乡的道德体系建设。

为了进一步培育道德理念的浓厚氛围，瓦厂乡采取了多项措施。根据不同年龄段的受众群体，采用多样化的方式进行道德理念的宣传和引导。例如，在学校的"开学第一课"中，不仅传授法律知识，还融入了培养道德理念的内容，鼓励学生们成为宣传先进文化的模范。此外，在田间地头和群众家中举办宣传活动，以身边的好人好事为榜样，使群众更容易接受和认同。同时，结合集体会议如"书记院坝（楼宇）协商会"和群众会议，进一步加强了道德理念的宣传和引导。

为了促进群众行为的改变，瓦厂乡采取了多种措施，不断引导群众自觉行动，并推动行为的转变。瓦厂乡结合各个村组的实际情况，修订和完善了村规民约，加强了制度的约束力，逐步改变了群众的行为习惯。例如，乡党委政府设立了助学基金，奖励了优秀学子，深化了群众的教育观念。此外，瓦厂乡瓦厂村还组织了"道德标兵"和"五好家庭"的评选活动，并对获奖的个人和家庭进行了现金奖励。这些举措不仅激励群众弘扬了优秀传统美德，还发挥了榜样和表率的作用。

瓦厂乡充分利用乡内退休干部、老党员、威望较高的群众代表等群体的力量，组成乡贤工作队参与基层治理工作，引领并督促推进德治工作。这些人群具有时间富余、了解政策、熟悉民情、办事公正、易得到群众认可和乐于公益事业等优势，在基层治理中发挥了积极作用，特别是在村组具体事务中，充分结合了自治、德治和法治，将威望转化为民事办理的实际成果，用

亲情、友情引导群众树立道德理念，进一步夯实了群众意识。

通过持续的治理工作，瓦厂乡的社会环境变得更加和谐稳定。邻里之间的关系更加融洽，简便、高效地办理客事的观念已经基本形成。攀比风气明显减少，赌博、酒驾等违法行为大幅减少。自 2015 年以来，该乡仍然保持命案"零发生"，群众的安全感和满意度有了进一步提升。这些成果得益于瓦厂乡在基层社会治理方面的不断努力和创新实践。

第四节　大理州探寻乡村治理新模式

一、喜洲镇：培育"五朵金花"，开创乡村治理新模式

为推进乡村治理事业，实现乡村自治、法治、德治的有机结合，大理州喜洲镇在保持自身特色的前提下，加强了乡村基层基础工作。喜洲镇以成为"中国白族风情第一镇"为发展目标，通过创新乡村治理实践取得了显著成效，成功构建了一个适应新时代乡村治理的典范——"喜洲模式"。依靠这一模式，喜洲镇于 2019 年底被评为全国乡村治理示范乡镇。

（一）培育"党建之花"，党风政风清风拂面

作为治理工作的基础，喜洲镇把加强农村党的建设放在首要位置，始终承担全面从严治党的政治责任。在推进全面从严治党向纵深发展的过程中，喜洲镇始终坚守自己的初心，压实党建责任。镇党委将加强农村党的建设视为治理工作的基石，将履行基层党建责任作为一项政治使命和首要职责。通过规范履职、考核问责等措施，完善责任体系的明确化、督促到位、考评合

理、追究有力。在引才和选拔新乡贤参与乡村治理、实施"双整百千"四级联创等方面，加强党组织的根基建设。同时，加强党员的日常学习教育管理，全面提升镇属 75 个党组织的规范化建设水平，使 13 个村的集体经济发展任务全部达标，其中 8 个村的年经营性收入达到 10 万元以上。

在提升服务质量方面，喜洲镇加强了"环洱海党建示范圈"的建设，构建了村"两委"牵头、村干部带头、示范党员为中心、村民为主体的联动治理体系。特别是在洱海保护、脱贫攻坚和疫情防控等方面，广大党员通过具体行动展示了"顶在前面、干在难处"的精神风貌，让喜洲镇闪耀着鲜红的党旗。

（二）培育"生态之花"，洱海保护佳绩喜人

喜洲镇将洱海保护治理视为当务之急和紧迫重点工作，致力于推进以洱海保护治理为核心的生态文明建设，以应对各种挑战。坚决贯彻执行省州市的各项措施，全面推进环湖截污、生态搬迁、矿山整治、农业面源污染治理、河道治理、环湖生态修复、水质改善提升和过度开发建设治理等八项攻坚任务，以实现洱海水质的持续改善。通过实施严格的水资源管理和常规性的"三清洁"措施，加大对入湖河道的巡查和监管力度，建立起"户收集、网输送、厂处理、塘净化"等截污治污体系，落实河长制度，确保清洁的水源流入洱海，使河流通畅，水质清洁，岸边绿化和景观优美成为现实。同时，喜洲镇采取一系列措施严格执行规建管控，全面整治和规范农村建房行为，坚决打击各种环保违法违规行为。其完成了 556 户的"三线"划定拆迁任务，并支付了 6.71 亿元的补偿资金。喜洲镇的这些努力得到了中央和省委省政府领导的高度赞赏，并荣获州委州政府评选的 2019 年"洱海保护治理先进集体"称号。

（三）培育"发展之花"，特色小镇优势领航

喜洲镇一直将发展责任牢记心间，坚持根据镇情科学策划，并在特色小镇规划布局、要素配置、产业布点、公共配套以及生态保护等方面实现了深度融合发展。在改革试点方面取得了显著成效。完成了农村土地制度和集体产权制度等改革试点任务，探索了喜洲村集体土地入市和农村土地征收长效制度，确保农民的合法土地权益，并接待了自然资源部、义乌市等考察团的参观考察，特色小镇也得到了加速发展。通过改善市政基础设施，完善智慧旅游设施，建设文旅项目，已经完成了接近10亿元的投资。在加强旅游市场秩序整治方面，规范旅游市场运营，推动环境卫生等市场化运作，并加强城镇管理考核机制，高效实施"垃圾不落地"模式，以管理规范、整洁有序的环境迎接八方游客。同时，农文旅产业也在与其他要素有机融合。深入挖掘民俗节庆、人文商帮等元素，将文化旅游、田园观光和非遗体验相互融合，建设了一批农文旅项目，如农耕文化艺术馆、喜林苑、喜遇精品酒店、喜洲客厅、喜洲民艺馆和花语牧场等。以农业观光、绿色生态和休闲度假为主的新型乡村旅游业态渐入佳境，喜洲已经成为生态观光的"花海"和体验文旅生活的"天堂"。

（四）培育"团结之花"，民族文化誉满苍洱

紧紧抓住"共同团结奋斗，共同繁荣发展"的核心主题，喜洲镇精心描绘了一幅名为"人文大理·幸福喜洲"的美丽画卷。在传承民族文化方面，喜洲镇特别注重培养民族文化传承人，设立民族文化传习班和讲习所，并推行双语教学，开展了丰富多彩的民族文化交流活动。另外，喜洲镇还加强了对民族文化遗产的保护工作，将大理栽秧会、喜洲粑粑、火把节等重要文化活动纳入非物质文化遗产保护名录。白族扎染技艺和白族的"绕三灵"传统也获得了国家级保护，并评选了30多位非物质文化遗产项目的代表性传承

人。在传统工艺方面，喜洲镇充分挖掘了民族文化和民俗风情的内涵，促进了传统工艺与产业发展的结合，培育出了特色产业如白族扎染、白族刺绣、喜洲粑粑等。此外，喜洲扎染还在国际秀场如巴黎时装周上展示，备受海内外游客喜爱。在民族节庆文化方面，喜洲镇依托"三月街"民族节、白族本主节、火把节等传统节日，通过群众喜闻乐见的方式开展民族团结宣传周和宣传月活动，编制了白族大本曲《白曲心·洱海情》等，将党的路线方针政策宣传普及到千家万户，不断增进各民族间的团结交流，营造浓厚的民族团结氛围。

（五）培育"民生之花"，乡村振兴有效衔接

喜洲镇通过将人民群众对美好生活的向往转化为行动，致力于保障和改善民生，补齐民生短板，增添乡愁味道。在脱贫工作方面，喜洲镇严格执行"四个不摘"要求，巩固"两不愁三保障"和饮水安全，完善"一平台三机制"，推进产业发展项目，加强扶贫资产管理，落实各项扶贫政策，强化防止返贫和致贫的动态监测。喜洲镇全面排查走访分析研判了606户脱贫户，对纳入监测的10户做到了第一时间受理预警信息、分析研判、开展核查、迅速帮扶，坚决杜绝"体外循环"。在乡村振兴方面，喜洲镇已经启动了大理洱海海西国家级乡村振兴示范园（喜洲田园综合体）项目建设，并与市级相关部门和规划设计公司合作，完成了前期调研、资料收集、项目包装等工作，初步形成了规划设计成果。此外，中和邑乡村振兴示范村项目也在有序推进中，筹划建设14个项目，规划建设总投资为2778万元，将全力打造集观光旅游、田园体验、民俗风情为一体的乡村振兴示范村。在社会事业发展方面，喜洲镇积极致力于提升办学条件。他们成功完成了15所中小学校的多项改善工程，包括污水处理、绿化美化和文化建设等。此外，喜洲镇还着重改造了部分教学综合楼，明显改善了学生们的学习环境。同时，喜洲镇还加强了公共卫生管理，扎实开展了疫情防控和爱国卫生等工作，为居民提供了更便捷和

实惠的服务。另外，喜洲镇在民族文化和司法实践方面进行了创新，发展了"金花调解"模式，并打造了"金花调解室"特色品牌，改变了少数民族人民调解工作的发展格局。

二、鹤庆县："五治"引领，助推基层社会治理提质增效

近年来，鹤庆县云鹤镇党委、政府积极探索新的社会治理方式，努力构建政治、自治、法治、德治、智治相结合的社会治理体系，以提高基层社会治理水平，为平安云鹤的建设奠定坚实基础。

在政治引领方面，鹤庆县云鹤镇探索了将党建与社会治理相结合的机制，将基层党建的政治优势转化为社会治理的优势。成立了云鹤镇综治服务中心和工作领导组，调动全域的力量，积极参与基层社会治理，推动形成"人人有责、人人尽责"的社会治理局面。组建了云鹤镇新时代文明实践所和6个村（社区）的新时代文明实践站，成立了21支志愿服务队，全面参与全镇的中心工作和重点工作。此外，还聘请了11位离退休老干部与老党员组成云鹤老年宣讲团，传递积极正能量，推动建立共享社会治理成果的社会治理共同体。

在自治强基方面，适时调整和完善了村（社区）的规章制度，通过自治方式，如村民议事会、红白理事会、道德评议会、业主委员会等，充分发挥各种角色的作用，推动群众的自我管理、自我服务、自我教育、自我监督。

在法治保障方面，规范了云鹤镇综治中心、法律服务中心和6个村（社区）的公共法律服务站。同时，建立了镇、村（社区）、组织、法律服务中心、云鹤派出所的"五级"联席会议制度，定期召开联席会议，对重点人群和防控工作进行分析研判。还聘请了10名专职调解员在村为人民服务，不断增强调解力量。人民调解作为维护社会稳定的第一道防线，发挥了重要作用，持续推进"以案奖补"工作，提高了人民调解员的积极性，截至2023年

5 月，全镇的调解成功率达到了 98.56%。

在德治教化方面，以新时代文明实践所（站）为平台，深入推进"学做"活动，以"文"养德，强化典型事迹的宣传，营造了新的社会治理氛围。还积极开展了移风易俗、志愿服务、文明创建、十星级文明户和道德模范评选等活动。仅 2021 年，云鹤镇党委政府结合"美丽县城"创建工作，在辖区内评选出了"云鹤好人"10 人、"文明家庭"200 户、"美丽庭院"100 户、"美丽商户"40 户。

在智治支撑方面，充分发挥辖区电信、移动、广电网络等科技优势，加快了"雪亮工程"的补点和扩面建设。截至 2023 年 5 月，全镇共安装了 1780 个私人用户共享摄像头和约 1560 个公共区域摄像头，城区的覆盖率达到了 60%。菜园村委会以"枫桥经验"的创建和"平安乡村"的建设为契机，在村委会搭建了村级指挥中心平台，在公共区域和村民家中分别安装了 580 个和 1100 个高清智能视频监控摄像头。通过打造智慧化的"天眼"示范村，进一步加强了基层党组织建设。

三、弥渡县："五治发力"打造共建共治共享新格局

"政治"统领，提升治理凝聚力。通过实施"党建＋组织建设"战略，弥渡县不断推进基层党支部规范化和村组干部队伍建设。目前，基层党支部的创建率已达到 88.66%，为基层社会治理提供了有力的组织保障。我们充分发挥乡镇青年人才党支部的作用，储备村组两级的后备干部，有效解决了人才流失问题。同时，我们以大荒地为示范，将"强支部"和"强书记"的工程与基层社会治理紧密结合，推动基层干部以党建为引领，统一党员、群众和乡贤等各方力量，推进社会治理组织化建设。为发挥全体党员的先锋模范作用，我们结合党员的实践活动，如"双报到双服务双报告"和"我为群众办实事"，在挂钩片区开展城市建设和爱国卫生的"7 个专项行动"主题党日

活动。

"法治"规范，增强治理持久力。弥渡县严格执行"谁执法谁普法"的普法责任制度，制定了《法治弥渡建设规划（2021—2025年）》和《弥渡县法治社会建设实施意见（2021—2025年）》，重点关注领导干部这个关键群体，提升其法律素养，并加强领导干部、国家公务员（机关工作人员）以及各企事业单位职工的法律学习。同时，加强对全县党政领导干部和司法人员的监督，确保政法部门实施公正廉洁的司法工作，推动社会公平正义。在宣传《民法典》的过程中，县级各部门承担起"双普法"责任，通过多种形式的普法宣传教育活动，满足不同群体的需求。通过《法治弥川》《法治微课堂》和法治花灯剧目等宣传手段，以案例解释法律的方式不断加大普法力度，致力于增强全民的法治意识，并全面建立办事依法、遇事找法、解决问题用法、化解矛盾靠法的法治环境。

"德治"树新风，激活治理引领力。弥渡县坚持以评立德的原则，组织开展了"最美家庭""星级文明户""优秀志愿者""最美村民"等评选活动，通过身边事例感化和引导身边的人，促进乡风文明的建设。同时，结合爱国卫生"7大专项行动"和人居环境改善整治行动，开展了"大比武"活动，充分利用主题党日活动进行乡村人居环境的整治，改善农村环境。社会主义核心价值观体现在村规民约、社区公约、学生守则、行业规范、团体章程和家规家训中，努力提高群众的道德修养水平。

"自治"解纷，增强治理内生力。坚持党组织领导，弥渡县在推进乡村治理和移风易俗方面取得了显著成果。通过探索"清单制"事务管理方式，加强了村级事务的规范化管理。牛街康郎半村、寅街湾子村等村级示范点持续开展了"百千万""美丽庭院"等创建活动，动员了村民参与其中，共同建设美好家园。同时，建立了"村事大家管"的民主治理体系。在强化制度建设方面，每个自然村都根据实际情况制定了《自然村村民自治组织章程》《村规民约》等基本规章制度，以及《财务管理制度》《移风易俗客事从简规定》等农村社会专项制度，引导村民改变陈规陋习，推动移风易俗。此外，县级还加强了人民调解在社会稳定中的基础性作用，建立了一系列基层调解组织，如社会矛盾纠纷联合调处中心、人民调解委员会、村民调解小组等，并培养了大量人民调解员，建立了调解工作室和女子调解队。特别是在婚恋纠纷、邻里纠纷、经济纠纷、房屋拆迁、土地征用等重点矛盾问题上，全面开展排查化解工作，构筑矛盾纠纷排查化解的第一道防线。同时，创新了人民调解工作方式，通过"以奖代补"和"以案定补"的方式进行激励，并将其作为全州的经验进行推广。

"智治"支撑，强化治理保障力。在社会治安防控领域，弥渡县积极推进"雪亮工程"，实现了社会治安的多层次防控。借助现代数字技术和城市管理的融合，县城区成功建立了"芯处理"模式，实现了城市精细化管理。为了提升公共服务水平，县级数字城管指挥中心建立起高效联动和协同指挥的数字城管体系，有效地联结了环卫、市管等相关部门，实现了高效的县城管理。此外，弥渡县依托人民法院调解平台，实现了诉前调解的全流程在线服务，创造了线上线下、远程现场相结合的矛盾纠纷调解方式。通过不同调解组织的多环节联动，例如，先期调解、立案后行业调解以及速裁团队员额法官的指导调解等，矛盾纠纷能够在线流转、在线调解、在线立案以及在线司法确认，构建了一个多元化解矛盾纠纷的机制。

四、洱源县：积极探索农文旅融合发展新模式

近年来，洱源县坚定不移地走绿色发展和融合发展道路，充分利用自然、人文等资源优势，打造了"一业、二源、三水、四味、五花、六贤"的闪亮名片，积极探索农文旅融合发展的新模式。

"一业"是指洱源县的绿色产业，以生态农业、绿色食品等为主导，发展了一批具有地方特色的绿色产业，如有机蔬菜、水果种植等，这些产业不

治理机制、持续推进农村生态环境建设、提升社会治理成效、推动民族团结进步，以及培育文明乡风等一系列措施，为全面脱贫和全面建成小康社会夯实了坚实的基础。

（一）垃圾分类成为生态文明新举措

2013 年，金牛镇设立金牛环卫公司，旨在实现建设美丽金牛的目标。通过开展"三清洁"活动，即清洁田园、清洁水源和清洁家园，金牛镇建立了"专业保洁队"和"村组群众保洁队"两支队伍。在运行机制、管理模式、资金保障、宣传教育、队伍建设和考核奖惩等方面，金牛镇积极探索实践。一方面，金牛镇广泛推广了"三元三角三分"的"三清洁"工作机制和垃圾分类回收制度，建立了完善的"户清扫、组保洁、村收集、镇转运、县处理"的五级联动处理机制。"三元"，即推广采用"3 元"收费制度，遵循"谁受益、谁负担"的原则，按照每人每月不低于 3 元的标准，向农村收取垃圾清运处理费，年收取率达到 95% 以上。"三角"，即发挥三张网的"三角"支撑作用。通过借助河长制工作网络、垃圾回收公司化运营网络、农业废弃物处理网络，实现生活和生产垃圾处理率达到 100%。"三分"，即建立完善的生活垃圾三级分类体系，包括农户一级初分、转运站二级分和处理场三级分。为了激励广大居民积极参与垃圾分类，金牛镇在各村（社区）建立了村（居）民垃圾分类积分奖励机制。截至 2019 年，金牛镇筹集了超过 1700 万元的资金，并购置了 22 辆垃圾清运车、53 个垃圾箱和 1 个垃圾中转站，集中清运了 10 万余吨生活垃圾，减少了 2.8 万余吨垃圾。这一系列措施显著改善了农村人居环境，彻底解决了垃圾阻塞河道和垃圾围村的问题。

（二）强化社会治理，提升群众满意度

金牛镇积极推进"见警察、见警车、见警灯、安民心"工程，采用网络化巡逻的方式，加强了乡村网格化服务管理。整个镇划分了 373 个网格，并

设立了 373 名网格员。其中，在县城区以道路为界、以街区为单位，划分了 80 个网格，同时，将老式小区、单位住宿区、开发小区、自建区纳入了网格管理范围，达到了全面覆盖的效果。这样做的目的是确保能够第一时间掌握社情民意，第一时间了解群众的需求，以及第一时间解决矛盾纠纷，初步构建"大防控、大接访、大调解"维稳工作长效机制。在全镇的 18 个村（社区）中，建立了集警务、治保、调解、消防、巡防、村（居）务指导员为一体的专门综治维稳工作室，并成立了 278 个义务治安巡防队和护村、护院等群防群治组织。此外，还建立和完善了各村社区的治保委员会、调解委员会队伍，组建了由 308 人组成的治保委员会和 304 人组成的调解委员会。截至 2019 年，共排查出 154 件一般性矛盾纠纷，成功调解了 149 件，达到了 97% 的调处成功率。对于排查出来的 9 类重点（群体）人员和信访热难点问题，采取了领导包保责任制。

（三）同心共建，奏好民族团结主旋律

尼萨新村位于宾川县金牛镇，是该镇的三个易地扶贫搬迁点之一。村名"尼萨"来自傈僳语中的"幸福"，这个村名充分体现了 98 户 358 人傈僳族和彝族群众搬迁后所期盼的美好生活。走进此村，展现在眼前的是一幅美丽而和谐的新村景象，具有浓郁民族特色的傈僳新村标志性建筑矗立在村口，一排排别具风格的新房巧妙地点缀在青山绿水之间，而迎面走来的是脸上挂满幸福笑容的傈僳族和彝族村民。村民们能够过上今天幸福的生活与他们在脱贫攻坚中共同建设起来的民族团结新家园密不可分。

金牛镇坚持"各民族是一家人，一家人要过上好日子"的理念，于 2017 年 7 月启动了尼萨新村易地扶贫搬迁统建点项目，总投资达 6842 万元，遵循"易地搬迁脱贫一批"的原则。该项目将民族文化元素贯穿在项目的策划、规划、设计和建设等各个环节，以高起点规划、高标准建设和高效率推进为目标。同时，还计划开发沃柑和石榴等经济林果 358 亩，为每人

分配 1 亩土地，并配套建设水源、沟渠和节水等田间设施。2018 年春节前，一座傈僳族和彝族贫困户的新村——彩凤村委会尼萨新村，也被称为"村在林中、路在绿中、房在园中、人在景中"的美丽景象，由 98 户 358 人入住，实现了他们的安居梦想，摆脱了深度贫困的困境。

在基层党组织的引领下，金牛镇注重党建示范，推动"党建＋民族团结"双重融合和双向推进。他们积极开展了"听党话、感党恩、跟党走"教育以及民族团结进村组活动，将民族团结的理念融入到村规民约之中，营造出一种各民族团结进步的良好氛围。通过与不同民族的交流和互动，金牛镇实现了三个思想意识方面的转变：从仅仅追求识字学习到认识到文化教育的重要性；从满足基本衣食住行到追求致富奔小康；从不愿外出务工到大方自信地外出工作。

（四）"一村一品"梨子飘香产业兴旺

近年来，金牛镇大坪掌村将发展山区独特产业作为推动乡村振兴的主要手段。他们充分利用山区优越的水果种植条件，以市场需求为导向，引领村民改变种植观念，积极发展梨、核桃等高质量特色水果。到 2023 年，全村已种植 500 亩蜂糖梨、140 亩核桃和 200 亩雪梨。同时，村里还引导村民将质量作为发展水果产业的关键，组织他们学习水果标准化生产技术，确保进行科学修剪、合理施肥和适时预防病虫害，以提高种植规范，不断提升水果品质和市场竞争力，使山区特色水果成为全村的支柱产业。2022 年，大坪掌村全年水果收入达到了 184 万元。其中，蜂糖梨的收入为 168 万元，户均收入达到了 6 万元；雪梨的收入为 10 万元；核桃的收入为 6 万元。预计到 2023 年底，全村将有 300 亩蜂糖梨和 200 亩雪梨挂果，预计全村水果收入不会低于 180 万元。

大坪掌的蜂糖梨和雪梨备受客商和消费者的喜爱，这已经成为山区群众普遍的共识。大坪掌通过品牌策略赢得了市场的认可，同时凭借卓越的品质推动了山区特色水果产业的发展。中秋节前后，各地的客商纷至沓来，采用现场采摘和电商订购等方式，纷纷购买大坪掌的蜂糖梨和雪梨。这些稳定的客源为市场销售渠道带来了畅通，梨园也获得了丰收，同时增强了群众发展特色产业的信心和决心。

（五）移风易俗，涵育文明之花香万家

金牛镇党委、政府将推动新时代文明新风的传承与移风易俗作为农村治理的重要任务，并制定了名为"金牛镇倡导移风易俗客事从简工作方案"的实施计划。该计划倡导在婚嫁、丧葬等事务中追求简约、精简，倡导健康生活方式。通过引导干部和群众改变陈旧的风俗习惯，创新发展新的文化形式。全镇的 18 个村（社区）和 276 个村（居）民小组共同成立了 202 个红白理事会，并选聘了 944 名成员。各村（社区）根据实际情况制定了红白理事会章程和村规民约，将客事办理的种类、桌数、菜品以及每桌价格标准等写入村规民约，以确保客事简办的要求得到有效履行。自 2016 年以来，全镇共简办了 1566 场农村客事，劝退了 449 场农村客事，仅简办和劝退的客事就为群众节省了超过 1680 万元的开支。

近年来，金牛镇取得了许多成就，成功被评为州级文明单位 1 个、文明村 2 个，县级文明单位 2 个、文明村 7 个和文明家庭 2 个。2018 年，柳家湾华侨社区和罗官村委会被选为大理州乡村振兴战略的试点村。2019 年，成功创建了 7 个文明卫生先进单位、8 个文明卫生先进楼（院）、154 户文明卫生先进家庭和 2095 户文明卫生先进农户。

六、南五里桥村："小基金""小网格"做活乡村善治大文章

大理市南五里桥村居住着回、汉、白、彝、藏、纳西六个民族，其中：回族人口约占村庄人口的 80% 左右。整个村庄划分为 5 个村民小组，截至

2023 年，南五里桥村共计 462 户 1523 人。每个人平均有 0.55 亩的耕地。村民的经济收入主要来自特色餐饮业，辅以蔬菜种植。截至 2021 年，村民的人均可支配收入已达到 3.5 万元。近年来，南五里桥村党支部充分发挥党员干部和致富带头人的作用，在乡村善治水平的提升上采取了"小基金"和"小网格"等措施，致力于建设宜居宜业的美丽乡村。南五里桥先后荣获"全国文明村镇""全国美丽乡村百佳范例""全省先进基层党组织""全省民族团结示范村"等荣誉称号。

（一）设立"公益互助基金"，"小基金"彰显和谐氛围

南五里桥村鼓励村内富裕的带头人物每年向全村的公益互助基金捐献其年收益的 2.5%，以提供可持续稳定的资金来源来支持社会公益事业。这个基金由专人管理，并采取动态管理措施，用于援助那些突然遭受重大疾病或灾难的村民。村集体利用公益互助基金和集体经济收入等资源，兴建了"爱心食堂"和"爱心家园"。其中，"爱心食堂"为 60 岁以上的老人提供免费的三餐服务。"爱心家园"是指村里的公益性保障住宅，共有 18 套，每套约 120 平方米，为那些无法自建住宅的村民提供免费住宿。此外，每年还向 65 岁以上的老人和 7 岁以下的儿童发放慰问金，金额为 700 元。目前为止，共支出了 150 多万元的互助金，帮助了 10 户 30 人。村党支部通过培养 6 名年轻的少数民族党员，开展唱红歌、学党史、少数民族歌舞教学等活动，引导群众加强民族团结，使全村的六个民族能同唱一首歌、同跳一支舞、共庆民族节，互相尊重彼此的民俗习惯，共同强化中华民族的共同体意识。

（二）构建网格服务体系，"小网格"体现管理优势

南五里桥村新建了 300 平方米的综合活动场所，将党员活动中心、综治服务中心和网格管理服务中心整合成一个党群服务中心。还探索建立了"镇、村、户"三级网格体系，根据"布网、划格、定人、明责"的思路，将整个

村庄分为 7 个网格,每个网格配备 1 名网格长和 6 名网格员。定期察看民情、访问民意、解决民忧,确保党员为群众提供服务的全面覆盖。为了及时调解群众矛盾和纠纷,实行了党员义务轮流值班制度,确保党群服务中心的门常开、人常在、能够随时为群众提供服务。为增强安全防范能力,安装了 82 组视频监控探头,并购置了水罐消防车、巡逻车和相关警务装备。此外,还成立了义务消防队和村民护村队,与驻村民警和辅警共同开展日常守护巡逻、节点联合巡防、突发事件处置以及安全防范知识宣传等工作。通过我们的努力,小事不出村、大事不出镇,村内的矛盾不再上交给上级。

(三)盘活资源资产,"小产业"铺就致富门路

利用靠近大理古城的地理位置优势,南五里桥村在 20 世纪 80 年代初开始发展旅游运输业,使部分村民具备了较好的经济条件。为了推动村庄的发展,2020 年,村"两委"班子带领部分党员干部前往江浙地区考察学习成功的致富经验,并计划建设"美食一条街"项目。目前,村民中有 102 户开办了不同类型的餐饮店、食品加工业、民族特色餐饮和家庭旅馆等,还有 10 户创办了特色民宿。村内的旅游运输车辆数量超过 60 辆,在餐饮、民宿、物流等行业方面取得了"多点开花、齐头并进"的成果,村民们都能在家门口找到工作。由于家乡产业的发展,还吸引了 36 名大学生返乡创业。村集体统筹利用村内资源资产,建设了旅游生态停车场、餐具消毒车间和冷链物流等配套服务设施。到 2021 年,全村 20% 的农户人均可支配收入突破了 10 万元,在村集体经济收入达到了 120 万元[1]。

---

[1] 云南省农业农村厅. 云南省大理市南五里桥村"小基金""小网格"做活乡村善治大文章(乡村治理动态 2023 年第 4 期)[EB/OL].(2023-02-08)[2023-12-01].http://www.rcre.agri.cn/njdt/xczl/202302/t20230208_7935535.htm.

（四）改善人居环境，"小村庄"展现靓丽风景

为了改善南五里桥村的道路状况，村委会制定了一项农村建房道路退让机制。根据这一机制，如果村庄巷道的道路宽度未达到规划要求，农户在建房时必须各自退让 0.5 米以扩宽道路。通过这种措施，村庄的道路变得更宽、更直。为了筹集资金，村里进行了多方面的努力，成功获得了超过 3700 万元的资金。这笔资金被用于硬化村庄进村道路，总长度达到了 2000 米。同时，也对污水管道进行了改造，实现了雨水和污水的分流。此外，还安装了 120 盏太阳能路灯和街灯，对 78 户建筑进行了整治，为村庄增添了一道亮丽的景色。为了解决垃圾处理问题，村里创新推出了"定时收集、分片保洁"制度。他们购置了先进的环保垃圾压缩清运车，并在交通便利的道路口设置了 15 个垃圾收集点。通过定时收集和清运，垃圾得到了有效的处理，村容村貌保持了整洁和清洁。

（五）南五里桥村治理的经验启示

第一，加强班子建设，履行职责。在南五里桥村，充分发挥村党支部的重要作用，注重提升村"两委"班子的能力素质。特别关注那些品行正直、经营能力强、管理水平高、思想开明、敢于创新的致富带头人，将其选拔为村党组织的负责人。通过党建引领、班子带头、群众共同参与，致力于实现乡村的共同富裕和善治。

第二，开动脑子，解放思想。南五里桥村坚决改变"等靠要"的思维观念，以新的发展理念为指导，积极提高治理水平，主动推动乡村经济发展。勇于创新，开展探索，将工作重心放在乡村经济发展和治理水平的提升上。

第三，选准路子，精准施策。南五里桥村为了提高资产利用率，在法律法规的规范下制定了资产盘活方案。村庄选择了与当地发展特色相符合的道路，通过入股、出租、出售、承包开发等多种方式，将闲置资产转化为资本，

以促进发展。这些举措旨在推动群众持续增加收入。

第四，南五里桥村以保护生态为优先，致力于实现绿色发展。该村以促进农业、文化和旅游的融合为核心，不断推动农业、制造业和服务业的综合发展。在这一过程中，南五里桥村积极探索并创建农耕文化体验园、绿色生态食品园、特色民宿餐饮等新型乡村产业。这些举措加速了将丰富的生态资源转化为经济和发展优势的步伐，并推动了全面乡村振兴。

七、永建镇永安村："小试点"破解乡村治理"大难题"

巍山县永建镇永安村水资路、南石坪是两个山区村庄，两个村庄海拔均为 2500 多米，四面环山，仅有的进村道路是一条坎坷不平的泥土路，村民们长年因此行路艰难。"晴天一身灰，雨天一身泥"并不是夸张的说法，而是永安村村民过去行路难的真实写照。

近年来，大理州为了解决农村公路建设面临的"政策支持力度降低、投资规模回落、资金筹措困难"的问题，坚持"修一条路、造一片景、富一方民"的理念，并探索了"党建引领、以工代赈"的新模式。2023 年，永安村成为这一理念的试点，总投资 90.55 万元，修建了一条通村硬化公路，惠及水资路、南石坪的 113 户 524 人。这个小规模试点项目成功地解决了农村公路建设面临的重大难题，同时也带来了环境、群众精神面貌、发展水平、基层治理和干部作风的全面改善。

大理州永安村致力于解决农村公路建设中的难题，特别是针对"基层看得见管不了、部门管得了看不见"的问题。他们深入贯彻习近平总书记有关"四好农村路"的重要指示，积极倾听群众的需求，将群众提出的问题转化为具体任务。在永安村水资路、南石坪村的通村公路项目中，积极开展"我为群众办实事"活动，关心群众诉求，解决群众困难，从而改善群众的生活状况，进而打通了群众的"心路"，消除了他们的困扰。

为了加强基层基础建设和提高服务质量，大理州坚持注重基层工作，加强党组织建设，提升其政治和组织功能。州交通运输局也与基层党组织进行合作，实施了永安村的通村公路项目，并建立了联动机制，确保州、县、镇、村、组五级之间有效协作，充分发挥基层党组织的战斗堡垒作用。

在项目中，党员们起到了核心的作用。他们勇敢地以身作则，毫不畏惧地承担起了最为繁重的工作。南石坪村党支部书记苴有桥和水资路村党支部书记茶继顺，他们无私地捐献了自家的土地和核桃树，极大地激发了其他党员和群众的参与热情。

为了解决"上层热下层冷、干部群众看"的问题，大理州始终坚持人民至上的原则。通过实施该项目，确保了当地群众不仅是项目的受益者，还深度参与到项目的建设和维护中。在永安村的项目中，村、组干部积极宣传，当地群众主动筹集资金、参与劳动，表现出了极高的热情和创造性。这不仅为农村公路建设提供了新思路和成功典范，而且通过"以工代赈"的方式，提高了群众的技能水平，增加了他们的收入，真正实现了从"输血式"帮助到"造血式"帮扶的转变。公路建成后，群众自觉地将公路的管理和维护纳入村规民约，形成了"众人路、众人修、众人爱、众人护"的良好氛围。

八、宾川县鸡足山镇：数字化赋能绘就乡村治理新画卷

近年来，鸡足山镇在宾川县深入推进乡村振兴战略，借助数字化党建赋能乡村。该镇党委结合实际情况，遵循"服务农村、政企联动、优势互补、先行先试"的原则，启动了乡村振兴数字化项目。该项目整合现代技术与电子办公，将无人机监控、手机视频等外围功能整合至党建警示服务中心终端服务器。同时，利用对讲机系统、联网广播等对外输出设备，构建应急指挥回路，实现监控音视频回传、指挥系统研判决策及输出系统指挥调度。此举有力地推动了鸡足山镇的数字化、智慧化建设。

鸡足山镇的数字化党建不仅体现在硬件升级，更在智慧化、现代化、数字化治理软件系统上有所体现。该系统可指挥全镇应急、抢险、救灾和总指挥调度工作，不仅提升了治理效率，更为乡村振兴提供有力支持。

（一）"数字化 + 智能广播"，让党的声音进万家

鸡足山镇的部分村庄已经安装了先进的"红色小广播"网络广播系统。这款系统具备手机 App 远程控制功能，可确保全村广播范围全覆盖。在宣传教育、疫情防控和森林防火等关键领域，该系统发挥了不可或缺的作用。结合互联网技术，它还能自动播报天气预报等实用信息，显著提升了信息传播的速度和扩大了信息传播的覆盖面。

鸡足山镇党委深刻认识到这一系统的优势，决定进一步扩大智能广播的覆盖范围。计划在全镇新增 14 套广播系统，并分阶段陆续新增 70 套，最终实现全覆盖。所有系统搭建完成后，将有力推动传统广播向数字化转型升级，为乡村振兴注入新的活力。

（二）"数字化 + 视频监控"，让党的关注到农家

在平安乡镇建设中，鸡足山镇党委借鉴了"天网工程"和"雪亮工程"的经验，进一步强化了视频监控系统。通过将视频监控接入指挥中心，并在集镇区和 9 个村委会的关键区域，如人流密集地区和进山卡口等，新增了 30 个具备夜视功能的摄像头，极大地扩展了监控的覆盖范围。这些摄像头不仅能实时监控，还能保存 30 天的拍摄记录，为保障公共安全提供了重要支持。

此外，鸡足山镇党委还积极使用新技术、新工具，使用无人机开展乡村治理。通过无人机巡视的画面可以直接传输到指挥中心，并借助指挥中心实现远程喊话功能。这一技术的应用显著提升了应急处置能力，为应对各类突发状况提供了快速响应机制。在积极宣传和推广下，已有 130 多户群众主动申请在自家庭院安装摄像头。对于家中有老人和小孩且工作繁忙的群众来说，

安装摄像头为他们提供了一份安心的保障，增强了家庭和社区的安全感。

（三）"数字化 + 指挥调度"，让党的决策入基层

在新型冠状病毒感染疫情防控期间，鸡足山镇积极探索创新管理新模式，利用手机视频会议 App，确保在减少人员聚集的同时，迅速安排和部署各项工作。这一举措为全镇疫情防控工作带来了极大的便利。

在数字化进程中，鸡足山镇结合"外围监控音视频回传—指挥系统研判决策 — 输出系统指挥调度"的应急指挥回路，成功将视频会议系统接入指挥中心，并逐步推广至村党总支、村党支部等各级党组织。这为实现视频会议、指挥调度、业务培训的"在线化"奠定了坚实的硬件基础。

此外，"数字化 + 指挥调度"的运用不仅节约了交通费用，避免了传统会议的筹备、通知和预约等烦琐程序，还让会议信息更快更直接地传递到一线。这种模式极大地提高了乡村治理的工作效率，为鸡足山镇的各项工作提供了有力支持。

（四）"数字化 + 多元平台"，让党的服务惠万民

在未来的发展道路上，鸡足山镇将进行深度的资源整合，结合信息化平台、智慧党建、乡村特色、村务政务、新时代文明实践以及乡村便民服务等，构建一个多元化的服务平台。这个平台将打破传统的服务模式，实现服务项目、资源和信息的多平台交互和多终端同步，为群众提供更加高效、便捷的服务。群众只需一部手机，即可在线办理各类业务，轻松解决日常生活中的问题。此外，鸡足山镇党委将利用先进的指挥系统，实时推送各类惠农政策、种植养殖技术要点以及其他群众关心的信息。这种信息传递方式不仅快速准确，而且能够直接送达至群众手中，有效地提升服务群众的水平和能力。

数字化党建平台的建设将成为鸡足山镇未来发展的重要支撑，为全镇的发展注入新的活力。通过这一平台，鸡足山镇将发挥示范引领作用，并辐射

至为民服务中心、警示服务中心以及九家服务平台等机构，形成一个多方位、立体化的现代政务服务综合体。这将全面提升全镇政务服务效率，推动鸡足山镇的高质量发展。更为重要的是，通过指挥系统及时推送的信息将进一步拓宽群众的监督渠道，破解基层治理难题。这不仅有助于提升基层社会治理水平，还能真正实现服务群众的"最后一公里"，让群众感受到实实在在的便利和温暖。

第七章　未来展望——进入乡村治理新时代

要实现乡村振兴和乡村治理现代化的目标，治理有效是基础。夯实乡村基层是乡村治理的固本之策，要建立和完善党委领导、政府负责、社会协同、公众参与、法治保障和科技支撑的现代乡村社会治理体制。坚持自治、法治和德治的相互配合，以保证乡村社会的活力和谐有序。

第一节　全面建成"三治融合"的乡村治理体系

"乡村治，百姓安"，让乡村得到有效治理，让百姓能够安居乐业，是新时代中国特色社会主义推进乡村治理的核心任务，这是一个系统性的工程，需要全面推进并进行创新。在推进乡村治理的过程中，要将自治视为法治与德治的基础；将法治视为自治与德治的保障；将德治视为自治与法治的支撑。通过建立自治、法治和德治相互融合的乡村治理体系，全面推动乡村社会的发展与振兴。

一、自治是法治与德治的基础

在长时间的乡村治理实践中，村民自治始终坚持以村民为核心的原则，在充分调动村民的积极性和参与度方面取得了显著成效。充分利用"地方性知识"的优势，成为法治和德治的前提和基础。村民自治注重以村民的切身利益为出发点，鼓励他们以"主人"的姿态行使民主权利，以此增强村民处理本村公共事务的意愿和能力，并推动乡村治理朝民主化的方向发展。在处理本村公共事务时，村民常常会综合考虑自身利益和整体利益，然后才做出决策。由于决策源于他们自己的理性判断和认真选择，因此他们对自己的决策非常认可。这种认可会不断激发他们的内在动力，提高他们参与治理的活力和积极性。然而，正如世界上没有两片相同的叶子一样，不同的村庄受地理环境、经济条件和人文习俗等多种因素的影响，表现出各自的特点。但村民自治具有因地制宜的能力，因此要充分利用和发挥体现当地特色的"地方性知识"，有针对性地制定方案，从而实现治理的有效性。

如果忽视了村民自治，乡村治理过程中法治和德治也将难以顺利进行。首先，如果离开了村民自治的法治，就无法充分发挥其应有的作用。法治注重国家权力的统一调整，但是统一的标准难以考虑到不同村庄的具体情况。换句话说，统一的法律规定更适用于解决常见问题，难以满足不同村庄特殊需求，无法真正解决乡村难题和村民问题。其次，近年来，一些村庄在推进乡村德治工程时过于形式化，只注重表面功夫，以老一套的道德说教为主，再辅之以晦涩、抽象的口号和条文。这种做法不仅没有得到村民的认可和支持，反而让村民普遍产生了反感和排斥，使得乡村治理中的德治作用微乎其微。

要提升乡村治理的有效性，发挥自治的前提与基础作用必不可少。首先，乡村法治的实施应充分借鉴地方性知识的优势，以乡村的实际情况为出发点。

在确保公平正义的同时，要考虑到一些特殊需求，提高法治的效率。"苟利于民，不必法古；苟周于事，不必循旧。"在处理不同村个案时，应以法律法规为准绳，但不要僵化地捆绑于法律条文，应灵活变通地解决乡村问题，真正将法律服务于民。其次，实现良好的乡村德治工作，需要以发挥村民主体性作用为前提。不同村庄形成的风俗习惯、伦理观念和乡规民约，是当地村民在实践中内化于心、外化于行的道德表达，也是村民进行道德判断和价值选择的基础。因此，乡村德治需要从日常生活中提炼村民道德准则，避免盲目地灌输宣传，让道德准则深入民心，进而得到村民真正的认同和践行。

二、法治是自治与德治的保障

在乡村社会转型发展的过程中，法治在乡村治理中的作用越来越突出。法律的公正严肃性使法治成为自治和德治的保障与边界。

法律制度为实现自治提供了保障。如果缺乏法治保护，自治很难达到令人满意的结果。法治具有独特的强制力和约束力，可以监督和惩处违法行为，解决农村社会矛盾，激励村干部积极解决问题，确保乡村司法工作独立且不受干扰，为村民自治营造一个廉洁正直的农村社会环境，保护村民的自由和权益。

法律能够为德治框定边界。中华文明拥有长达5000多年的悠久历史，这种历史深厚的文明孕育出了一套底蕴丰富的道德文化体系，中华民族的优秀道德传统则在亿万中华儿女的言谈举止和为人处世上得以传承和体现。为了推进乡村德治，我们可以依托于民风民俗、村规民约以及乡村文化等方面，从中汲取精华，并辨别和排除其中的陋习和糟粕。然而，仅靠道德的教化作用往往难以取得实质性进展，我们需要借助法治的力量，通过强化法律对道德建设的促进作用来推动乡村德治的改进。这样可以有效地遏制不合理因素，为乡村德治设立合理的边界，保证其顺利进行，并推动全社会道德素质的提升。

三、德治是自治与法治的支撑

在中国几千年的文化传统中，人们对于"德"的概念早已有所了解，并且德治也深深根植于中国传统文化之中。在西周时期，以"敬德、崇德"为核心的道德内容开始形成。这就意味着，统治者只有依靠有效的治理方法，才能够得到民众的信任和支持。只有统治者具备德治的品质，才能够保证百姓安居乐业。汉朝时期，儒家思想逐渐成为主流思想，德治也成了治理国家的重要手段，并取得了显著的效果。因此，实现乡村善治的目标，需要充分发挥德治对于自治和法治的支撑与引领作用。

一方面，德治可以提高村民自治水平。在新时代，德治旨在将优秀传统文化和道德伦理融入社会治理实践和人们的日常生活中。随着城镇化进程的加速，村民流动性不断增加，他们接触到的新事物和新观念也越来越多，这必然导致了价值判断多样化和不同道德追求的产生。然而，由于村民素质参差不齐，这些道德追求既包含了积极向上的内容，也包含了相对落后的价值观念。而农村自治水平的高低很大程度上取决于村民的道德素质，因此需要加强乡村道德建设。换句话说，只有得到村民广泛认同的道德观念才能深入人心，促使村民自觉践行，最终真正实现独立自主地自治。近年来，通过将德治融入乡村治理，通过开展"最美家庭""最美乡村教师""最美村组"等评选活动，可以有效地激发村民的道德责任感，促使村民自觉崇尚德行。此外，道德模范的宣传、好人好事的表彰以及真善美的鼓励，也为乡村治理提供了良好的价值引领和道德激励。

另一方面，德治能够降低法治的实施成本。良好的道德修养是精神文明建设的要求，也是村民参与乡村治理的前提条件。只有村民不断提高个人素质，形成良好的道德风貌，才能够在个人利益和集体利益之间做出正确的价值判断。村干部只有在道德价值的引导下，才能够真正关心民生、不以公权谋取个人私利，并在村民心中树立威信。只有拥有高尚道德品质的村干部，才能够为村民做实事、做好事、办大事。相比于法律的制约和强制力量，德治更多的是通过感化、说服和引导来调解村民之间的矛盾，化解乡村社会存在的难题。在日常生活中，村民之间的矛盾往往源于一些琐碎小事，如果不经过仔细斟酌，一味地诉诸法律，不仅会消耗大量资源，而且还会影响村民的相处和乡村内部的和谐。通过发挥道德对民众的教化作用，增强他们的道德意识，不仅可以从源头上避免各种冲突的发生，还能够让他们站在彼此的角度思考问题，在协商中找到解决方案，从而降低法治的实施成本。

第二节　全面加强构筑多元共治的治理格局

构筑乡村多元共治新格局，需要各个主体协同发力。一是要加强党的领导，发挥党总揽全局、协调各方的作用；二是要明确政府的责任；三是要鼓励社会组织广泛参与；四是要发挥公众的积极作用；五是加强法治的保障作用。

一、加强党的领导

在经历了艰苦的革命岁月、筚路蓝缕的建设时期和激动人心的改革年代之后，中国共产党一次又一次地团结领导人民，为实现中华民族伟大复兴而进行了艰辛卓越的努力，创造了一系列令人振奋的辉煌历史。百年来，中国共产党以不可争议的事实向世界证明，它担负起了中华民族伟大复兴的使命。在新时代，乡村振兴的号角已经吹响。农业供给侧结构性改革正处于攻坚阶段，乡村社会正经历着转型发展的重要时期，农民们面临着观念转变和利益多元化的关键时刻。因此，要实现乡村振兴的重大战略目标，必须依靠党的力量，发挥党的总揽全局、协调各方面的重要作用。党管农村工作是党的优良传统，这是由历史和现实条件所决定的，也是经过实践检验得出的必然结论。对此，要做到以下三方面。

第一，我们要完善党的农村工作领导体制。这包括坚持党委统一领导和政府负责的原则，以确保党委农村工作部门能够协调一致地工作。我们还将实施乡村振兴战略领导责任制，建立起中央统筹、省份负责、市县层面负责具体落实的工作机制。在推进乡村振兴的过程中，党政一把手将作为第一责任人，充分依靠各级党委书记，明确各自的分工，逐步推进工作。县一级是确保乡村治理有序开展的关键层级，县委书记既是"一线指挥"的领导者，也是农村治理的"施工"队长，要认真地领导相关部门，并且时刻关注乡村治理的进展、坚定地承担起乡村治理的责任。

第二，我们需要进一步完善党对农村工作的领导机制。党委的农村工作部门应当各司其职，加强工作指导，强化乡村治理过程中资源要素和制度供给的支持，形成协作机制。各省（自治区、直辖市）党委和政府需要每年向党中央、国务院报告乡村振兴战略的实施情况，以便中央决策部门了解实际情况，为乡村振兴战略的实施奠定基础。地市一级应建立乡村振兴战略的绩效考核制度，致力于深化领导干部的思想认识，激发领导干部的斗志与活力，激励他们在乡村治理过程中展现出更大的决心和付出更多的努力。党委的农村工作部门在乡村治理中占据重要地位，因此需要进一步加强其建设。这需要做好机构设置和人员配置工作，充分发挥决策参谋、统筹协调、政策指导、推动落实、监督检查等职能。

第三，我们也需持续提升党领导农村工作的能力水平。根据《中国共产党农村工作条例》的要求，要进一步加强党对农村改革的指导，加强乡村振兴的法治保障，培养一支了解农业、热爱农村、关心农民的干部队伍，营造促进乡村振兴的良好氛围，实现有效治理。

二、明确政府责任

构建多元共治的新模式，政府责任至关重要。在日常生活中，许多事务需要政府相关部门和机构来处理和执行。社会管理是政府的五项职能之一，但这并不意味着我们的政府是包揽一切的政府。政府的责任在于根据法律进行各项社会管理活动，并起到指导和引领作用。政府在乡村治理中承担责任需要做到以下两点。

首先，政府要明确定位。乡村治理过程中，需要明确政府的职能定位，确定政府参与乡村治理时应承担的责任。地方政府必须明确自身的管理职能，协调好村民关系，处理好群众利益，化解社会矛盾。应落实权力清单、责任清单和负面清单制度，进行更加详细的规定，少一些浅尝辄止的举措。还应创新基层管理体制机制，优化公共服务和行政审批程序。多一些自主决策的灵活性，少一些僵化的规定路线。同时，要积极打造高效的服务平台，提高行政效能。要加大对村民福利的关注，多给予事后反馈，避免空洞的承诺，提升治理效果。

其次，政府要注重服务。乡村治理需要建设服务型政府，提升社会供给水平，促使治理中心下沉。作为乡村治理的重要主体，地方政府需积极转变工作方式，关注村民福祉。必须坚决消除怠政、敷衍塞责等不良现象，纠正行政不作为、办事缓慢等不良行风。要积极推动资源、管理和服务向基层下放。在乡村经济发展方面，政府一方面需监督地方企业，规范经营行为，防止企业因过度追求利益而损害村民的合法权益。同时，也应赋予企业经济发展的自主权，并在必要时给予支持，以促进农村集体经济的健康发展，为乡村治理奠定坚实的经济基础。在乡村治安、民主选举、环境保护等多个方面，基层政府要以服务为宗旨，切实转变职能，不是一味地包办，而是注重实际效果；对待问题要坚持实事求是，脚踏实地地寻求解决方案；在管理中要严格约束自己，抵制诱惑，提供更多高质量的公共服务。

三、推进社会协同

"人心齐，泰山移"。在乡村治理中，要以党和政府的有力引导为前提，并善于团结各种组织和团体，凝聚共识，形成合力。

第一，要善于发挥农村群团组织的作用。工会、青年团、妇联等群众团体不仅具有体制身份，而且具有社会属性。它们既是党和政府与人民群众之间的"桥梁和纽带"，也是国家权力和社会力量之间的"中介"。因此，要充分发挥农村各群团组织在进行思想教育方面的作用。以农村青年的思想特点为出发点，将党的"大道理"转化为青年能理解的"小启发"，引导农村青年积极响应党的号召，参与乡村治理。同时，农村妇联和工会组织具有独特的组织优势，他们深受群众的信任，能够紧密联系群众，并在化解乡村社会矛盾、推动村民参与治理等方面具有明显的优势。

第二，要积极发展和引导农村社会组织参与乡村治理。农村社会组织旨在参与公共事务治理，并追求共同利益。这些组织包括各类民间调解组织、村民社团、生产互助组织，以及老年协会、环保协会、文体协会、爱心基金会等。这些组织与基层紧密联系，能及时传达农村弱势群体的意见和心声，有利于实现信息的双向沟通。此外，农村社会组织还通过举办各种类型的活动，将农民或有相同兴趣爱好的村民组织起来，丰富了他们的日常生活。同时，在一定程度上，这些组织也承担起了一些公共服务的职责，比如，提供义务教育、帮助贫困人群等。这些举措不仅增强了村民对村庄和社区的认同感，还有助于提升农村社会的治理水平。

第三，要发挥基层群众性自治组织在乡村治理中的基础性作用。村民委员会与社区联系最为密切，对本村的事务了解最为深入。对此，要积极发挥村民委员会这种基层群众性自治组织在处理本村公共事务、发展村庄公益事业、调解村民之间利益纠纷、协助打造平安乡村等方面的作用。在村民遇到困难时，主动为其提供帮助和建议。村民委员会还应发挥宣传国家有关法律法规、政策的作用，教育和引导村民积极履行义务，以集体主义原则爱护公共财产，尊重其他村民的合法权益。此外，村民委员会还应开展各种形式的精神文明建设活动，引导村民树立良好的价值理念，促进彼此间互相尊重、友好互助。

四、扩大村民参与

社会是由人组成的整体。要实现乡村治理的有效性，首先应加强村民的自我治理，以推动"大家庭"的和谐发展为目标；同时，还需完善"小家庭"的自我管理。

政府可以通过多种途径积极动员村民参与乡村治理，例如，利用新闻媒体、互联网等工具广泛宣传乡村治理，引导村民建立新型人际关系，摒弃陈旧观念。此外，政府通过开展教育、培训、宣传等手段，可以让村民充分了解参与公共事务的流程，提高自我管理、自我监督、自我教育和自我服务的能力。在乡村治理中，村民应增加"舍我其谁"的担当感，避免出现"不归我管"的推卸态度。另外，政府通过开展教育培训，可以使公众更深入地了解个人利益与他人利益、个人利益与集体利益之间的关系，以理性的态度和积极的热情参与乡村治理。

为保障乡村治理，需要进一步完善制度建设，使村民能够在法律的保护下参与活动，从而使他们更加安心和投入。政府相关部门应加强乡村治理制度的建设。一方面，这可以有效应对乡村治理过程中的突发事件，消除村民的后顾之忧，提高村民参与的积极性；另一方面，还可以规范村民的行为，在制度的规范下有序参与治理活动。

五、健全法治保障

鉴于乡村社会的亲缘关系错综复杂，村民事务繁杂琐碎，一些小事就可能损害某些村民的利益。如果在推进法治建设时只是空谈、追求表面功夫，并不真正付诸行动，短时间内可能看不到致命风险，但一旦问题积累到无法扭转的地步，后果将是灾难性的。因此，在推进乡村工作时，必须切实讲求法治，真正付诸实践。

首先，需要完善乡村立法工作。在完善乡村立法工作方面，首要任务是树立全新的立法理念。以习近平新时代中国特色社会主义思想为指导，明确确立以建设产业兴旺、生态宜居、乡风文明、治理有效、生活富裕的新农村为目标，进一步加快推进农业农村现代化进程。此外，应重视提升农村立法的质量。农村法治建设是一项长期而系统的工程，需要持续加快对农村土地流转、土地征收补偿、农村金融、户籍管理、税收政策、农机补贴等法律法规的修订和完善。力求填补农村法规领域的空白，确保农村各项工作和事业都能有法可依。

其次，需要加强普法队伍建设。为了提升普法工作的效果和培养高素质的普法队伍，有必要加强对普法工作者的培训，并通过制定相关制度来确保培训的有效实施。此外，还应鼓励优秀人才积极加入普法队伍。可以选拔政治过硬、专业功底强、熟悉三农法律实践的专家学者律师等，组建专业的普法队伍。加强普法讲师团建设，深入基层开展普法活动。加强普法骨干培训，探索研究式、互动式学法方式，提高普法工作人员政治素养、法律素质和业务能力。另外，各级农业农村部门要按照事权与支出责任相一致的原则，积极争取同级政府和财政部门的支持，把农业农村普法工作经费列入本级预算。统筹利用好现有经费渠道，搭建农业农村法治宣传平台，配备必要的普法设施。

最后，需要加快创新普法工作形式。为了加强乡村法治保障体系，我们应该创新普法工作的模式，通过创建受村民欢迎的方式全面推动普法工作。各村可以依据各自的传统和特点，开展各种形式的普法专项活动，例如，设立公共法治宣传场所，如法治宣传室、法治图书室和法治文化角；组织撰写并发布法治宣传报纸、普法漫画故事等，提供法治案例分析资料，使村民以最便捷、高效、生动的方式学习法律知识。只有将普法工作紧密结合村民生活，符合村民的需求，才能增强村民学法的主动性，提高法律文化的吸引力和感染力。

第三节 打造充满活力、和谐有序的新乡村

我们如今比任何时期都更有能力塑造充满活力、秩序井然的乡村社会，比任何时候都更有自信实现乡村振兴、乡村治理现代化和乡村善治的宏伟目标。就如俗话说的，"行百里者半九十"。经过历史的不断验证，我们发现成功往往眷顾那些勇往直前、坚韧不拔、全力奋斗的人，而不是那些懒散怠惰、犹豫不决、畏难退缩的人。实施乡村振兴战略，推进农村善治，绝非简单地进行形式上的表面工作。为了实现美丽乡村的和谐幸福景象需要我们的努力奋斗才能实现。全党全国人民必须团结一致、再接再厉、齐心协力、持之以恒，不断推动乡村治理向前发展。

回顾历史，我们应该有所总结。要享受在应对严峻挑战方面逐渐熟练的过程中，而不是陶醉在过去所取得的成绩上；要致力于逐步推进乡村矛盾化解的工作中，而不是迷恋过去曾有的成功；要注重探索如何实现良好治理目标的每一步，而不是追逐短期盈利的细小成果。站在当前，我们必须抓住机遇。乡村地区正处于一个充满巨大历史机遇的时期，农业与乡村现代化的前

景也从未如此光明。今天的中国乡村，已经开启了黄金时代的序章，历史的火炬已传到我们手中。要紧紧抓住机遇，我们需要奋发进取，勇于承担责任，努力开创符合时代和人民的新辉煌，大步迈向乡村良好治理的美好未来。展望未来，我们需要沉下心苦干。中华民族和中国人民的崛起、富裕和强盛，都依赖于一代又一代人的奋斗努力，都依赖于不断自我提高的拼搏精神。我们应该实实在在地工作，一步一个脚印，确保到2035年，乡村振兴取得决定性进展，农业和农村现代化基本实现。

百年辛勤追求铺就新篇章，勇毅壮志开启新征程。乡村治理的漫漫长路可视为一场接力赛，需要我们互相传递接力棒，不断传承发展，持之以恒、继往开来。新时代的到来预示着崭新的起点，我们必须有新的行动来展现新气象。只要亿万农民朋友心心相印、团结一心，积极实施乡村振兴战略，不断创新乡村治理体系，迈向乡村善治之路，就能够推动乡村振兴的伟大事业不断前进，最终驶向乡村善治的辉煌目标！

参 考 文 献

一、图书类

[1] 马克思恩格斯全集（1—4卷）［M］.北京：人民出版社，2012.

[2] 列宁全集（1—7册）［M］.北京：人民出版社，2014.

[3] 毛泽东选集（1—4卷）［M］.北京：人民出版社，1991.

[4] 邓小平文选（第1卷）［M］.北京：人民出版社，1994.

[5] 胡锦涛文选（1—3卷）［M］.北京：人民出版社，2016.

[6] 习近平谈治国理政（第1卷）［M］.北京：外文出版社，2014.

[7] 习近平谈治国理政（第2卷）［M］.北京：外文出版社，2017.

[8] 中共中央宣传部.习近平总书记系列重要讲话读本［M］.北京：人民出版社，2014.

[9] 中共中央党史研究室.中国共产党历史（第2卷）［M］.北京：中共党史出版社，2011.

[10] 贺雪峰.乡村治理的社会基础［M］.北京：生活书店出版有限公司，2020.

[11] 梁漱溟.乡村建设理论［M］.上海：上海人民出版社，2006.

[12] 刘俊杰.社会主义国家治理［M］.北京：人民出版社，2018.

[13] 刘儒.乡村善治之路：创新乡村治理体系［M］.北京：红旗出版社，2019.

[14] 邱贵明.乡村治理模式研究［M］.北京：中国社会科学出版社，2023.

［15］谭德宇.新农村建设中的农民主体性研究［M］.北京：人民出版社，2017.

［16］王少伯.新时代乡村治理现代化研究［M］.北京：知识产权出版社，2021.

［17］翁鸣.农村党建与乡村治理［M］.北京：中国农业出版社，2022.

［18］徐勇.乡村治理的中国根基与变迁［M］.北京：中国社会科学出版社，2019.

［19］徐勇.乡村治理与中国政治［M］.北京：中国社会科学出版社，2003.

［20］徐勇.中国农村村民自治［M］.北京：生活·读书·新知三联书店，2018.

［21］俞可平.论国家治理现代化［M］.北京：社会科学文献出版社，2014.

［22］俞可平.治理与善治［M］.北京：社会科学文献出版社，2000.

［23］张晓艳.村治理共同体建设研究［M］.北京：人民出版社，2022.

［24］周庆智.乡村治理：制度建设与社会变迁——基于西部H市的实证研究［M］.北京：中国社会科学出版社，2016.

［25］周少来.乡村治理：结构之变与问题应对［M］.北京：中国社会科学出版社，2018.

二、期刊类

［1］陈锡文.实施乡村振兴战略，推进农业农村现代化［J］.中国农业大学学报（社会科学版），2018（1）：5-12.

［2］陈正.新乡贤助推乡村治理现代化——基于返乡创业精英的视角［J］.河北农业，2022（12）：61-62.

［3］崔美杰，崔平萍，张庆伟.新时代乡村治理现代化的实践路径探析［J］.智慧农业导刊，2022，2（23）：128-131.

［4］崔荣方.乡村治理法治化的现实挑战和路径选择［J］.乡村科技，2022，13（23）：24-27.

［5］方军，祖小朵."三治融合"中治理共同体实现机制及成效探究——基于安徽省S市的调查值［J］.成都大学学报（社会科学版），2023（5）：27-39.

［6］何国萍."三治"融合视域下法治乡村建设路径探究［J］.兰州文理学院学报（社会科学版），2023，39（5）：108-113.

［7］何青，张晓彤."三治融合"基层治理模式的探索［J］.唯实,2022（11）：62-64.

［8］何珊，鲁敏.新时代"三治融合"的提升路径研究［J］.经济研究导刊，2023（11）：18-20.

［9］侯宏伟，马培衢."自治、法治、德治"三治融合体系下治理主体嵌入型共治机制的构建［J］.华南师范大学学报（社会科学版），2018（6）：141-146.

［10］黄博."三治融合"视域下乡村治理能力提升的三维审视［J］.求实，2022（1）：81-92.

［11］黄辉祥，程坤."软硬兼施"：新时代的"三治融合"乡村治理体系及其构建［J］.中共宁波市委党校学报，2023，45（3）：44-54.

［12］黄祖辉.准确把握中国乡村振兴战略［J］.中国农村经济,2018（4）:2-12.

［13］雷珍珍.乡村振兴背景下"五治"融合助推乡村治理的路径分析——基于陇南市乡村治理的调查研究［J］.甘肃农业，2022（11）：91-95.

［14］李斌，周伟.民族地区乡村治理自治、法治、德治融合机制研究［J］.传承，2022（3）：91-97.

［15］李弘雯.乡村振兴视域下"三治融合"乡村治理体系的优化路径［J］.中共南昌市委党校学报，2023，21（3）：49-52.

［16］李三辉."三治融合"与乡村振兴治理体系构建［J］.广西社会科学，

2020（7）：86-90.

［17］李小红，段雪辉.农村自治、法治、德治"三治融合"路径探析［J］.理论探讨，2022（1）：70-76.

［18］李渊，赵康."三治融合"助推基层治理［J］.河北农机，2023（14）：4.

［19］李志军，何志昂.多元协同推进乡村治理现代化：源起、内涵及进路［J］.牡丹江大学学报，2023，32（3）：23-29.

［20］刘娟，王惠.谁是乡村振兴的主体？——基于农民视角的考察［J］.中国农业大学学报（社会科学版），2023，40（2）：147-161.

［21］刘晓红.乡村振兴视角下乡村人力资源开发研究［J］.西南民族大学学报（人文社会科学版），2023，44（4）：216-224.

［22］刘彦随.中国新时代城乡融合与乡村振兴［J］.地理学报，2018，73（4）：637-650.

［23］陆益龙，李光达.中国式乡村治理现代化的本质要求与路径选择［J］.江苏社会科学，2023（2）：78-86.

［24］蒙怡.村民自治——"三治融合"的核心动力［J］.农村经济与科技，2023，34（1）：180-182.

［25］牛闫.党建引领下社区治理共同体的建构［J］.办公室业务，2023（18）：101-103.

［26］欧阳静.乡村振兴背景下的"三治"融合治理体系［J］.天津行政学院学报，2018，20（6）：68-73.

［27］任真.自治、法治、德治"三治融合"：新时代乡村善治的理性选择——以济南市莱芜区为例［J］.中国集体经济，2023（20）：17-20.

［28］邵东.乡村振兴建设中"三治融合"的机制构建研究［J］.智慧农业导刊，2023，3（10）：87-90.

［29］沈艳.数字技术赋能下"三治融合"乡村治理体系优化路径研究［J］.邢台学院学报，2023，38（3）：59-63.

［30］孙立珊，李丰春.党建引领"三治融合"优化基层社会治理［J］.农村实用技术，2023（1）：5-7.

［31］王桀，李桃."三治融合"视域下乡村治理的困境及对策研究［J］.智慧农业导刊，2023，3（13）：100-103.

［32］王琳，张文艳."三治融合"视阈下农村基层治理法治化探究——以应对突发公共卫生事件为例［J］.农业经济，2023（9）：69-71.

［33］王晓毅，杨蓉蓉.目标驱动的乡村治理现代化：概念与过程［J］.南京农业大学学报（社会科学版），2023，23（2）：94-102.

［34］王亚华，苏毅清.乡村振兴——中国农村发展新战略［J］.中央社会主义学院学报，2017（6）：49-55.

［35］谢晖.浅析乡村治理"三治融合"的理论与实践逻辑［J］.经济师，2023（6）：13-14.

［36］徐朝卫."三治"融合实现乡村善治［J］.人民论坛，2019（16）：70-71.

［37］徐婧."三治融合"乡村治理体系的"法治"进路［J］.华中农业大学学报（社会科学版），2022（1）：53-63.

［38］姚俊智.规则之治：乡村治理的历史演进与发展进路［J］.领导科学，2022（12）：96-99.

［39］姚媛.三治融合"桐乡经验"的启示与理论创新——基于乡村治理的视角［J］.领导科学论坛，2019（9）：20-23.

［40］叶兴庆.新时代中国乡村振兴战略论纲［J］.改革，2018（1）：65-73.

［41］郁建兴."三治融合"的持续创新［J］.治理研究，2020，36（6）：8-11.

［42］原超，马华.党建引领"三治融合"的理论逻辑［J］.华南农业大学学报（社会科学版），2023，22（2）：131-140.

［43］张博.数字技术赋能乡村治理的四个维度［J］.农村·农业·农民（A版），2022（9）：27-31.

［44］张然.“三治融合”乡村治理体系的“德治”进路［J］.经济师,2023(6):
207-208.

［45］张雅珊,肖培林,苏时鹏,等.“三治”融合的边界弹性与机制创新研
究［J］.云南农业大学学报（社会科学）,2024,18（1）:116-122.

［46］赵秋实,冯燕璐.浅析农村“三治”融合发展的路径［J］.河北农业,
2022（7）:44-45.

［47］钟海,任育瑶.“三治融合”乡村治理体系研究回顾与展望［J］.西安
财经大学学报,2020,33（4）:53-63.

［48］周欢秀.乡村“三治”融合背景下“法律明白人”培养的实践优化路径
［J］.才智,2023（26）:144-147.

［49］自荣辉.大理州自然村村民自治试点工作问题探析［J］.农村经济与科
技,2016,27（19）:247-249.

［50］左停,李卓.自治、法治和德治“三治融合”：构建乡村有效治理的新格
局［J］.云南社会科学,2019（3）:49-54.

三、论文类

［1］鲍峥谕.桐乡市传统村落“三治融合”治理模式研究［D］.西安：西北
大学,2021.

［2］曾雪淞.“三治融合”乡村治理现状、问题及对策研究［D］.成都：西南
交通大学,2020.

［3］高枫.乡村振兴背景下三治融合的乡村治理体系研究［D］.郑州：郑州
大学,2019.

［4］刘明月.新时代大理白族自治州基层党建引领乡村治理研究［D］.大理：
大理大学,2022.

［5］孙芮.乡村振兴战略背景下“三治融合”问题研究［D］.上海：上海师

范大学，2021.

［6］余君竹.基层社会治理中"三治融合"优化路径研究［D］.大庆：东北石油大学，2023.

四、报刊类

［1］陈东升，王春，吴攸.实现基层社会有效治理［N］.法治日报，2023-08-30（1）.

［2］巩雅菲，虎恩荣."三治"融合写好乡村治理"大文章"［N］.云南政协报，2023-07-11（4）.

［3］孔令泉，苏以云."三治融合"的"桐乡经验"［N］.民主与法制时报，2023-09-12（1）.

［4］赖隽群，韦邦顺，陈普利策."三治融合"绘就乡村振兴新画卷［N］.广西法治日报，2023-07-15（1）.

［5］赖隽群，许中竞.法润乡间和风吹"三治融合"促发展［N］.广西法治日报，2023-07-21（A04）.

［6］殷思萌.以"三治融合"促"三美融合"［N］.南昌日报，2023-06-20（5）.

［7］赵媛，张丽丽.乍浦镇"三治融合"激发基层社会治理新活力［N］.嘉兴日报，2023-08-11（4）.

［8］周禹佳，刘雨.党建引领，提升乡村治理效能［N］.河北日报，2023-06-26（7）.